이별이 있기에 사랑은 더 아름답다

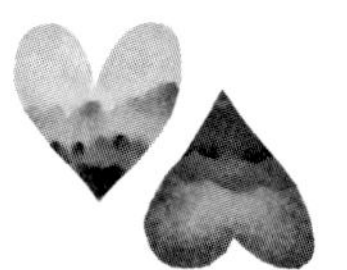

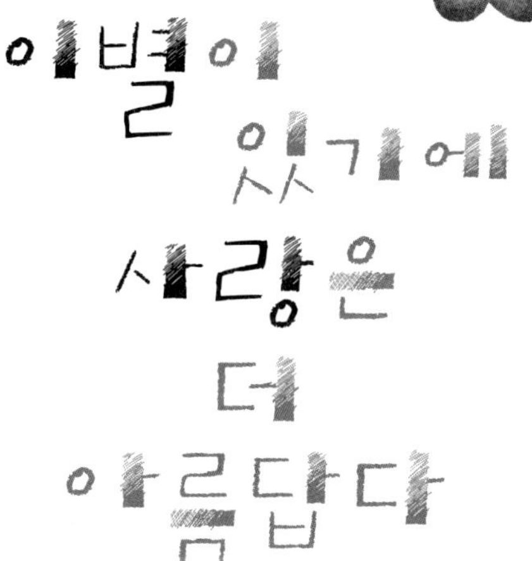

이해용 에세이 III

한솜미디어

| 축 사 |

보슬비가 가슴을 적시는 지난가을 어느 날. 이태 전 고향에 내려가 밀짚모자에 수건을 두르고 제법 농사꾼 흉내를 내며 살고 있는 소꿉 친구가 궁금해 문자 메시지를 띄웠다.

"어떻게 지내는가?"

"응. 지금 대청마루에 자빠져 누워 감나무 가지에 주렁주렁 달린 붉게 익은 감에서 떨어지는 빗방울 세고 있네."

이 천연덕스러운 답!

참 부러운 친구다. 보슬비 촉촉이 적시는 그 고독은 孤獨고독이 아니라 高獨고독. 무언가 한 차원 높게 읽혀주는 것이리라. 그리고 붉게 익은 감들은 고독의 나래를 밝혀주는 등불이 되었을 것이다. 그 등불이 밝혀준 초롱초롱한 빛들을 담아 그가 또 수필집을 냈다.

『부지깽이 사랑』, 『사랑은 유치할수록 아름답다』에 이어 세 번째 수필집이다. 셋 모두 사랑이 주제다. 어릴 적 부모, 고향, 자연, 세상사 이모저모를 정겹게 담아낸다. 아픔 없는 사랑은 없다. 이루지 못한 사랑은 애처롭기 그지없고 때로는 한으로까지 남는다. 하지만 친구는 그 한마저 아름다운 추억인 양 해학적이고 유머러스하게 풀어내 더욱 감동적이다.

누구나 고향은 있지만 고향에 들어가 살지는 못한다. 고향에 돌아가지 못할지라도 마음만은 언제나 그리움에 떠밀려 그곳으로 간다. 타향은 간이역일 뿐이다. 그곳이 갈매기 날던 바닷가였든 초가지붕 맞댄 산골이든 고향을 떠난 사람은 세상 어디에도 잘 길들여지지 않는다.

친구는 한 마리 연어다. 산골 맑은 물에서 태어나 동무를 만나 시내를 누비고, 이웃들과 벗이 되어 강을 헤엄쳐 마침내 망망대해에 다다라 맘껏 오대양을 누비던 알이 가득 찬 연어다. 이제 꿈에서조차 그리워하던 고향으로 돌아가 몸을 풀며 알을 뿌린다. 그 알들이 주옥같은 글로 부화되어 세상을 떠돌며 수많은 사랑을 또 얘기하리라. 이런 친구가 나는 마냥 부럽다.

박상모(시인, 기업인)

| 작가의 변 |

써야 할 절박한 사연이 있는 것도
특별한 이유가 있는 것도 아니었습니다.

굳이 이유를 말하자면
나를 찾아 떠나는 구도求道 여행이었습니다.

나를 찾는다는 것이
이렇게 어려운 것인지 미처 몰랐습니다.

찾고 보니
나 아닌 내가 내 노릇을 하고 있었습니다.

내가 나를 들여다본 부끄러운 모습을
참회하는 마음으로 썼습니다.

남의 치부를 들여다보는 것이 때론 재미있듯이
그런 마음으로 봐주시면 고맙겠습니다.

졸작이 세상에 나오기까지 도움을 주신
모든 분들께 감사를 드립니다.
특히 축사를 써주신 박상모 시인에게 고마운 마음을 전합니다.
형제의 우애를 다지며 함께 지내온,
지금은 고인이 되신 박복규 교수님께 고마움을 전합니다.

또한 평생을 자식 잘되길 바라며 살아오신 어머님과
사랑하는 형제들, 바보 곁에 묵묵히 함께해 준
바보 마누라 이희자 교수에게 감사의 마음을 전합니다.

끝으로 이 책이 세상 빛을 볼 수 있게 해주신
출판사 대표와 임직원들께 두 손 모아 감사드립니다.

저자 드림

| 차 례 |

1부 살아 있음에 감사하며

2부 사랑과 이별

3부 배우며 깨달으며

4부 추억 하나 기쁨 둘

5부 행복은 선택 불행은 필수

love

제 1 부

살아 있음에 감사하며

아픔과 슬픔 속에
살고 있는 사람이 어디 당신뿐이랴!

어둠의 밤이 지나면
밝은 태양이 떠오르듯

이 시련을 이기고 나면
당신이 바라던 내일이 반드시 올 것입니다.

우리 모두
살아 있음에 감사하며
서로 사랑하며 살아가요.

살아 있음에 감사하며

매사에 감사할 줄 아는 사람은 복 받은 사람입니다. 감사하는 마음을 가지고 사는 사람은 이 험한 세상을 즐기며 살 수 있는 능력을 가진 사람이라 생각하기 때문입니다.

감사하는 마음은 곧 긍정의 마음입니다. 긍정의 마음은 슬픔을 기쁨으로, 어둠을 밝음으로, 불가능은 가능하게 하는 힘이자 능력입니다. '하면 되겠지' 하는 마음 하나로 시작하여 큰 업적을 이루는 것은 바로 긍정의 에너지에서 오는 결과입니다. 나폴레옹이 알프스를 넘은 것도 바로 긍정의 힘이었습니다.

세상에 근심 걱정 없는 사람은 단 한 사람도 없습니다. 있다면 바보이거나 아니면 세상을 달관한 성인 반열에 오른 사람일 것입니다. 당신은 어떠신가요? 잘 살고 있는 사람에게도 언젠가는 어려움이 찾아옵니다. 지금 어렵게 살고 있는 사람이라 할지라도 감사하는 마음을 가지고 살다 보면 반드시 행복한 날이 찾아올 것입니다. 이게 세상사 이치입니다.

어제 바라던 내일이 오늘이 되어도 꿈꾸던 삶은 쉽게 오지 않습니다. 어제나 별반 다르지 않는 오늘일 뿐입니다. 내가 삶을 속이고 사는지 삶이 나를 속이는지 혼란스럽습니다. 희망에 속고 절망에 몸부림치며 사는 것이 인생이라는 것을 깨닫기까지 나름의 시간이 필요합니다.

푸시킨은 "삶이 그대를 속일지라도 노하거나 슬퍼하지 말라"고 했다지요? 삶을 적나라하게 꿰뚫어본 명언이 아닐 수 없습니다. 지나고 나면 삶이 다 그런 것이라는 것을 깨닫습니다. 허망한 것이 인생인지도 모릅니다. 그렇다고 절망할 필요는 없습니다. 때론 절망이 죽음보다 더 가혹하기 때문입니다.

키에르케고르는 "절망을 죽음에 이르는 병"이라고 했습니다. 누구나 시련을 겪으며 삶을 업으로 알고 살아갑니다. 참고 사는 것입니다. 어려움을 받아들이며 사는 것입니다. 이게 현명한 삶의 자세라 생각합니다. 어려운 일도 즐기면서 하면 어렵지 않듯이 사는 것도 이와 같다고 생각합니다. 이왕 사는 것 마지못해 사는 것보다 즐기며 사는 것이 더 보람되지 않을까요?

잘 사는 사람이나 어렵게 사는 사람이나 삶을 들여다보면 나름의 어려움이 있기 마련입니다. 모든 것이 완벽한 사람은 세상에 단 한 사람도 없습니다. 어느 한구석에 문제가 있기 마련입니다. 덮고 살기에 모르는 것뿐입니다. 부귀영화를 누리는 사람들이 대문을 활짝 열어놓고 이웃들과 어울려 다정히 사는 모습을 보신 적이 있나요? 커다란 대문에 높은 담을 쌓지 않던가요? 이유가 뭐라고 생각하세요? 감추고 지켜야 할 것들이 그만큼 많기 때문이라고 생각합니다.

보통 사람들은 대문을 활짝 열어놓고 이웃과 더불어 부대끼며 살아갑니다. 삶이 팍팍하다며 한숨 짓고 살면서도 서로 위로하고 달래가며 살아갑니다. 서로 사랑하며 살아갑니다. 이렇게 사는 것이 우리가 바라는 구수한 삶이 아닐까요? 그들이야말로 서로 부대끼며 동고동락하며 산다는 것이 얼마나 값진 삶인지 잘 알고 있는 것 같습니다.

누구나 죽음으로 생을 마감합니다. 사실 우리는 일분일초도 쉬지 않고 죽음을 향해 달려가고 있습니다. 그 와중에도 더 많은 것을 갖겠다고 기를 쓰고 살아갑니다. 애처롭기 그지없습니다.

삶이 괴롭고 힘든 것이 아니라 자신이 삶을 그렇게 만드는 것입니다. 스스로 삶을 어렵게 만들면서 남을 탓합니다. 괴로워 죽고 싶다고 합니다. 그 말의 진의는 잘 살려고 하는 강한 긍정일 것입니다. 살려고 하는 처절한 몸부림일 것입니다.

한 줌의 흙으로 돌아갈 수밖에 없는 존재인데 왜 그토록 살겠다고 몸부림을 쳐야 할까요? 몰라서 그럴까요? 죽는 순간까지 산다는 것이 그만큼 어렵다는 방증일지 모릅니다.

살면서 죽음을 생각해 보지 않은 사람은 없을 것입니다. 나도 살면서 죽음을 생각한 적이 한두 번이 아닙니다. 구차하게 사느니 죽는 것이 낫겠다는 생각에 한강 다리에 간 적도 있었습니다. 구경하러 간 것이 아니라 죽으러 간 것입니다. 다리에 도착하여 뛰어내리려는 순간 강물에 어머님 얼굴이 보였습니다. 눈물이 앞을 가렸습니다.

그때 어머님이 "그토록 사랑했던 내 아들이 이 정도밖에 안 되는 사람이었단 말이냐. 죽을 마음이 있으면 뭘 못 하겠느냐. 이놈아!" 하시고는 사라지는 것이었습니다. 아마 환상이었을 것입니다. 차마 죽을 수 없었습니다. 어머님이 제게 준 두 번째 생명이었습니다.

그 길로 돌아와 죽을 각오로 살았습니다. 살다 보니 대학도 다니게 되었고, 남들이 부러워하는 직장도 다니게 되었으며, 사랑하는 사람 만나 결혼도 하였습니다. 어쩌다 보니 대학 교수도 되고, 부자는 아니지만 밥 굶지 않고 살았습니다. 지금 편안한 마음으로 글을 쓰고 있지만 당시는 매 순간이 생과 사 결투의 순간이었습니다.

삶이란 고苦라는 생각을 지울 수 없습니다. 그 어려움 속에서 잠깐잠깐 맛보는 기쁨이 있기에 인생은 살만한 가치가 있다고 믿습니다.

지옥 같은 세상이지만 이 세상에서 엎치락뒤치락 아옹다옹하면서 어울려 사는 것이 참 삶이라 생각하지 않나요?

삶이 고달프고 어렵다는 것을 부인할 사람은 없을 것입니다. 그러나 세상에 한 번 왔다 가는 것 오기로라도 더 즐겁게 살다 가는 것이 좋지 않을까요?

돌이켜보면 삶이 더 고달팠던 것은 과한 욕심 때문이었는지도 모릅니다. 더 좋은 직장, 더 큰 집, 더 좋은 옷, 더 맛있는 음식을 얻기 위해 쉬지 않고 동분서주했기 때문에 삶이 더 고통스럽진 않았나요?

'밥만 먹고 살 수는 없다'는 생각이 삶을 더욱 고달프고 어렵게 하지는 않았는지요?

남보다 더 잘살기 바라는 욕망 때문에 삶이 더 어렵고 고달플 수 있습니다. 『경행록景行錄』(송나라 때 만들어진 책으로 바른 행동을 하게 가르치는 책)에 보면 "족할 줄 알면 즐기며 살 수 있으나, 욕심을 부리면 근심이 생긴다知足可樂 務貪則憂"고 했습니다. "만족할 줄 아는 사람은 가난하고 천해도 즐겁게 살며, 만족할 줄 모르는 사람은 부귀영화를 누려도 근심이 떠날 날이 없다知足者貧賤亦樂 不知足者富貴亦憂"는 말도 있습니다.

어떻게 살 것인가는 전적으로 본인 의지에 달려 있다고 생각합니다. 일을 즐기며 사는 사람도 있고, 고통으로 여기며 사는 사람도 있습니다. 일하기 좋아하는 사람은 없을 것입니다. 놀면서 잘살 수 있다면 얼마나 좋을까요?

그러나 조물주는 우리에게 그러한 특권을 부여하지 않은 것 같습니다. 놀면서 잘살 수 있게 만들어놓지 않았습니다. 잘살기 위해서는 죽는 날까지 한 그루의 사과나무를 심어야 합니다. 죽는 순간까지 일해야 한다는 것은 비극이 아닐 수 없습니다. 그래도 해야 합니다. 일이 곧 삶이기 때문입니다.

삶이 나를 속일지라도 속고 사는 것이 인생입니다. 살아 있는 순간까지 더 배우며, 더 사랑하며, 더 행복하게 살려고 노력해야 합니다. 주어진 환경에 감사하며 사는 사람만이 어려움을 극복하고 인생을 행복하게 살 수 있습니다. 뿐만 아니라 문을 활짝 열고 더불어 살고 있는 이웃들에게도 행복을 나누며 살 수 있는 사람입니다. 살아 있음에 늘 감사하는 마음으로 살아가는 당신이 세상의 주인입니다.

만남

삶이란 곧 만남으로부터 시작됩니다. 생명이 있는 모든 것들은 만남을 통해서 삶을 이어갑니다. 인연이 있어 만나고 인연이 다하면 헤어진다고 합니다. 만남에는 좋은 만남과 나쁜 만남이 있습니다. 전자를 인연(선연: 善緣)이라 하고, 후자를 악연惡緣이라 합니다.

좋은 만남이냐 나쁜 만남이냐는 만남에 대해 당사자가 어떻게 느끼느냐에 따라서 판단할 수 있습니다. 기쁨을 주는 만남이면 좋은 만남이요, 슬픔을 주는 만남은 나쁜 만남이라 하겠지요.

만남이 망설여지는 이유는 만남 이후가 불확실하기 때문일 것입니다. 만남 후의 결과는 누구도 알 수 없습니다. 다만 우리가 할 수 있는 일은 만남을 소중하게 생각하고 좋은 만남이 될 수 있도록 노력하는 것이 전부입니다.

만남 자체를 부정하는 사람은 없을 것입니다. 만남을 긍정적으로 보느냐 부정적으로 보느냐에 따라서 만남에 더 적극적이고 소극적으로 나타납니다.

만남을 두렵다고 하는 사람도 있습니다. 두려우면 만나지 않으면 됩니다. 그러나 삶 자체가 곧 만남이므로 만나지 않는다는 것은 곧 죽음을 의미합니다. 아무리 사소한 일이라도 만남 없이는 이뤄지지 않습니다. 만나야 일이 이뤄지는 것입니다.

만사가 밤에 이뤄진다는 우스갯소리도 있지만 사실 모든 일은 만남으로부터 시작됩니다. 생판 모르던 남녀가 만나 부부가 되어 아들딸 낳고 가정을 꾸려 살아갑니다. 만남 없이 이런 일들이 이뤄질 수 있을까요?

지금 이 순간에도 많은 사람들이 인연을 만들기 위해 만나고 있을 것입니다. 거리를 거니는 셀 수 없는 사람들, 도로를 질주하는 모두가 어떤 인연을 만들기 위하여 움직이는 것입니다. 만남의 대상이 꼭 사람만은 아닙니다. 우리가 사용하는 모든 사물이 다 만남의 대상입니다.

하고자 하는 일이 많으면 만남도 활발해집니다. 일이 많으면 만나야 할 사람도 많아지기 때문입니다. 나이 든 사람들보다 젊은 사람들의 만남이 더욱 활발한 이유입니다.

우리 삶 또한 만남으로부터 정해지는 것이라 해도 과언이 아닙니다. 누구를 만나 이 세상에 태어나느냐에 따라 인생이 크게 달라지기도 합니다. 어떤 부모를 만나느냐에 따라서 금수저가 되기도 하고 흙수저가 되기도 합니다.

사회생활도 마찬가지입니다. 어떤 사람을 만나며 사느냐에 따라 인생이 180도 달라질 수 있습니다. 친구 따라 강남 간다고 하지 않습니까? 사람을 잘 만나 부와 권력을 누리며 사는 사람도 있고, 평생을 고통 속에 사는 사람도 있습니다. 충신이 되기도 하고 역적이 되기도 합니다. 하나밖에 없는 목숨을 구하기도 하고 잃기도 합니다.

배우자를 잘 만나면 가정이 평화롭고, 직장 상사를 잘 만나면 하는 일이 즐겁습니다. 나라의 지도자를 잘 만나면 나라가 평화롭고 백성이 행복해집니다. 이게 만남의 희비입니다. 동서고금을 막론하고 이는 사실입니다.

만남은 믿음과 신뢰를 바탕으로 생명력을 이어갑니다. 상대를 존중하고 신뢰할 때 상대도 나를 의심 없이 만나주며 만남이 지속되고 만남의 목적을 이룰 수 있게 됩니다. 한쪽은 믿음과 신뢰로 대하는데 다른 한쪽이 불신과 악의로 대한다면 그들의 만남은 지속될 수 없습니다. 그 사람이 아니어도 만나면 즐겁고 행복한 사람들이 많은데 굳이 그런 사람을 만나야 할 이유가 없습니다.

혹 이해가 걸려 있어 아쉬움을 감내하고 만나야 할 사람이라면 그 만남은 잘못된 만남입니다. 지속적인 만남을 위해서는 하루빨리 정상적인 만남이 되도록 노력해야 합니다.

만나는 모든 사람과 좋은 관계를 유지하기 바랍니다. 그러나 인생사가 다 그러하듯 만나는 사람들이 모두 좋은 사람일 수는 없습니다. 보기 싫은 사람도 있고, 하루만 보지 않아도 보고 싶어지는 사람도 있습니다. 자주 만나고 싶은 사람은 좋아하는 사람이고, 만나기 싫은 사람은 불편한 사람이겠지요.

나이가 들어가니 낯선 사람을 만나는 것이 부담이 됩니다. 잘 모르는 사람을 만나 친분을 쌓고 살아가기 위해서 거쳐야 할 과정을 잘 알기 때문입니다. 처음 만남의 어색함, 상대방에 대한 배려와 관심, 갖춰야 할 예의 등 격식이 귀찮기 때문일 것입니다. 편한 옷이 좋듯이 편하게 만나 편한 언어로 소통하고 서로 이해할 수 있는 사람이 좋습니다. 잘 알고 지내는 사람을 만나면 봄바람처럼 감미롭고, 어린아이 볼처럼 부드럽습니다.

새로운 만남이 없으면 신선함이 없고, 따분할 때도 있습니다. 나이 들면 나이에 걸맞은 만남을 이어가는 것이 바람직하지 않을까요? 개인 간 만남에서 신뢰가 기본이듯 가정과 가정, 사회와 사회 나아가 나라와 나라 간에도 좋은 인연을 이어가기 위해서 신뢰를 기본으로 서로 노력해야 합니다.

요즘 남북의 평화와 통일을 위하여 남북 정상의 만남이 큰 뉴스거리입니다. 아무튼 하루빨리 민족 숙원인 통일을 이루어 평화롭고 살기 좋은 조국이 되길 기원해 봅니다.

친구

어느 조사 결과에 따르면 세상에서 가장 아름다운 단어가 '어머니' 그리고 '사랑'이라고 합니다. 어머니는 생명을 주신 분이고, 사랑은 생명을 연장해 주는 근본이기 때문일 것입니다.

이 두 단어 다음으로는 '친구'라는 단어가 아닐까 생각합니다. 친구란 삶을 공유하는 사람이라 생각하기 때문입니다. 정상적인 사람이라면 친구 없는 사람은 없습니다. 친구 없는 삶은 상상할 수 없습니다. 애인 없인 살아도 친구 없이는 못 산다는 사람들도 있으니 말입니다.

얼마나 친구가 좋으면 "부모 팔아 친구 산다"는 말이 있을까요? 친구란 중요하고 필요한 존재임에 틀림없습니다. 피를 나눈 형제보다 더 친하게 지내는 친구도 있습니다. 하지만 자기 목적이나 이익을 위하여 친구를 수단으로 이용하는 사람도 더러 있습니다. 이런 친구가 있다면 얼마나 슬플까요?

우정에 얽힌 아름다운 말이 유난히 많습니다. 삶에서 친구가 그만큼 중요하다는 증거입니다. 관포지교管鮑之交는 너무도 친숙한 말입니다. 중국 춘추전국시대 관중과 포숙의 우정에서 나온 말로 이해나 조건을 따지지 않고 지켜온 두터운 우정을 뜻합니다.

이외에도 합심하면 날카로운 쇠와 같고, 향긋함이 난초 같은 친구 사이를 나타내는 금란지교金蘭之交, 생활 수준이 다름에도 친하게 지내는 거립지교車笠之交, 허물없이 지내는 막역지우莫逆之友, 나이를 초월하여 깊은 우정을 나누는 망년지교忘年之交, 가난할 때 참다운 우정을 나누는 빈천지교貧賤之交, 생사를 함께할 정도로 친한 우정을 뜻하는 문경지교刎頸之交, 절구와 공이 같은 저구지교杵臼之交, 어릴 때부터 같이 놀며 자란 친구라는 뜻의 죽마고우竹馬故友, 깨끗하고 맑은 사이의 교제 혹은 좋은 감화를 주고받는 지란지교芝蘭之交, 벼슬이 없는 민초들 간의 우정을 뜻하는 포의지교布衣之交 등이 있습니다.

힘들 때 서로 돕고 늘 함께하는 밀우密友, 서로 잘못을 지적해 주고 큰 의리를 위해 함께하는 외우畏友, 좋은 일과 노는 데만 함께하는 일우昵友, 생각만 해도 산과 같이 마음이 든든한 막우墓友(산과 같은 친구), 한결같은 마음으로 친구를 대해 주는 지우地友(땅과 같은 친구)도 있습니다.

대부분 아름다운 친구 관계를 나타내는 말들입니다. 관포지교나 문경지교 같은 친구 한 사람만 있어도 삶은 결코 외롭지 않을 것입니다. 산과 같고 땅과 같은 친구 역시 얼마나 믿음직한 친구일까요?

친구라고 언제나 좋을 수만은 없습니다. 친구 중에는 나쁜 친구도 많습니다. 친구 잘못 만나 인생을 망친 사람도 주위에 허다합니다. 걱정거리가 있거나 책임질 일이 발생하면 서로 책임을 떠넘기는 친구도 있습니다. 이런 친구를 적우賊友라고 부릅니다.

이익을 따져 친구를 찾는 '저울 같은 친구'도 있습니다. 일우와 적우 같은 친구가 있고, 저울 같은 친구도 더러 있다는 것이 우리의 마음을 슬프게 합니다. 물론 서로 이익이 없다면 인간관계가 아예 성립할 수 없는 것이 사실이지만 어려서부터 희로애락을 함께해 온 친구를 자기 목적을 위하여 수단으로 이용하는 것은 저울 같은 친구가 아니고서는 생각조차 할 수 없는 일입니다.

내 주위에는 이런 친구가 없어 행복합니다. 혹시 내 자신이 다른 친구에게 이런 친구로 비칠지 몰라 두렵습니다.

나는 한평생 훈장으로 목구멍에 풀칠하며 살았습니다. 친구들이 보기에는 교육자로 밥 벌어 먹고살았으니 명예롭게 보일지 모르지만 실상은 이름 석 자 밝히기 부끄러울 때가 많았습니다.

군사부일체라 하여 표면으로나마 존경받던 시기가 있었습니다. 요즘에는 돈 못 벌고, 끗발 없고, 이름 없는 흑싸리 껍질만도 못한 신세가 되고만 느낌입니다. 오죽했으면 교육자를 3D 업종이라 하여 명예퇴직하는 훈장이 늘고 있겠습니까?

선비정신이 어떻고 교육은 나라의 백년대계라고 떠들어봐야 옆집 강아지 짖는 것만큼도 관심을 주지 않습니다. 끈 떨어진 갓 신세입니다. 가난하지만 자존심 하나로 버텨왔다는 선배들의 이야기는 이제 공염불이 된 지 오래입니다. 솔직히 말해 돈 많이 주는 학교가 좋은 학교로 생각되는 실정이니 교육자 정신도 이제 엿 바꿔먹은 지 오래인 것 같습니다. 물론 사회로부터 지탄받아 마땅한 교육자도 도처에 많은 게 사실입니다.

이리 치이고 지리 치이다 보니 나 홀로 독불장군 신세가 되고 맙니다. 잘 나가는 친구 만나 옛날처럼 지내자니 자존심이 상하고 혼자 지내자니 외롭고 처량합니다. 어찌 보면 친구의 성공이 꼭 좋은 것만도 아니라는 생각이 들 때도 있습니다. 친구가 잘 나가는 것은 내 입장에서 보면 퇴보요, 낙오자로 보이기 때문일 것입니다.

유유상종이라고 짐승들도 다 끼리끼리 놀고 사는 것이 이치라면 우리 인간도 그렇게 사는 것이 삶의 법칙인지도 모를 일입니다. 영원한 친구로 남기 위해서는 서로 같은 정도로 발전하고 대등한 사회적인 지위를 만들어가는 것이 필요합니다.

세상에서 가장 실속 없는 말이 "이름난 누구가 내 친구다"라는 말이 아닐까요? 친구는 그런데 너는 왜 그 모양이냐며 대놓고 자랑하는 것과 같은 말 아닌가요? 친구는 선의의 경쟁자입니다. 친구도 성장하고 나도 성장할 때 멋진 우정도 자라나는 것입니다.

잘 나가는 친구가 먼저 날 찾아주길 바라지만 이 세상 동물 중에서 가장 영리하다는 인간이 필요하지 않은 친구를 자주 찾아줄까요? 그런 것을 기대하는 것은 착하고 순진한 생각입니다. 잘 나가는 친구는 일이 바빠서 한가한 친구와 소일하기가 쉽지 않다는 사실을 깨닫는 것이 그나마 친구를 이해하고 생각해 주는 방법일 것입니다.

한 번 친구는 영원한 친구입니다. 내 친구는 어떤 친구이며 나는 또 친구들에게 어떤 친구일까? 오늘따라 죽마고우가 그리워집니다. 빈천지교 하며 지내던 친구가 보고 싶습니다.

술

“한 잔 술은 반주요, 두 잔 술은 약주요, 세 잔 술은 쾌주요, 다多 잔 술은 망주로다.”

어느 음식점 벽에 붙어 있는 글귀입니다. 적당히 마시는 술은 몸에 좋으나 과음하는 것은 패가망신한다는 뜻인 것 같습니다. 술을 파는 음식점에서 이런 글귀를 붙여놓은 것이 아이러니합니다. 주인의 마음이 착한 음식점인가 싶어 신뢰가 가기도 합니다.

술을 좋아하는 사람은 세상에 술이 없다면 무슨 낙으로 사느냐고 말합니다. 술을 마시지 않는 사람은 술 마시고 비틀거리는 사람을 보고 술 취한 개라고 합니다. 사람에 따라서 술에 대한 호불호가 분명합니다. 뭐든지 과한 것은 부족한 것만 못하다는 말이 있습니다. 술 또한 예외가 아닙니다. 적당히 마시는 술은 건강에도 좋고 생활에 활력을 불어넣을 수도 있습니다. 그러나 과음은 패가망신으로 가는 지름길입니다.

우리나라 사람들은 술을 많이 마시는 것으로 알려져 있습니다. 다양한 이유로 술을 마십니다. 친구 만나 한잔이요, 술 있어서 한잔이요, 안주 있어 한잔이요, 권해서 한잔이요, 목이 말라 한잔이요, 기뻐서 한잔이요, 슬퍼서 한잔이요, 반가워서 한잔입니다. 삶 전체가 술을 마셔야 하는 이유가 됩니다. 이러니 사회가 술을 마시지 않고는 못 배기는 분위기입니다. 술 권하는 사회인 것입니다.

밥은 굶어도 술은 마신 적이 있습니다. 술이 좋아서 마셨다기보다는 고달픈 삶을 술에 타 마셔버리고 싶었습니다. 술을 많이 마시는 것은 삶 속에서 겪는 스트레스가 많다는 반증일 수도 있습니다. 스트레스를 풀기 위해 술만큼 쉽고 좋은 방법이 없을 것입니다.

술을 많이 마시는 이유 중 우리 술 문화를 빼놓을 수 없습니다. "술잔은 돌아야 맛"이라고 합니다. 술잔을 돌린다는 말은 여럿이 술을 마신다는 뜻입니다. 혼자 마시는 술보다 여럿이 마시는 술이 맛이 있는 것도 사실입니다. 패거리를 이뤄 술을 마십니다.

이렇게 마시면 혼자 마실 때보다 더 많은 술을 마시게 됩니다. 술 소비량이 늘어날 수밖에 없는 이유입니다. 통계에 따르면 우리나라 사람의 술 소비량이 세계에서 1~2등을 다툰다고 합니다. 아무튼 우리나라 사람들이 술을 많이 마시는 모양입니다.

인간이 포도나무를 심었는데 악마가 찾아와 포도나무에 양, 사자, 돼지, 원숭이 피를 거름으로 주었고, 그런 거름으로 자란 포도나무에서 열린 포도로 술을 만들었기에 술을 마시면 처음에는 양처럼 순하다가 더 마시면 사자처럼 사나워지고, 조금 더 마시면 돼지처럼 더럽게 되며, 더욱더 마시면 원숭이처럼 웃고 노래하고 춤추는 행동을 한다는 우화가 있습니다.

술이 왜 술이냐는 물음에 대한 대답도 술만큼이나 해학적입니다. 그중에서 "술술 잘 넘어간다고 해서 술이라고 했다"는 말이 가장 인상적입니다. 나 역시 이 말에 공감합니다. 술을 마시면 술술 잘 넘어갑니다. 그러니 술이라는 이름이 제격입니다. 우화처럼 술을 많이 마시면 누구나 인사불성이 됩니다. 술에는 장사가 없다고 하지 않습니까? 아무리 건장한 사람도 많이 마시면 자신을 망각하게 됩니다.

술에 관한 이야기 100개 중에서 99개는 술을 마시고 실수한 이야기나 무용담일 것입니다. 술은 이성적인 사람이 술의 힘을 빌려 일상에서 벗어나 일탈하게 하는 이유를 제공하기도 합니다. 필자도 친구들과 술을 마시다 탈영병 신세가 될 뻔했던 아찔한 경험이 있습니다. 술을 입에 댔다는 사람은 술에 얽힌 일화 하나 정도는 가지고 있을 것입니다.

옛날 친한 술친구 셋이 있었습니다. 마누라 없이는 살아도 술 없이 살 수 없는 친구들이었습니다. 퇴근하면 거의 매일 술을 마셨습니다. 술을 밥 대신 먹고 살았습니다. 한 잔 술에 그날의 시름을 잊고, 두 잔 술에 일상을 떠나고, 석 잔 술에 인생을 논하며, 넉 잔 술에 나를 잊고, 다섯 잔 술에 주선酒仙이 되고, 여섯 잔 술에 시선詩仙에 이르고, 일곱 잔 술에 원숭이가 되고, 여덟 잔 술에 고양이가 되고, 아홉 잔 술에 사자가 되고, 열 잔 술에 미친개가 되고서야 술자리가 끝났습니다.

어느 날 한 친구가 간암에 걸렸습니다. 의사 선생님은 금주를 명했고 가족들은 정성을 다해 간호했습니다. 이런 와중에도 몰래 친구를 만나 음주를 즐겼습니다. "사람은 누구나 태어나서 한 번은 죽는 것, 조금 일찍 죽으나 좀 늦게 죽으나 무슨 특별한 차이가 있는 것도 아닌데 하고 싶은 것 하고 먹고 싶은 것 다 먹고 죽는 게 더 행복한 것 아닌가?"라는 거창한 이유를 대며 투병 중에도 술을 마셨습니다.

드디어 올 것이 왔습니다. 암에 걸린 친구가 죽고 말았습니다. 많은 사람들이 문상을 갔습니다. 그런데 정작 있어야 할 두 사람의 얼굴이 보이지 않았습니다. 이유는 각자 상상하시기 바랍니다. 그토록 친했던 친구가 떠나는데 배웅도 못한 것입니다. 아마 이들은 죽은 친구를 위해 둘이서 쓴 술잔을 기울이고 있었는지도 모를 일입니다.

나는 술을 많이 마시지는 않습니다. 분위기에 따라서 한두 잔 정도 하는 편입니다. 술을 즐기지 않다 보니 술자리에 오래 머물면 뒤처리를 해야 할 때가 있습니다. 이런 일들을 한두 번 겪다 보니 어느 때부터인가 술자리를 꺼리게 되었습니다. 술친구 중에 평소에는 점잖고 예의바르고 과묵하던 친구가 술만 취하면 사자가 되기도 하고, 원숭이가 되기도 하고, 개가 되기도 하는 것을 보면서 더욱 술에 대한 매력을 잃었습니다.

우리는 같이 마시고 같이 취하는 것이 친구의 도리라고 생각합니다. 그런 자리를 피하면 끼리에서 소외된다고 생각하는 사람도 있습니다. 젊은 시절에는 좋아도 싫어도 같이 마셨습니다. 그 결과 간염을 앓게 되었고 그걸 계기로 절주하게 되었습니다. 술은 잘 마시면 약이지만 잘못 마시면 패가망신이라고 합니다.

절주는 말처럼 쉽지 않습니다. 이게 문제입니다. 술은 중독성이 강합니다. 중독되면 웬만한 의지로 빠져나오기 쉽지 않습니다.

우주여행을 하고 달나라에 발자국을 남긴 지도 반세기가 지났습니다. 전자기기 출현으로 귀신이나 가능할 것으로 여겼던 일들이 실시간 우리 눈앞에서 벌어지고 있습니다. 이런 세상에도 "못 살겠네", "미치겠네", "죽고 싶네"라는 말들을 입에 달고 살고 있습니다. 문명의 발달이 꼭 우리를 행복하게 하는 것은 아닌가 봅니다.

건강을 위하여 얼마나 많은 약들이 나와 있습니까. 그래도 울화통은 치료가 잘되지 않고 있나 봅니다. 아직 술만 한 치료 약이 없나 봅니다. 캬~ 아! 오늘도 술은 술술 잘 넘어갑니다. 어르신! 건강 생각하며 마셔야지요.

글쟁이

'쟁이' 혹은 '장이'라는 말이 있습니다. 쟁(장)이는 어떤 성격 등을 나타내기 위하여 붙는 접미사입니다. 쟁(장)이가 붙어 쓰이는 말 중에 결혼 정년기에 있는 청춘남녀를 소개해 주는 중매쟁이(뚜쟁이)를 비롯하여 개구쟁이, 멋쟁이, 수다쟁이, 심술쟁이, 욕심쟁이, 점쟁이, 글을 쓰는 작가를 이르는 글쟁이 등이 있습니다.

쟁이는 그렇게 듣기 좋은 말은 아닙니다. 유독 글 쓰는 사람들은 자신을 스스로 낮춰 글쟁이라고 말하기도 합니다. 그러나 쟁이는 하루아침에 만들어지는 하찮은 존재가 아닙니다. 나름대로 자기 일에 일가견을 가진 전문가임에 틀림없습니다.

마음에 드는 한 문장을 쓰기 위하여 흰 밤을 지새워 보지 않고는 결코 글쟁이가 될 수 없습니다. 뼈를 깎는 노력과 인내, 타고난 소질이 있어야 가능합니다. 하루에도 수백 권의 도서가 글쟁이들의 손에 의해 세상에 얼굴을 내밀고 있습니다. 누구나 글을 쓸 수 있습니다. 그러나 아무나 글쟁이 반열에 올라가는 것은 아닙니다. 수많은 글쟁이들 가운데 작가로 대접받는 사람은 극소수에 불과합니다.

글쟁이 하면 어딘지 모르게 빈티 나는 느낌을 지울 수 없습니다. 지금도 일부 베스트셀러 작가를 제외하고는 대부분의 글쟁이는 어렵게 사는 게 현실입니다. 대다수 글쟁이는 부업을 하지 않고 먹고살기가 그리 쉽지 않습니다. 웬만한 글쟁이는 글 한 편 기고해 봐야 고작 몇만 원의 고료를 받습니다. 몇 년 전만 해도 일간지에 실리는 시 한 편의 원고료가 그 정도였으니 그럴 수밖에 없었을 것입니다.

나는 글쟁이 수준은 아니지만 모 계간지에 수필 한 편을 추천받아 실린 적이 있습니다. 원고료라는 명목으로 통장에 기만 원이 입금된 것을 확인하고 실망하지 않을 수 없었습니다. 간접적으로 글쟁이들이 얼마나 힘든 생활을 하는지 경험했습니다. 글로 밥 벌어 먹고사는 사람이 아니라 다행이라는 생각이 들었습니다.

글을 쓰는 사람이라면 누구나 유명한 작가를 꿈꿀 것입니다. 데카르트, 칸트, 쇼펜하우어, 괴테, 셰익스피어, 타고르, 조정래, 이문열, 박경리, 김소월, 윤동주, 허영자 등은 우리에게 잘 알려진 쟁이(?)들입니다. "인생은 짧으나 예술은 길다"는 명언을 실증적으로 보여주는 유명 작가들입니다. 이들은 나름의 명예를 얻고 일부는 부귀영화를 누렸습니다. 쟁이 수준을 넘어 일반적인 글쟁이들과는 차원이 다른 명사들입니다.

그들의 명예와 명성은 거저 얻어진 것이 아닙니다. 각고의 아픔과 인고의 세월을 견디고 얻은 것입니다. 일생을 바쳐 얻은 결과가 문학이라는 사실을 알고 나면 글쟁이 반열에 오른다는 것 또한 언감생심이라는 생각을 지울 수 없을 것입니다.

명예와 부에 연연하지 않고 글쓰기가 좋아서 쓰는 사람이 진정한 글쟁이 아닐까요? 나 역시 잘 쓰지는 못하지만 글 쓰는 것을 좋아합니다. 등단한 문인도 아닙니다. 글 쓰는 것이 좋아 쓰는 것뿐입니다. 누굴 위하여 쓰는 것도 아닙니다. 자신의 만족을 위하여 쓸 뿐입니다. 내용이 수작과는 거리가 멉니다. 세상에 발표할 수 없는 부끄럽기 그지없는 졸작들입니다.

그러나 내 자신이 쓴 글을 자식처럼 사랑합니다. 아주 가끔은 자신이 쓴 글을 읽고 스스로 감격하기도 합니다. 내가 이런 글을 썼단 말인가? 내 자신이 자신을 존경하는 미몽에 잠겨 꿈을 꾸는 것도 글을 쓰지 않을 수 없는 이유입니다.

남이야 무어라 해도 내가 좋아 글을 쓰고 행복해하는 자가 참 글쟁이라 생각합니다. 모두가 제멋에 산다고 하지 않습니까? 나 또한 내가 좋아 오늘도 이렇게 허망한 마음으로 아무짝에도 쓸데없는 글을 쓰고 있습니다. 배짱과 용기가 가상합니다. 닭 같은 글을 많이 쓰다 보면 학 한 마리 만나지 않을까 하는 야무진 꿈을 꾸며 오늘도 자판기를 두드리는 시간이 즐겁기만 합니다.

푸념

유사 이래 가장 잘살고 있다는 자랑스러운 대한민국입니다. 세계에서 유래를 찾아볼 수 없는 경제성장과 민주화를 동시에 이룬 나라라는 평이 나라 안팎에서 회자되고 있습니다. 개발도상국들이 모델 국가로 우리나라를 꼽는다는 이야기가 더 이상 빈말이 아닙니다. 자타가 공인할 정도로 잘살고 있습니다.

그렇지만 없이 살던 때보다 살기는 더 어렵고, 불평불만은 더 많은 것 같습니다. 배가 좀 부르니 이제 배가 아픈 걸까요? 아니면 행복에 겨운 투정일까요? 고픈 배 부여잡고 죽자 살자 일해서 이제 먹고살 만하니 복 나갈 짓만 골라서 하는 것 같아 마음이 무겁습니다.

배고파 보지 않고 자란 세대들이야 이런 얘기하면 꼰대 자다가 잠꼬대한다고 할지 모릅니다. 노망했으면 조용히 살다 가라고 할지도 모릅니다. 그래도 할 말은 해야 합니다. 젊은이들도 알아야 할 것은 알아야 합니다.

지금의 풍요가 땅에서 솟아난 것도 아니요, 하늘에서 떨어진 것도 아니라는 사실을 알게 해야 합니다. 오늘의 삶에 고마움을 느끼며 살게 해야 합니다. 불과 몇십 년 전만 해도 배가 고팠습니다. 그게 채 50년도 되지 않습니다. 오늘의 풍요는 우리도 잘살 수 있다는 희망을 품고 불철주야 물불 안 가리고 노력하여 이룬 결과입니다. 선대들의 피땀 흘린 노력의 결과로 오늘에 이른 것입니다.

조금 살만하니 여기저기에서 아우성입니다. 밥만 먹고 못 살겠다, 인간답게 살고 싶다, 평등하게 대우해 달라, 배가 아파서 못 살겠다. 다 옳은 말입니다. 그러나 한편으로 생각해 보면 너무 성급한 요구가 아닌지 우려스럽습니다. 몇천 년 몇만 년을 이어가야 할 조국의 미래를 생각하면 때론 자신을 위한 지나친 요구는 삼가는 것이 옳다고 생각합니다.

세상 사람 누구나 잘살길 바랍니다. 그럴 수 있다면 얼마나 좋을까요? 그러나 현실은 그렇지 못합니다. 인류가 살면서 지금까지 해결하지 못한 것 중 하나가 다 같이 잘사는 문제일 것입니다. 우리 앞에 살다 간 수많은 성인들도 이 문제를 해결하지 못했습니다. 예측이 빗나가길 바라지만 앞으로도 기적이 일어나지 않는 한 그럴 것입니다.

모두 평등하게 잘사는 이상사회 건설을 꿈꾸었던 토머스 모어의 꿈은 실패로 끝났습니다. 인간이 고안했던 제도나 방법들이 실패했습니다. 가능하다면 모든 사람은 평등하게 살아야 합니다. 그러나 인간은 완전한 존재가 아닙니다. 이상과 현실은 항상 일치하지 않습니다. 인간이기에 어쩔 수 없이 불평등이 존재한다고 생각합니다. 평등을 부정하는 것이 아니라 가능성이 거의 없다는 말입니다.

그렇다고 손 놓고 있으라는 말은 아닙니다. 문제는 해결해야 합니다. 쉬운 해법 중 하나는 운명에 맡기고 사는 것입니다. 자신이 처한 모든 것을 운명으로 받아들이고 사는 것입니다.

남의 탓이 아니라 내 탓이라고 생각하며 사는 것입니다. 곧 바보로 사는 것입니다. 잘살고 못사는 것, 잘나고 못난 것, 성공하고 실패하는 것 모두를 타고난 팔자려니 생각하며 사는 것입니다. 나보다 먼저 남을 배려하는 마음을 최고의 선이라 믿고 사는 것입니다.

말은 쉽습니다. 이 글을 읽는 분들이 "한평생을 팔자 탓만 하며 살라는 말이냐"는 원성이 들리는 것 같습니다. 답답해서 해본 이야기입니다. 평생 남 탓하며 사느니 내 운명이라 믿고 마음이라도 편하게 살자는 것입니다. 이렇게 사는 것이 자신의 삶에 도움이 되리라 생각하기에 드리는 말씀입니다. 너나 그렇게 살라고요? 나도 그렇게 살려고 노력하는데 마음대로 안 됩니다.

더 좋은 해결방법은 없을까요? 전지전능하신 분도 불가능할 것으로 생각합니다. 세상 모든 사람들이 동등하게 사는 것이 평등사회의 기본일 것입니다. 그러기에는 인간이 너무 현명합니다. 겉으로는 평등한 삶을 원하면서도 마음속에는 비교우위에 있기를 바랍니다. 남보다 잘났다는 생각을 하고 살기를 좋아합니다. 이런 마음이 사라지지 않는 한 평등사회는 영원히 존재하지 않을 것입니다.

갖지 못한 자의 입장에서는 가진 자들로부터 거두어들여 공평하게 나누어 갖는 것을 원할 것입니다. 가진 자들이 이를 수용할까요? 입장을 바꿔 생각해 보면 쉽게 이해할 수 있을 것입니다. 서로 타협이 필요합니다. 가진 자는 조금 양보하고 덜 가진 자는 적당한 수준에서 만족할 줄 아는 슬기로운 사람이 될 때 문제는 의외로 순조롭게 해결될 것이라 생각합니다.

그러나 현실은 그렇게 간단하지 않습니다. 나도 모두 잘살 수 있는 나라를 만들 수 있다면 미력하나마 협조할 각오가 되어 있습니다. 능력이 없어 일 못 하는 사람들에게는 행복한 삶을 누릴 수 있게 해줘야 합니다. 사지 멀쩡한 사람이 무위도식하는 것은 있을 수 없는 일입니다. 어느 성인은 "일하지 않으면 먹지도 말라"고 했습니다. 나라 보고 일자리를 만들어달라고 합니다. 그러나 나라가 무슨 재주로 일자리를 다 만들어줍니까?

가난은 대물림된다고 생각하는 사람들이 있습니다. 물론 부모 잘 만나 호의호식하며 걱정 없이 잘사는 사람도 있습니다. 반면 어려운 부모 밑에서 자랐지만 자수성가하여 보란 듯이 잘사는 사람도 주위에 얼마든지 있습니다.

세계적 부호인 빌 게이츠는 "가난한 부모 밑에 태어나는 것은 부끄러운 일이 아니지만 가난하게 죽는 일은 부끄러운 일이다"라고 했습니다. 참 공감이 가는 말입니다. 내 인생은 바로 내 자신의 것입니다. 누구를 원망하기에 앞서 자신에 대한 희망과 자긍심을 가지고 자신의 인생을 개척해야 합니다. 오늘 비록 삶이 어렵다 해도 희망이 있다면 내일은 한결 아름다울 것입니다.

희망이 없다고 합니다. 희망은 자기가 만들어가는 것입니다. 누가 희망을 만들어줍니까? 내 삶을 대신 살아줄 사람은 아무도 없습니다. 자신의 삶은 자기 자신이 책임지고 살아가야 합니다.

우리 마을에 엄동설한 추운 새벽, 힘에 부대끼는 손수레(리어카)를 끌고 거리를 누비며 폐지를 주워 생활하는 할머니가 계십니다. 추운 날 새벽 산행하러 가다가 이 할머니를 보고 눈물이 핑 돌았습니다. 산에 가서 마시려고 가지고 있던 두유 한 병을 아무 생각 없이 할머니에게 드렸습니다. 할머니는 고맙다며 받으시더니 그것도 마시지 못하고 다시 휴지를 찾아 힘든 걸음을 옮겼습니다. 이런 분이 참 애국자 아닐까? 하는 생각을 하며 산에 올랐습니다.

많이 배우고 똑똑하다는 의미가 무엇일까요? 편안하게 돈 버는 사람을 뜻하는 것 아닐까요? 그들은 대부분 머리와 입으로 밥 벌어 먹고 사는 사람들입니다. 서비스가 생산인 시대라고는 하지만 입에 풀칠하기 위해서 누군가는 생산에 참여해야 합니다. 손에 흙 묻히는 노동을 하지 않고 먹을 것을 생산할 수는 없는 일입니다. 이런 사람들도 존경받는 세상이 되어야 하지 않을까요? 그런데 재주는 곰이 부리고 돈은 사람들이 받으니 곰이 불행해지는 것입니다.

우리의 문제는 우리가 해결해야 합니다. 문제의 해결은 먼 데 있는 것이 아니라 우리 가까이 있다고 생각합니다. 바로 문제는 남에게 있는 것이 아니라 자신에게 있다는 사실을 깨닫는 것입니다. 사회가 하도 시끄럽고 위도 아래도 없고 애나 어른이나 울고 보채니 누가 다 감당하겠습니까? 우리 한 발자국 뒤로 물러나 서로 반성해 봅시다. 그리고 제자리로 돌아가 자기 맡은 소임을 착실히 수행해 나갑시다. 그러면 세월호 같은 참사가 다시는 일어나지 않을 것입니다.

국회에 있어야 할 사람들이 거리에 있고, 일터에 있어야 할 사람들이 길거리를 누비고, 국민의 안위와 생명을 지켜야 할 공직자들이 사리사욕을 채운다면 사회는 병들고 나라는 망할 수밖에 없다는 사실을 누구나 다 압니다. 누가 누구를 탓하기에 앞서 자기 자리로 돌아가 자신이 맡은 일부터 열심히 하는 것이 우리가 잘 사는 근본이 아닐까요? 헬조선이라는 말은 없어져야 할 단어입니다.

잠깐 부질없이 흥분했나 봅니다. 다 잊고 내 자신부터 잘해야겠다고 다짐해 봅니다.

세상 그렇게 사는 거 아니다

사노라면 볼 꼴 안 볼 꼴 다 보며 살게 됩니다. 혼자 사는 세상이 아닌 이상 그럴 수밖에 없습니다. 사람은 이웃과 더불어 살아갑니다. 정상적인 사람이 혼자 산다는 것은 불가능합니다. 여러 사람이 어울려 살다 보면 뜻하지 않는 일들이 자주 일어납니다. 사소한 일에서부터 생명의 위협을 느끼는 일까지 매 순간 겪으며 살고 있습니다.

사람들 중에는 인격과 품위를 생명같이 지키며 사는 사람도 있습니다. 그러나 내가 세상의 제일이라는 천상천하 유아독존형, 자기가 하는 것은 정상이요 남이 하는 것은 비정상적이라 생각하는 내로남불형, 상하좌우 살펴보지 않고 막무가내인 안하무인형 같은 인간들과도 더불어 살아야 합니다.

이런 사람들과 살다 보면 뜻하지 않게 황당한 경우를 접하게 될 때가 있습니다. 물론 나도 비이성적이요, 비양심적인 행동을 전혀 하지 않는다고 확신할 수는 없습니다. 불문곡직하고 본의 아니게 이웃에게 비이성적으로 대하는 경우도 있습니다.

며칠 전 점심 식사를 하기 위해 집 근처 음식점에 들렀습니다. 이 집은 음식이 맛있고 값이 저렴한 편이라 늘 손님이 많았습니다. 마침 주말이라 음식점 앞에 많은 사람들이 무리를 지어 메뉴 보는 사람도 있고 그냥 서 있는 사람도 있었습니다. 사람들이 줄을 서 있는지 아닌지 구분이 잘 되지 않아 두리번거리다 빈자리에 서 있었습니다. 그때 뒤에서 나이가 지긋해 보이는 여성 한 분이 왜 새치기하냐며 소리를 질렀습니다.

처음에는 내가 아닌 다른 사람에게 하는 말인 줄 알았습니다. 주변을 살펴보니 그 대상자가 나였습니다. 미안하기도 하고 한편 화도 났지만 내가 잘못한 점이 있어 미안하다 하고 줄 끝으로 가서 섰습니다. 그런데도 계속해서 "낫살이나 먹은 사람이 새치기하느냐?"며 투덜댔습니다. 같이 싸우자니 그렇고 피하자니 파렴치범으로 몰리게 생겼기에 그분 옆으로 가서 조용한 목소리로 "제가 줄이 없는 줄 알고 그랬습니다. 미안합니다"라고 사과했습니다. 그제야 자기도 좀 과했다 싶었는지 미안해하는 눈치였습니다.

아무래도 그곳에서 밥을 먹다간 소화불량에 걸릴 것 같아 다른 곳으로 발길을 돌렸습니다. 오늘은 대충 때우자는 생각에 허름한 집에 들어가 식사했는데 뜻밖에 음식이 맛있어 한 끼 잘 때웠습니다. 물론 무의식적으로 저지른 일이지만 원인을 제공하였기에 오늘은 일진이 사나운 날이거니 하고 마음을 위로하였습니다. 내가 하는 행위에 대해서 의식하지 못하고 남에게 피해를 주는 행위가 얼마든지 있을 수 있다는 반성의 시간을 가진 하루였습니다.

잘못해서 당하는 수모는 수긍할 수 있습니다. 그렇다 해도 막무가

내로 당하는 수모는 성인군자가 아닌 이상 참기 어렵습니다. 맡은 바 일을 잘 못하여 받는 수모, 얼굴이 못생겨 받는 수모, 분위기 파악을 잘 못하여 받는 수모, 남에게 피해를 주어 받는 수모라 할지라도 기분이 좋지는 않습니다. 더구나 이유를 모르고 받는 수모는 참기 어려운 게 사실입니다. 이유 불문하고 가능하면 수모를 받지 않고 살아야 합니다. 그러나 살다 보면 알게 모르게 수모를 당하고 살 수밖에 없습니다.

수모 중에서도 가장 참기 힘든 것은 인간 이하 대접을 받는 경우가 아닐까요? 사람 대접은 고사하고 동물 이하로 취급받는 경우가 도처에 있습니다. 대놓고 하인 취급한다거나, 지위가 높다고 아랫사람을 종 다루듯 한다거나, 신체가 온전치 못해서 받는 수모는 치욕이 아닐 수 없습니다.

친구, 이웃, 직장 상사, 동료, 관공서 또는 불특정 다수의 사람들로부터 여러 가지 수모를 당합니다. 요즘 이를 갑질이라고 해서 사회 문제가 되고 있습니다. 물론 당하기만 하는 것은 아닙니다. 때론 부지불식간에 남에게 수모를 주는 경우가 있습니다.

가정에서도 수모를 주고받습니다. 아빠가 엄마를 자식들 앞에서 면박을 주거나, 엄마가 아빠의 무능을 탓하는 경우도 있으니 말입니다. 부모가 자식에게 주는 수모도 의외로 많습니다. 이로 인해 받는 상처는 말로 다 할 수 없습니다.

수모를 당하는 사람도 주는 사람도 모두 함께 살아가는 이웃들입니다. 수모를 주지도 받지도 않도록 서로 노력하는 것이 중요합니다. 내가 남에게 수모를 주면 자신도 남에게 수모 당하는 것이 삶의 이치입니다.

"인생 그렇게 사는 거 아니다." 어디선가 많이 듣던 말입니다. 혼자 살 수 없는 인생이라면 이해와 관용으로 이웃과 더불어 행복하게 사는 것이 사람의 도리 아닐까요? 오늘은 왠지 지난날 함께했던 이웃들이 가을 전어를 잡으러 떠난 배처럼 그립습니다.

별장

우스갯말로 연인과 별장은 갖는 날부터 고민이라고 합니다. 여기에 요트를 더하여 현대인의 3대 로망이라고 합니다. 탁 트인 바닷가 별장에 살며 멋진 연인과 함께 요트를 타고 망망대해를 자유롭게 떠다니는 생각만 해도 무지개를 타고 하늘을 나는 기분이 아닐 수 없습니다.

호사다마라고 좋은 것 이면에는 반드시 대가가 따르기 마련입니다. 연인을 아름다운 장미꽃에 비유하곤 합니다. 그러나 장미에는 가시가 있습니다. 연인이 있다면 겉으론 멋져 보이겠지만 물심양면으로 희생해야 합니다. 그렇지 않으면 언제든 날아가 버리는 문이 열린 새장 속의 앵무새 같은 존재가 연인입니다. 별장이나 요트 또한 갖기도 어렵지만 갖는다고 해도 계속 유지 보수해야 합니다. 그렇지 않으면 낡고 부식되어 제 기능을 하기는 고사하고 골칫거리가 되고 맙니다.

일전에 겪은 일입니다. 절친 몇이서 만나 점심 식사하는 중에 귀향해 살고 있는 내 이야기가 화제에 올랐습니다. 고향에 내려가 살고 있는 근황에 대해 이야기하게 되었습니다. 이야기를 들어보니 친구들은 내가 팔자가 좋아 늙은 말년에 고향에 내려와 별장을 짓고 살고 있는 것으로 알고 있었습니다.

별장別莊이란 살림하는 집 외에 경치 좋은 곳에 따로 집을 지어놓고 때때로 묵으면서 쉬는 집을 말합니다. 생각하기 나름이지만, 내가 별장 짓고 팔자 좋은 생활을 하는 것으로 오해할 수 있다는 생각이 들었습니다. 말년에는 고향에 내려가 흙에 묻혀 살려고 오래전부터 계획한 일이라 고향 집을 별장이라고 생각해 본 적이 없습니다.

이따금 친구들이나 제자, 지인들이 집을 구경하고 여행도 할 겸 찾아옵니다. 고향을 찾아온 친구들은 속은 몰라도 겉으로는 전원생활하는 나를 부러워합니다.

빈틈없이 들어선 콘크리트 건물과 매연으로 채워진 도시에서 살다 두메산골에 내려와 생명이 살아 숨 쉬는 자연을 보면 누구나 시골 생활이 주는 여유로움을 느낄 것입니다. 태양이 서산에 걸리고 황토방 굴뚝에서 나는 흰 연기가 머리를 풀고 하늘로 오르는 고즈넉한 모습은 무릉도원이 아닐 수 없습니다.

파란 나뭇잎 사이로 석양의 햇빛이 숨어들 때 온몸에 감기는 황혼의 느낌은 환상을 넘어 신비로움 그 자체입니다. 이런 풍경은 인문학적 소양이 전무한 사람도 시인이 되게 하는 마력을 지니고 있습니다.

때 묻지 않은 인심은 우리에게서 멀어진 내면의 순수함과 청순함을 일깨워주기에 충분합니다. 기회가 주어지면 누구나 이런 자연 속에서 한 번쯤 조용히 살기를 바랄지도 모릅니다. 어떤 친구는 이런 분위기에 취해 대놓고 시골 집 한 채 살 수 없느냐고 묻기도 합니다. 나는 그 친구에게 대답 대신 누구나 시골 생활을 동경할 수 있으나 아무나 할 수 있는 것이 아니라고 말합니다. 꼭 시골에 내려와 살고 싶으면 우리 집을 빌려줄 테니 먼저 살아보라고 말합니다.

콩깍지 낀 눈으로 시작된 사랑이 오래가지 못하는 것처럼 순간의 느낌과 생각으로 시골 생활을 택하면 십중팔구는 1년도 채 못 가서 후회하기 시작할 것입니다. 경제적 부담은 차치하고라도 정신적으로나 육체적으로 겪어야 하는 고통이 헤아릴 수 없이 많습니다. 육신과 정신의 고통을 즐길 수 있는 마음의 준비가 되어 있지 않다면 순간의 선택이 평생의 고통으로 남을 수 있습니다.

눈에 보이는 아름다운 정원수와 파란 잔디밭들이 저절로 만들어지는 것은 아닙니다. 주인의 세심한 배려와 부단한 관심 그리고 땀방울로 만들어진 것입니다. 모두 일입니다. 사랑하는 여인 다루듯 하지 않으면 잡초 밭이 되고 맙니다. 가져본 적은 없지만 요트도 별장이나 연인 다루듯 해야 한다고 합니다. 생각은 자유입니다. 그러나 그 생각을 실행하기 위해서 피와 땀이라는 대가를 지불해야 합니다. 이런 마음의 준비가 되어 있지 않다면 평생 후회하게 될지도 모릅니다.

어느 이민자 이야기

조국을 떠나 다른 나라에 가서 사는 사람을 가리켜 이민자라고 합니다. 이민 떠나는 사람들이야 다 사정이 있겠지만 이민의 궁극적인 목적은 더 행복하게 살기 위해서 아닐까요?

이민 생활을 하진 않았지만 세 번에 걸쳐 외국 생활을 경험했습니다. 1978년 말 유럽에 있는 벨기에에서 10개월, 1995년 미국에서 1년 남짓 그리고 2006년 호주에서 1년의 생활입니다. 모두 잘사는 나라였기에 나름 많은 것을 보고 느끼고 배웠습니다.

그곳에서의 생활은 놀라움과 부러움 그리고 반성과 성찰의 시간이기도 했습니다. 때론 얼굴이 화끈거릴 정도의 실수담도 있었고, 굴욕에 가까운 대접을 받기도 했습니다. 외국 생활은 내게 존재 이유와 삶의 의미를 깨닫게 한 중요한 기회였습니다.

세 번의 외국 생활을 통해 얻은 것은 우리도 열심히 일하면 언젠가는 이들처럼 잘살겠지 하는 희망이었습니다. 40여 년이 지난 지금 우리나라도 외형상 이들에 버금가는 나라로 성장했습니다. 오늘날 선진국 기준은 주로 국민소득입니다. 그러나 국민의 의식수준이나 문화적인 차이도 무시할 수 없는 대목입니다. 한 나라의 문화와 의식수준은 하루아침에 높아지는 것이 결코 아닙니다. 선진국이라는 나라를 돌아보면 아~ 이래서 선진국이구나 하는 생각이 들게 됩니다.

호주에서 살 때 교포에게 들은 이야기입니다. 할머니 한 분이 딸을 따라 시드니로 이민을 와서 살게 되었습니다. 호주는 나이 든 노인들에게 후생복지가 잘되어 있습니다. 이 할머니는 이민 와서 고령으로 인해 연금을 받게 되었습니다. 그런데 줄곧 손자도 돌봐주고 딸 살림도 도울 겸 딸네 집에서 살았기에 생활비가 들지 않았습니다.

할머니는 매달 나오는 연금을 쓸 일이 없었습니다. 세월이 지나면서 연금이 쌓이게 되었습니다. 그러던 어느 날 연금관리국에서 전화가 왔습니다. 전화는 "왜 할머니는 연금을 쓰지 않느냐?"는 것이었습니다. 전화를 받은 할머니는 '내 돈 내가 쓰든 말든 무슨 상관이지'라는 생각으로 전화한 이유를 물어본 모양입니다. 그러자 담당자가 "할머니는 연금 없이도 살아갈 능력이 있는 분이므로 더 이상 연금을 지급할 수 없다"고 말하더라는 것입니다.

이 나라에서 연금은 생계유지를 위해 쓰라는 것이지 저축하라고 주는 것이 아닙니다. 이것이 연금을 주는 이유입니다. 돈을 모으려는 생각이 선이 아니라 악으로 통하는 나라입니다. 어렵게 살지 말고 연금은 주는 대로 쓰고 인간답게 살라는 것이 이들의 사고방식입니다.

우리에게는 부럽고 생소한 이야기입니다. 적당히 일하고 즐겁게 사는 게 그네들 사고방식입니다. 열심히 공부하거나 일하는 것도 자기가 좋아서 하거나 성취감을 위해서 하는 것이지 돈 벌고 출세하여 부귀영화를 누리려는 것이 아니라는 것입니다. 삶을 희생하면서까지 일하지 않는다는 것입니다. 이런 사고가 곧 선진국 문화의 근간이 되는 사고입니다.

이 이야기를 듣고 나니 별을 보고 출근하여 별을 봐야 퇴근하던 젊은 날들이 후회 반 보람 반으로 녹슨 이마를 스쳐 지나갑니다.

살아 있기에 아픔도 있다

환절기를 맞아 가끔 부고를 받습니다. 살 만큼 살다 가시는 분이 있는가 하면 꽃다운 나이에 세상을 떠나는 사람도 있습니다. 나이 들어 죽으나 젊어서 죽으나 죽는다는 것은 슬픈 일이 아닐 수 없습니다.

드는 사람 흔적은 없어도 나는 사람 흔적은 있다고 하지 않던가요? 어제 친척 한 분이 돌아가셨습니다. 그제만 해도 같이 웃고 얘기를 나눴던 분이 하룻밤 사이에 타계하셨다는 부고를 접하고 놀라지 않을 수 없었습니다. 죽음을 한두 번 봐온 것은 아니지만 부고를 받을 때마다 삶과 죽음 사이에서 그렇게 고뇌하며 살다 가는 이유가 대체 뭘까? 죽음을 보면서 이 풀리지 않는 의문의 병이 도지곤 합니다.

누구나 죽음으로부터 자유로울 수 없습니다. 그럼에도 천 년 만 년 살 것 같은 당당함과 무모함으로 점철되는 삶이 과연 올바른 삶인지? 아니면 이렇게 살고 있는 모습이 인간의 참모습인지? 의문투성이입니다. 죽음 앞에 서면 죽음을 잊고 살았다는 무지함에 부끄러운 마음이 들 때가 있습니다.

죽음 앞에 침묵하는 철학자가 됩니다. 자신을 뒤돌아보는 명상의 시간이 생기는 것입니다. 이왕이면 명상으로 끝나지 말고 해탈의 경지는 못 되어도 반성하는 기회라도 되었으면 하는 마음입니다. 불가에서는 삶을 고苦라고 합니다. 쉽게 말하면 삶이란 고통스럽다는 뜻입니다. 그렇습니다. 삶이 즐거움이라면 근심 걱정이라는 단어 자체가 없었을 것입니다. 백이면 백, 천이면 천 사람을 붙잡고 물어봐도 걱정 없는 사람이 없으니 인생은 고라는 말은 설득력이 있습니다.

좌를 봐도 우를 봐도 걱정거리요, 앞을 봐도 뒤를 봐도 걱정거리입니다. 개인에게 걱정이 없으면 가정에 걱정이 있으며, 우리의 걱정이 없으면 이웃에 걱정이 있습니다. 주변이 조용하면 나랏일이 걱정입니다. 이래저래 걱정이 많습니다.

이런 환경이 바로 우리의 삶입니다. 이런 속에서도 살아 있음을 감사하며 사는 사람이 많습니다. 나도 그런 사람 중 한 사람입니다. 병원에 가보면 살기 위해서 많은 사람들이 몸부림치고 있습니다. 이들에게 두 발로 서서 활보하는 사람이 얼마나 부러울까요?

삶을 갈구하는 사람을 보면 살아 있다는 것이 얼마나 행복하며 감사할 일인지 느끼게 됩니다. 이것만으로도 살아 있음에 감사하며 살아야 할 이유가 충분합니다. 삶은 고통의 연속입니다. 하루하루가 다 고통이요 죽음을 부르는 시간입니다. 살아 있다는 것이 곧 기적입니다. 오늘은 어제 죽은 자들이 그렇게도 바라던 날이 아니던가요?

죽은 자는 말이 없습니다. 변명조차 할 수 없습니다. 그저 무언입니다. 누워 있는 것이 전부입니다. 살아 있기에 고통도 있는 것입니다.

고통은 삶 자체입니다. 고통을 부정하면 삶도 부정입니다. 이래도 삶이 고통스럽다고 투정만 할 것인가요? 고통이 없는 삶은 곧 죽어 있는 삶입니다. 내일 종말이 온다고 해도 한 그루의 나무를 심겠다고 한 스피노자의 깊은 뜻을 깨닫게 됩니다. 죽는 순간까지 희망의 끈을 놓지 않겠다는 성인다운 깨달음의 경지에서 나온 말이 아닐까요?

고통을 기쁨처럼 느끼며 사는 삶이 바로 행복한 삶이라 믿고 싶습니다. 살아 있기에 아픔도 있는 것입니다.

할아버지, 나비는 왜 잡아요?

"할아버지, 왜 나비를 잡아요?"

"아~! 나비를 잡는 게 아니라 운동하고 있어요."

이 대답은 할아버지의 비겁한 거짓말이었습니다. 사실 나는 나비를 잡고 있었습니다.

아름다운 날개를 펴고 자유롭게 날아다니는 나비는 천상에서 내려와 춤추는 선녀처럼 예쁘고 아름답습니다. 이렇게 예쁜 나비를 잡는 것은 이해할 수 없는 행위일 것입니다. 나비를 잡으려고 머리가 허~연 할아버지가 대나무 가지를 들고 이리 뛰고 저리 뛰고 있는 모습이 젊은 길손에게는 이해할 수 없는 행동이었을 것입니다.

퇴직하고 내 먹거리는 내 손으로 만들어 먹겠다는 야무진 꿈을 가지고 귀향한 지 3년이 되었습니다. 고추장, 된장, 간장, 청국장, 김장(五醬이라 함) 다섯 가지를 내가 지은 농산물로 손수 만들어보겠다며 고향에 내려왔습니다.

태생이 시골인 나는 직접 농사를 지어본 적은 없지만 어깨너머로 보며 자랐기에 농사가 얼마나 어려운지 잘 알고 있었습니다. 어려움을 각오하고 귀농 겸 귀향을 결심하였습니다. 대대로 살아온 집과 논밭이 있었기에 마음만 먹으면 언제라도 귀향이 가능했습니다.

고향 집은 오랫동안 사람이 살지 않아 낡아 있었습니다. 수리가 필요했습니다. 수리하려고 알아보니 수리하는 데 드는 비용이 새로 짓는 비용과 크게 차이가 나지 않았습니다. 옛집을 헐고 작은 집을 지었습니다. 집 짓는 것도 생각처럼 쉽지 않았습니다. 우여곡절 끝에 집을 짓고 입주하여 농사일을 시작했습니다.

첫해에는 시험 삼아 가능한 한 자연 상태 그대로 농사를 지어 보기로 했습니다. 일명 친환경 농사입니다. 일상에서 많이 먹는 채소를 심었습니다. 이른 봄에는 상추, 쑥갓, 아욱, 시금치 등을 심었습니다. 5월쯤에는 고추와 콩을 심었습니다. 내가 알아서 하기보다는 마을 어르신들의 농사를 눈여겨보면서 따라하는 모방 농사였습니다.

첫해 소득은 농사로 얻은 소득보다 땅이 얼마나 소중한지 알게 된 것입니다. 땅은 거짓이 없다는 사실을 알게 된 것도 큰 소득이었습니다. 땅은 얼마나 노력했느냐에 따라서 보상해 준다는 철학을 배웠습니다. 시장에서 사다 먹는 채소보다 내가 땀 흘려 재배한 채소가 얼마나 소중한지 알게 된 것도 큰 소득 중 하나였습니다. 한 잎의 상추를 입에 넣기까지 많은 노력과 시간이 필요하다는 사실을 깨닫는 해이기도 했습니다. 심은 채소들은 생각보다 잘 자랐습니다. 이런 체험을 통해 소중한 지식도 얻었으니 기쁨도 두 배였습니다.

처음 농사짓는 사람이 열성으로 일하는 모습을 보고 귀촌을 반대했던 집사람도 어느 정도 인정하는 분위기가 되었습니다. 그동안 나의 열성을 직접 보지 못했던 집사람이 나를 인정한 것은 무엇과도 바꿀 수 없는 귀한 선물이었습니다.

그런 생각도 잠시 "속을 모르면 말을 말라" 했던가요? 본격적으로 여름이 시작되고 장마가 계속되자 농작물에 이름도 들어보지 못했던 병들이 들기 시작했습니다. 잘 자라던 고추들이 자고 나면 썩어서 추풍낙엽처럼 떨어지고 고추나무는 시들어 죽어갔습니다. 이런 모습을 보고 있자니 시름시름 죽어가는 자식을 보는 느낌이었습니다.

해충은 얼마나 많은지 독한 마음 먹지 않으면 볼 수 없을 정도로 심각했습니다. 잘 자라던 채소나 과일 나무들이 이상해서 가보면 진딧물과 무당벌레 그리고 이름 모를 벌레들이 온 가지와 잎에 붙어 잔인할 정도로 먹어 치우고 있었습니다.

이런 상태를 보고 농약의 유혹을 받지 않은 농부는 아마 없을 것입니다. 그런 농부가 있다면 죽어가는 자식을 눈앞에 두고 자연 치유되기를 기다리는 부모의 마음과 같다고 생각합니다. 농사짓는다는 것은 병과 해충과의 싸움이라는 사실도 알게 되었습니다. 처음 농사를 시작할 때 동네 어른들이 농약을 치지 않고 농사짓는 것은 불가능하다고 했던 말의 뜻을 실감했던 해였습니다.

이런 농사를 체험한 다음 해 따뜻한 봄날이 돌아왔고 농부는 다시 농사를 짓기 시작하는 시기였습니다. 밭에 나가 채소를 심고 풀을 매고 있는데 봄을 알리는 나비들이 찾아와 여기저기에서 날고 있었습니다. 봄과 나비 그리고 꽃과 나비 사이에서 봄을 만끽하는 사람이라면 행복을 느낄 수 있는 화창한 봄날이었습니다.

그러나 농사짓는 농부 입장에서 보면 나비는 농사를 망치는 해충이자 원흉으로 보일 뿐입니다. 사실 나비들이 꽃을 찾아다니는 것은 우리에게 즐거움을 주기 위한 것이 아닙니다. 자신의 생명과 종족을 보존하기 위하여 날아다닙니다. 농사에 해가 없다면 어느 누가 바쁜 시간에 나비를 잡겠습니까?

나비는 땀 흘려 가꾼 농작물에 알을 낳습니다. 그 알들이 부화하면 셀 수 없이 많은 애벌레가 됩니다. 그 애벌레들은 애써 가꿔놓은 농작물을 사정없이 먹어 치웁니다. 나비를 미워하는 것은 감정이 메마른 것이 아니라 농부도 먹고살기 위한 몸부림입니다. 나 역시 그들이 농작물에 무슨 일을 저지를지 알고 있기에 나비를 잡으러 쫓아다녔던 것입니다. 한 마리의 나비라도 더 잡아 그들이 낳을 애벌레 수를 줄여 보려는 처절한 심정으로 나비를 잡았던 것입니다.

지나가는 젊은이야 화창한 봄날 아지랑이 사이로 자유롭게 나는 예쁜 나비를 보며 옛 추억에 젖었을 수 있습니다. 봄의 교향곡을 들으며 춘흥에 젖어 있을 수도 있습니다. 한가롭고 평온한 무릉도원에서 어떤 할아버지가 예쁜 나비를 잡으려고 이리 뛰고 저리 뛰는 모습을 보면서 정신 나간 사람이라고 생각했을 수도 있습니다.

나비를 잡아야 하는 내 모습이 얼마나 이기적이며 정서가 메말라 있는지도 압니다. 나도 그런 자신이 밉고 마음에 들지 않습니다. 재배하는 농작물을 보호하려는 애타는 마음에서 그렇게 한 짓일 뿐이었습니다.

같은 음식도 어떤 이에게는 약이 되고 어떤 이에게는 독이 되듯이 나비도 그런 이유가 있다는 사실을 이해해 주길 바랍니다. 그날 내가 죽인 나비를 애도합니다.

이 글을 쓰고 있는 이 시간 창밖에 예쁜 호랑나비 한 마리가 날고 있습니다. 저놈을 잡을까 말까. 손끝에 살기를 느끼는 심정을 독자는 이해할 수 있을까요?

당신이 뭔데?

새 정부 들어서면서 적폐청산이라는 말이 유행입니다. 과거의 잘못된 관행을 바로잡아 살기 좋은 나라를 만들겠다는 의미로 알고 있습니다. 그동안 빈부격차로 겪었던 서러움뿐 아니라 인격적인 모독을 받으며 살아온 원한이 봇물 터지듯 터져 나오는 형국입니다.

어느 시인이 쓴 '괴물'이라는 시가 회자되더니 너도나도 폭로가 이어지고 있습니다. 일명 미투Me too 운동입니다. 권력이나 지위를 이용하여 약자를 괴롭혀온 과거의 적폐가 하나둘 모습을 드러내는 것입니다. 사회적으로 존경받던 유명인사가 하루아침에 죄인이 되어 쇠고랑을 차거나 국민적 망신을 당하는 꼴을 보게 된 것입니다.

어제오늘만의 일이 아닙니다. 역사가 증명하고 있습니다. 옛적에도 이런 일들은 있었습니다. 사람은 우리가 생각하는 만큼 현명하지 못한 구석도 있습니다. 공직자가 패륜아나 할 것 같은 성범죄를 저지르고 군자 같은 사람이 조폭 같은 행동을 하는 경우도 있습니다. 이러다 보니 사회의 질서를 유지하는 데 한 축을 담당했던 어른의 역할이 와해되는 느낌입니다.

젊은이들이 더 이상 어른의 말을 신뢰하지 않습니다. 신뢰는 고사하고 조롱도 서슴지 않습니다. 어른을 어른이라 부르지도 않습니다. 바로잡아야 할 적폐 대상일 뿐입니다. 과거 모든 부정부패의 온상이 어른들이라고 믿는 형국입니다. 몇천 년 내려온 우리 민족이 가지고 있는 어른 섬기는 미덕이 대수술을 받아야 할 판국입니다. 어른이 애들 눈치를 봐야 합니다.

부모가 자식 교육이라며 함부로 말하거나 때리는 행위는 범죄 행위입니다. 자식 교육을 위하여 구타를 하거나 폭언하는 것은 권장 사항이 아닙니다. "매를 아끼면 아이를 버린다Spare the rod spoil the child"는 격언도 이제 망언일 뿐입니다. 범죄를 만드는 추언에 불과합니다. 여기저기서 요즘 애들이 말을 듣지 않는다거나 버릇이 없다고 말합니다.

군사부일체는 이제 권위적인 말로 입 밖에 내서는 안 됩니다. 부모가 매 한 대 때렸다고 경찰에 신고하고, 선생님이 말 한마디 잘못했다고 학생들의 비판을 받아야 합니다. 예전엔 그랬었는데… 하는 생각 자체가 모두 적폐입니다. 우리 관습이나 습관이 다 좋다는 말은 아닙니다.

아이의 생사가 달린 위급 상황에 처했을 때 말로 해서 듣지 않는다면 어떻게 해야 할까요? 극단적인 조치를 취해서라도 생명을 구하는 것이 우선일 것입니다. 부모나 선생님이 감정적으로 애들을 때리거나 폭언하는 것은 있어서는 안 될 일입니다. 판단능력이 부족해서 잘못된 길로 가는 자식을 바라보고만 있는 부모는 없을 것입니다. 말로 해서 안 될 경우는 체벌이라도 해서 바른길을 가게 하는 것이 미래의 자식을 위해서도 좋은 일이 아닐까요? 그렇다고 때려서라도 애들을 가르치라는 말은 절대 아닙니다. 필요할 때는 회초리도 약이 될 수 있다는 의미입니다.

이에 대한 반론도 많을 것입니다. 동물도 때려서는 안 된다는데 하물며 사람을 때리는 것은 추호도 용납할 수 없다고 주장합니다. 원론적으론 맞는 말입니다. 모든 것은 때가 있습니다. 배울 때는 배워야 합니다. 배울 때 배우지 못하면 나이 들어 후회만 남습니다. 후회할 때는 이미 때늦은 후입니다. 다시 되돌리기 힘든 것입니다. 이런 사람이 한둘이 아닙니다. 교육은 이처럼 한 번뿐인 인생에서 가능하면 시행착오를 줄이면서 살게 하는 데 그 목적이 있지 않을까요?

인생은 흐름이라고 말하는 사람도 있습니다. 먼저 살다 간 자들로부터 배울 것은 배우며 살자는 의미입니다. 저자도 초등학교 시절 공부하지 않는다고 선생님한테 많이 혼나고 맞았습니다. 당시에는 선생님이 미웠고 속으로 원망도 많이 했습니다. 지금 와서 생각하면 그 선생님이 고마울 때가 많습니다. 좋은 말로 교육이 다 될 수 있다면 얼마나 좋을까요?

어릴 때는 혼나는 게 싫었고, 매 맞는 것은 더욱 힘들었습니다. 그러나 그런 과정을 통하여 오늘을 잘 살고 있습니다. 오히려 어린 시절 나를 바른길로 가도록 잔소리하고 매를 들었던 부모님과 선생님 그리고 선배들에게 감사하며 살고 있습니다. 나만 별종인가요? 젊어 고생은 사서 한다고 하지 않던가요?

어린이들이야 원하는 것을 하고 싶을 것입니다. 일부는 하고 싶은 것을 하며 사는 것이 가장 행복한 삶이라 생각할지 모릅니다. 그런 사고로 젊은이들이 자기 인생을 결정토록 놓아두자는 자들이 자유론자들입니다. 그들에게 자기 자식도 그렇게 자유 방목하는지 묻고 싶습니다.

아무리 좋은 야생마라도 길들이지 않으면 명마가 될 수 없습니다. 사람도 마찬가지라 생각합니다. 훌륭한 소질을 가지고 태어났다고 해도 갈고 닦지 않으면 진가를 발휘할 수 없다는 것은 진실입니다. 사람도 사람답게 살 수 있도록 해야 합니다. 말로 듣지 않을 때는 물리적인 방법도 때론 필요하다고 생각합니다. 물론 악의가 있는 방법이어서는 안 됩니다.

어린이날 절친이 손자 셋을 데리고 우리 집에 내려와 1박을 하고 갔습니다. 5살, 6살, 7살 애들이었습니다. 마침 어린이날이기에 큰애에게 "엄마 아빠가 어린이날 선물로 뭘 사줬니?"라고 물었습니다. 당연히 뭔가 사줬을 것이라 생각해서 아무 생각 없이 물었습니다. 그 애는 "아무것도 사주지 않았어요. 어린이날 선물을 사주지 않았으니 나도 어버이날 선물을 사지 않을 거예요"라고 대답했습니다. 매일 선물을 받다시피 하는 애들이 이런 대답을 했습니다. 다만 몫을 지어서 사주지 않은 것이 잘못일 수 있습니다. 하라는 일은 소홀히 하면서 갖고 싶은 것은 당당하게 요구합니다. 자기들의 권리는 추호도 양보 못 하면서 의무는 모르쇠입니다.

한 친구의 이야기가 백미입니다. 어느 날 손녀에게 잔소리를 좀 한 모양입니다. 그랬더니 손녀가 말하길 "할아버지는 아직도 자기가 사장인 줄 아시나 봐?"라고 말했답니다. 이 말을 듣고 같이 식사하던 친구들이 한바탕 웃고 말았지만 한편으로는 격세지감을 느꼈습니다.

우리가 어릴 적에도 어른들은 언제나 "요즘 애들 버릇 없다"고 말씀하셨습니다. 아무리 좋은 전통이나 습관이라고 해도 나쁜 것은 바꿔야 하고 또한 시대에 맞게 바뀌어야 합니다. 이에는 반론의 여지가 없습니다. 그러나 세상이 바뀌어도 바뀌지 말아야 할 것도 있습니다. 미풍양속이 그것입니다.

앞으로 세상이 어떻게 바뀔지 모르지만 요즘처럼 세태가 바뀌다 보면 머지않은 장래에 부모들이 자식으로부터, 상사가 부하직원으로부터 "당신이 뭔데"라는 말을 들으며 살 날이 도래할 것 같습니다. 아니 지금도 도처에서 들리는 말입니다.

제 2 부
사랑과 이별

사랑이 주체할 수 없는 설렘이라면
이별은 가시지 않는 슬픔입니다.

어둠이 있기에 밝음이 돋보이듯
이별이 있기에 사랑이 더욱 아름다워 보입니다.

지금 당신이 겪고 있는 이별의 아픔은
먼 훗날 더 큰 사랑으로 돌아올 것입니다.

한 점 부끄럼 없이 사랑했다면
이별마저도 아름다운 추억으로 간직하세요.

이별이 있기에 사랑은 더 아름답다

만남 뒤엔 이별이 있습니다.
만남이 설렘과 기쁨이라면 이별은 아쉬움과 슬픔입니다.
사랑해 본 적이 있나요?
이별은요?

없다면 죽기 전에 꼭 한 번은 해보셔야 합니다.
느낌이 좋으면 재지 말고 시작하세요.
순수한 사랑은 조건이 없는 거랍니다.
조건이 필요한 사랑은 사랑이 아니라 사업이거든요.

사랑하려거든 내 생애 마지막 날인 것처럼 하세요.
다 하지 못한 사랑은 후회가 남거든요.
남김없이 한 사랑은 아름다운 추억이 됩니다.
아름다운 추억이란 잊지 못할 그리움이거든요.

사랑하다 의심이 들면 사랑이 식은 줄 아세요.
의심이란 믿지 못하는 마음입니다.
이게 아닌데 하는 생각이 들면 헤어지세요.
이런 마음으로 사랑하면 불행해지거든요.

아쉬움이 남는다고 뒤돌아보지 마세요.
슬픔이 앞을 가려도 울지 말아요.
운다고 가신 님이 다시 오지 않아요.
알고 보면 사랑은 희극이 아니라 비극이거든요.

이별은 의식이 필요치 않아요.
너 때문에 한때 행복했노라고 빌어주세요.
더 늦기 전에 떠나서 다행이라고 생각하세요.
그리고 한때 사랑했던 임 가는 길 축복해 주세요.

붙잡고 애원하지 마세요.
더없이 초라해지거든요.
이별이 지저분하면 아름다웠던 사랑이 추해져요.
시작도 아름다웠으니 끝도 아름다워야죠.

누구나 때가 되면 헤어져야 합니다.
인연이 되어 만나고 다하면 헤어지는 것이랍니다.
이 순간에도 헤아릴 수 없는 만남과 이별이 있습니다.

이별이 내게만 있는 것은 아닙니다.
떠나간 사랑 아름다운 추억으로 간직하세요.
사랑 이야기 하나쯤 추억으로 남겨두세요.
살다 보면 추억이 얼마나 소중한지 알게 될 거예요.
영원한 사랑이란 꿈의 언어일 뿐입니다.

사랑이 아름다운 것은 이별이 있기 때문이에요.
이별이 없는 사랑은 끝이 싱거운 영화 같거든요.
이별할 때는 명화의 마지막 장면처럼 멋지게 하세요.
시간이 지나고 나면 추억은 삶을 풍요롭게 합니다.

만나고 헤어짐이 인생사입니다.
로미오와 줄리엣의 만남과 이별을 아시지요?
이별이 슬픈 게 아니라
이별함으로 사랑을 잃기에 슬픈 것입니다.
이별은 조물주가 우리에게 준
가장 슬픈 선물인지도 모릅니다.

이별의 슬픔이 곧 사랑의 아픔입니다.
사랑과 이별을 경험하지 않고 삶의 참맛을 알 수 있을까요?
사랑은 흉내 낼 수 있다 해도
진실한 사랑의 눈빛은 흉내 낼 수 없거든요.
인간은 만나고 사랑하다 헤어지고

슬퍼하며 성숙해진다고 합니다.

단 한 번만이라도 몸이 뒤집히는 사랑을 해보세요.
입으로 하는 사랑은 사랑이 아니라 유희일 뿐입니다.
진정한 사랑만이 세상을 아름답게 하고 삶을 풍요롭게 합니다.
그리고 때가 되면 미련 없이 아름답게 헤어지세요.

추함이 있어야 아름다움이 빛나고, 실패가 있어야 성공이 위대해 보이듯 사랑은 이별이 있기에 더욱 아름답습니다. 조물주는 인간의 행복을 시기하여 이별이라는 슬픔을 만들어놓은 것 같습니다. 이별이란 얼마나 절망적이며 비극입니까? 상상만 해도 눈물이 앞을 가리는 슬픔입니다. 그러나 끝이 있기에 시작이 아름다운 것처럼 이별이 있기에 사랑이 더 아름다운 것입니다.

온몸의 근육이 뒤틀리고 뼈마디가 늘어나는 아픔 뒤에 새 생명을 얻듯이 뼈를 깎는 고통으로 얻은 사랑일수록 밤하늘의 별처럼 아름답고, 아침 햇살에 빛나는 이슬처럼 영롱할 것입니다.

생애 단 한 번만이라도 사랑은 꼭 해봐야 합니다. 그리고 싫어지면 아름답게 헤어지세요. 헤어진다 해도 사랑의 추억은 영원히 가슴에 남습니다. 그리고 떠나는 임의 행복을 빌어주세요. 당신을 사랑하다 헤어졌기에 내 인생이 더 아름다웠고 행복했노라고 말해 주세요.

기념일 챙기기

사람은 누구나 선물을 주고받으며 살아갑니다. 특히 이성 간에 주고받는 선물은 기쁨이자 고민이 아닐 수 없습니다. 기혼자거나 목하 열애 중인 사람이라면 이런 경험을 했을 것입니다. 선물이라는 자체가 나의 호의를 상대방에게 전하는 것입니다.

받는 사람 입장에서는 같은 값이면 다홍치마라고 마음에 드는 선물을 받기 원할 것입니다. 잘못하면 선물을 주고도 욕먹는 경우가 생길 수 있습니다. 내 마음도 잘 모르는데 상대방의 마음을 헤아려 원하는 선물을 한다는 것은 그리 쉬운 일이 아닙니다.

배우자가 있는 사람이라면 매년 꼭 기억하고 챙겨야 할 날이 있습니다. 결혼기념일과 배우자 생일입니다. 크리스마스나 연말도 강심장이 아니면 그냥 넘기지 못합니다.

선물을 준비할 때 어려운 것은 얼마 정도의 비용으로 어떤 선물을 고르느냐 하는 것입니다. 물론 비싼 값으로 좋은 것을 해주면 더할 나위 없겠지요. 이는 주머니 사정이 좋은 사람들의 이야기입니다. 보통 서민의 경우에는 주머니 사정을 고려하여 최소비용으로 최대의 효과를 얻어야 하니 고민입니다. 결국 돈이 문제입니다.

아버님이 어머님에게 선물한 것을 두고 어머니께서 아버지를 구박하시던 생각이 납니다. 아버님은 약주를 드시고 들어오는 날에는 선물을 들고 오셨습니다. 혼자 술 마시고 오시기가 미안해서였을 것입니다. 이런 선물을 받으신 어머님은 마음에 들지도 않을뿐더러 너무 비싸게 주고 사 왔다며 아버님을 나무라셨습니다. 그만큼 선물을 준비한다는 것이 쉽지 않은 문제입니다.

말을 안 해서 그렇지 집에 별 필요도 없는 선물을 받거나 자기가 좋아하지 않는 물건을 선물로 받을 경우, 주는 마음은 가상하나 선물 자체로 보면 주지 않는 것만 못한 경우도 많습니다.

나도 집사람에게 매년 두 번의 기념일을 챙기고 있습니다. 하나는 결혼기념일이고 또 하나는 집사람 생일입니다. 처음 한두 해는 주는 것과 받는 것 자체로 서로 만족했을지 모릅니다. 세월이 지남에 따라서 주는 것 자체만으로는 만족하지 못합니다. 선물 내용에 신경이 쓰이게 됩니다.

선물 고르는 안목이 부족한 내게 선물을 고르는 것 자체가 고역인 경우가 많았습니다. 때론 선물을 고르기 어려워 점원에게 결혼기념일에 여자가 제일 받고 싶어 하는 것이 무엇이냐고 물은 적이 있습니다. 점원이 답하기를 "화장품 종류나 스카프, 여유가 있으시면 상품권을 사주세요"라고 했습니다. 마지못해 스카프 하나 사 들고 집에 와서 선물한 적이 있습니다.

이렇게 고심하여 선물했는데도 집사람 표정은 그리 신통치 않아 보였습니다. 마음에 흡족하지 않은 느낌이었습니다. 선물을 해야 할 경우마다 어렵다는 생각이 들었습니다. 그 후로 집사람이 뭐라고 하든지 다음과 같은 나만의 원칙하에 선물을 하기로 하였습니다.

1) 평소 집사람이 갖고 싶어 하는 물건에 대해 알아놓을 것
2) 선물 준비에 정성을 다하는 모습을 보일 것
3) 가능하면 신상품을 선물할 것
4) 물건을 선물할 경우 반드시 반품이나 교환이 가능할 것
5) 선물에 사랑의 메시지를 담아줄 것
6) 갖고 싶은 것이 없다고 할 때 그 말을 진실로 받아들이지 말 것
7) 선물 고르기가 어려울 때는 현금이 최고
8) 다음에는 더 좋은 선물을 하겠노라고 희망을 줄 것
9) 주머니 사정이 어려우면 빌려서라도 준비할 것

앓느니 죽겠다!
그러나 어찌하겠습니까? 사랑하는 사람에게 사랑받기 위해서는 어쩔 수 없는 일 아닐까요?

다른 사람들은 기념일에 어떤 선물을 어떻게 하는지 궁금했습니다. 마침 내 강의 중에 표본조사 과목이 있었습니다. 수업을 듣는 학생들에게 부모님들이 결혼기념일에 어떤 선물을 하는지 알아오도록 과제를 주었습니다. 조사결과 "분위기 있는 곳에서 식사한다"는 부모님들

이 가장 많았습니다. 그리고 여유가 있으면 화장품 세트를 사주거나 목걸이나 액세서리 등을 사준다는 분도 있었습니다. 일부지만 함께 여행한다는 부모님들도 있었습니다. 선물을 전혀 하지 않는다는 사람들도 의외로 많았습니다.

사정에 따라서는 밥 먹고 살기도 바쁘니 선물을 주고받고 싶은 마음은 꿀 같으나 현실이 여의치 못해 하지 못하는 사람들도 있다고 생각합니다. 이런 분들께는 선물하며 산다는 것이 배부른 사치라 생각할 수 있을 것입니다.

적은 비용으로 감동적인 선물을 하고 싶었습니다. 집사람 생일날 분위기 좋은 곳에 가서 식사하는 것으로 끝내기로 했습니다. 사실 결혼기념일도 간단히 하고 싶었지만 후환이 두려워 그렇게 할 수 없었습니다. 결혼기념일은 결혼 생활 연수만큼 1년에 1만 원씩 연차 수당, 장미 한 송이 그리고 사랑의 편지를 주는 것으로 정했습니다. 결혼 19년 되던 해부터 시행하고 있습니다. 더 많이 해주고 싶지만 월급쟁이 주머니 사정이 뻔하니 이 정도만 하기로 했습니다. 지금까지 내 뜻대로 밀고 나가고 있습니다.

올해는 결혼 40주년 되는 해입니다. 40만 원의 연차 수당과 40송이의 장미 다발, 입에 발린 닭살 돋는 사랑의 편지를 준비해야 합니다. 21번째 선물입니다. 51년을 같이 산다고 하면 50통의 연애편지와 1,275송이의 장미꽃과 1,275만 원의 거금이 필요합니다. 50통의 연애편지를 모으면 한 권의 책이 될 수 있으며, 돈을 은행에 적금 들어 놓으면 50년 후에는 부부가 세계여행을 할 수 있는 액수입니다.

애꽃은 장미 1,275송이가 사라지지만 사랑하는 사람에게 주는 것이니 아깝다는 생각은 들지 않습니다. 성차별은 없어야 한다는 작금에도 왜 남자들이 여성들에게 선물을 해야 하는지 이건 성차별이 아닌가요? 나도 때론 여자이고 싶습니다.

설거지 때문에

애들을 모두 출가시키고 나면 신혼 초처럼 둘만 덩그렇게 남게 됩니다. 부부는 부부인데 신혼 초와는 봄 나무와 가을 나무처럼 다릅니다. 애들이 성장하면서 남자는 밖에 나가 돈을 벌어야 한다는 이유로 가정생활에 면죄부를 받습니다. 뭐 하나 제대로 하는 일이 없어도 돈을 벌어온다는 명분으로 이해되고 용서받고 살았습니다.

관공서에 가서 서류 한 장 떼는 것도 서툽니다. 은행에 가서 세금 내는 것도 은행원의 도움을 받아야 합니다. 언젠가 대기업 회장님이 TV에 나와 전구 하나 갈지 못하고, 은행에 가서 돈 찾을 줄도 모른다며 부인한테 핀잔받는 것을 본 적이 있습니다. 대부분 집안일은 부인들이 도맡아 해왔기에 충분히 그럴 수 있다고 생각합니다. 전구 하나 어떻게 갈아 끼우는지 몰라 부엌에서 일하는 아내를 부르는 어린애 같은 남편들이 의외로 많습니다.

그러나 퇴직하면 사정이 많이 달라집니다. 애들이 나간 집은 이소를 끝낸 빈 둥지처럼 허전합니다. 세상 둘도 없이 다정하게 사는 부부라 해도 온종일 집에 함께 있다 보면 서로 돕지 않을 수 없습니다.

아내도 나름대로 개인적인 생활이 있을 것입니다. 남편이 집에 머물게 됨으로써 그런 일상이 희생되거나 단절해야 하는 경우가 생깁니다. 한두 번은 그럴 수 있습니다. 그러나 여러 번 모임을 빠진다거나 약속했다가 어기면 난처해집니다. 이런 일련의 사정을 남편이 이해 못 하는 경우가 얼마든지 있습니다.

같이 동행하며 자기만 거두어주기 바라는 독선적인 남편의 행태는 귀여운 토끼를 사나운 고양이로 만들고 맙니다. 혼자 진수성찬을 준비하여 식사를 대접했는데 식후 소파에 누워 팔자 좋게 TV 보는 남편이 마누라 입장에서는 좋게 보일 리 없습니다. 때로는 내심 설거지나 청소를 도와주길 바랄 것입니다.

그러나 남편이라는 사람이 여기까지 생각이 미치지 못하거나 미친다 해도 자기 일이 아니라는 생각에 무관심하기 일쑤입니다. 관계가 아무리 좋은 부부라 해도 마누라 혼자 일하는 모습을 보면서 도움을 주지 않는다면 내심 원성이 쌓이게 될 것입니다. 평소에는 조용하지만 때가 되면 불만이 폭발할 것은 자명합니다.

집사람과 단둘이서 살아온 세월이 40년이 다 되어갑니다. 신혼 초에야 사랑스럽고 신기하여 모든 것이 다 아름답게 보였습니다. 세월이 지나면서 사랑은 시들고 신기한 것은 일상이 되고 나니 이제 의무로 살아가는 느낌이 듭니다.

집사람도 마찬가지일 것이라 생각합니다. 예전같이 남편을 섬기려 하지 않습니다. 집에서 놀고 있으니 함께 집안일을 해야 한다는 무언의 압력을 받습니다. 여자만 밥하고 설거지하고 청소해야 하는 법이 있느냐? 그게 정당하냐? 시간이 나면 도와주었으면 좋겠다. 아내의 주장은 정당합니다. 틀린 말이 아닙니다.

이런 생각에 설거지 정도는 거들기로 했습니다. 둘이 사는 살림 설거지라야 밥그릇 2개, 국그릇 2개, 수저 그리고 접시 몇 개가 다 아닌가? 돕는 것이 그렇게 큰일은 아니라 생각하여 한두 번 돕다 보니 언제부터인가 식사가 끝나면 으레 설거지는 내 차지가 되어 있었습니다.

어느 날 점심 식사하려는데 싱크대에 그릇이 가득했습니다. 집사람은 직장에 가고 나는 쉬는 날이었습니다. 그릇을 씻는데 갑자기 '이 나이에 설거지나 하려고 살았나?' 하는 생각과 함께 자괴감이 들기 시작했습니다. 순간 씻고 있던 그릇을 내동댕이치고는 밖으로 나왔습니다. 앞으로 설거지는 하지 않겠다는 비장한 각오를 했습니다.

임전무퇴의 마음으로 퇴근한 집사람에게 오늘 설거지하다 느낀 생각과 행동을 내뱉고 말았습니다. 집사람 반응을 주시하는데 집사람이 평소답지 않게 "알았어요. 앞으로 설거지하지 말아요! 내가 할게요"라고 너무 쉽게 대답하니 오히려 몸에 전율이 느껴졌습니다.

순간 정신이 멍하니 머리에 쥐가 나는 듯했습니다. 설거지 때문에 죽는 줄 알았습니다. 그 후 집사람은 내게 설거지를 시키지 않습니다. 다만 분위기에 따라 가끔 자진해서 거들고 있습니다. 특히 맛있는 음식을 해주는 날은 기쁜 마음으로 설거지를 합니다. 배짱도 꽤 있지 않나요? 혼날 생각하고 한 말이 자유를 줍니다. 여보! 설거지 매일 해도 좋으니 맛있는 음식 자주 해주세요. 사랑해용.

EGO에게 띄우는 마지막 편지

어떤 시인은 '접시꽃 당신'이라는 시로 유명합니다. 내게는 그런 글재주가 없으니 멋진 시적인 언어 대신 당신을 에고EGO라고 부를게요.

사랑하는 에고에게!

2018년 5월 28일은 우리가 결혼한 지 40주년이 되는 날입니다. 당신이 27세, 내가 31세 그리 적지 않은 나이에 "잘되겠지?" 하는 믿음 하나로 결혼한 지 벌써 강산이 4번이나 변할 시간이 흘렀습니다. 서툰 솜씨지만 정성을 다해 음식을 만들어주던 당신의 새색시 모습이 어제처럼 선명합니다.

쌀 50가마를 빚내서 결혼한 빚쟁이를 믿고 따라준 당신이 눈물 나도록 고맙습니다. 아마 사실을 미리 알았다면 내게 시집왔을 당신이 아니었을 것입니다. 허세에 속아 내게 시집왔다고 했지요? 후회했을 때는 이미 때가 늦었을 테지요. 내 딸이 당시 나 같은 사람과 결혼한다고 해도 결사 반대했을 것입니다.

당신의 그런 마음을 알기에 나 또한 열심히 살았습니다. 지금 우리는 30년 이상 다니던 직장을 명예롭게 정년퇴직하고 지난 과거를 회상하며 망중한을 즐기고 있습니다. 오늘은 더 늦기 전에 당신께 하고픈 이야기를 몇 자 적어보려 합니다.

며칠 전 당신이 지친 천사처럼 낮잠을 자고 있을 때 우연히 당신의 얼굴을 보았습니다. 세월만큼이나 변한 당신의 모습을 보며 나도 모르게 눈물이 났습니다. 당신에 대한 미안함과 덧없이 흘러가 버린 세월을 원망하는 눈물이었을 것입니다. 잘살아보겠다며 쉬지 않고 달려온 40년, 먹고살 만하니 젊음은 가고 눈가에 잔주름만 늘었습니다.

검은 머리가 파뿌리가 되었습니다. 평화롭지만 어딘지 모르게 외로워 보이는 당신의 모습에 나도 모르게 눈물이 났나 봅니다. 지난 세월보다 남은 세월이 많지 않은 지금 당신에게 더 잘하지 못한 아쉬움이 눈물이 되어 흘러내렸을 것입니다.

100년을 사는 시대라지만 멀쩡한 다리로 거리를 활보하며 사는 나이는 고작 80 정도입니다. 천만 년을 살아도 건강하게 산다면 얼마나 좋겠습니까? 그러나 병상에 누워 목숨만 유지하며 산다면 무슨 의미가 있겠습니까?

이제 당신은 육십 대 중반 나는 후반이 되었으니 건강하게 살 수 있는 날도 그리 오래 남지 않았습니다. 기껏해야 20여 년 안팎입니다. 길다면 길고 짧다면 짧은 시간이 우리 앞에 놓여 있습니다.

잘살아보겠다며 10원짜리 동전 한 닢까지 아껴가며 살았지요? 10원 주고 산 콩나물 값까지 가계부에 적던 당신의 모습을 보며 난 미래가 든든해 보였답니다. 그렇게 살아온 삶이 어언 40년이 흘렀습니다. 이제 우리가 훗날을 대비하여 준비했던 그 나이에 이르렀습니다. 그 당시 꿈꾸었던 노후의 모습으로 지금 우리가 살고 있는지 모르겠습니다.

늙으면 함께하고자 했던 것들이 많았지요? 아름다운 스위스에 가서 푸른 산과 흰 눈 덮인 알프스를 바라보며 둘이서 손잡고 '사운드 오브 뮤직'에 나오는 도레미 송을 부르며 걷자고 했지요? 내년에 가기로 했으니 이뤄졌으면 좋겠습니다. 그리고 추하지 않고 우아한 모습으로 살다 가자는 약속도 했었지요? 아직도 모든 꿈을 이루지 못했으니 희망이 있어 다행입니다. 남은 여생 후회 없이 추하지 않게 열심히 살다 갑시다.

40년 전에도 둘이었는데 지금도 둘뿐입니다. 당신 닮은 딸 하나 나 닮은 아들 하나는 둘 줄 알았는데… 모든 것이 하늘의 뜻이겠지요. 둘이서 배 터지도록 사랑하며 살라는 하나님의 배려인지도 모를 일입니다. 기다리다 세월은 가고 이제 어르신 반열에 들어섰습니다. 마음이라도 젊게 살려고 발버둥 쳐보지만 몸도 마음도 예전 같지 않습니다. 세월에 지치고 찌든 몸뚱이도 옛 모습이 아닙니다. 얼굴에 드리운 잔주름이 삶의 애환을 여과 없이 보여주고 있는 듯합니다.

지난해 퇴직하고 남은 인생을 어떻게 살 것인가? 많이 고민한 적도 있습니다. 지금은 마음을 비우고 모든 것을 운명처럼 받아들이며 살고 있습니다. 나이 들어 먹고사는 문제로 고생하는 사람들도 많다는데 나는 당신 덕분에 큰 걱정이 없으니 얼마나 다행인지 모르겠습니다.

당신은 나에게 편하게 살라고 했지요? 그러나 나는 노는 체질이 아닌가 봅니다. 당신을 설득해 고향에 내려와 농사일하며 사는 것이 그렇게 좋을 수 없습니다. 새 삶에 적응하며 많은 것을 배우고 느끼며 살고 있습니다. 누가 뭐래도 나는 행복합니다. 다 당신 덕분입니다. 겨울이면 눈 덮이고 한파가 몰아쳐도 맑고 신선한 공기, 조용한 환경, 인심 좋은 사람들과 지내는 것이 신선놀음이 아닐 수 없습니다.

나름 생에서 가장 보람된 시간을 보내고 있다고 생각합니다. 사람들은 나이 들어 일 벌이는 것을 극구 반대합니다. 그러나 나에게 일이 없다는 것은 곧 죽음이라는 생각이 듭니다. 놀다가 죽느니 일하다 죽는 것이 더욱 행복하다는 것이 나의 좌우명이기도 합니다.

내게 남은 두 가지 소망이 있습니다. 하나는 연로하신 어머님 편하게 사시다 가시게 하는 것이고, 또 하나는 당신이 행복하게 사는 모습을 지켜보는 것입니다. 어머님이야 칠 남매를 두셨고, 자식 모두 현재까지는 어머님 모시기를 반기는 편이라 크게 걱정하지 않습니다. 당신은 나 없으면 홀로 남게 되지요? 홀로 있을 당신을 생각하면 자다가도 벌떡 눈이 떠집니다. 나이가 들어가니 이런 증상이 나타나나 봅니다. 괜한 걱정인 줄 알면서도 나 없이 홀로 살아야 할 당신의 미래가 궁금하기도 하고 걱정도 됩니다.

살아 있는 동안에는 둘이 어디에서 무엇을 하며 어떻게 살든지 서로 의지하면 큰 문제는 없을 것입니다. 그러나 당신 혼자 남아 외롭게 살아갈 생각을 하면 눈물이 앞을 가립니다. 이래저래 당신을 홀로 두고 떠날 자신이 없습니다. 도저히 눈을 감을 수 없을 것 같습니다. 자식을 갖지 못했으니 늙어서 찾아올 외로움을 숙명처럼 품고 살아야 하겠지요? 가장 가슴 아프게 생각하는 부분입니다. 죽는 순간까지 당신을 사랑하지 않을 수 없는 이유이며 임무입니다.

죽은 뒤에 당신이 어떻게 살까 크게 걱정할 문제는 아니지만, 당신은 나의 모든 것이었기에 모른 체 할 수 없습니다. 걱정도 팔자라고 할지 모르겠습니다. 나 없는 당신을 생각하면 내 자신이 원망스럽기 한이 없습니다. 운무처럼 부드럽고 갓 부화한 병아리처럼 여린 당신은 바퀴벌레 한 마리 손으로 잡지 못하지요? 그런 당신을 홀로 남겨놓고 떠나야 한다는 생각을 하면 눈을 감을 수 없을 것 같습니다.

때론 강한 면도 있지요? 세상에서 가장 위대하신 하나님을 믿고 있지요? 어려운 일도 믿음으로 잘 이겨내리라 믿지만 그래도 마음이 놓이지 않습니다. 나 없는 당신이 외로움과 슬픔에 겨워 늘 눈물 흘리는 바보가 될까 걱정입니다.

비록 연약해 보이지만 내가 사랑했던 에고는 순수하고 진실된 모습으로 매사에 당당했습니다. 자신이 무엇을 해야 하고 무엇을 하지 말아야 할지 아는 현명한 여인이었습니다. 불의를 보면 피가 끓는 뜨거움도 있었습니다. 사랑 앞에서는 눈물도 흘릴 줄 아는 여인이었습니다. 희로애락을 느낄 줄 아는 여인이었습니다. 정의를 위해서는 자두만 한 두 주먹을 불끈 쥘 수 있는 여인이었습니다.

부탁합니다. 당신이 나를 영원히 사랑한다면 내가 없는 날에도 더 고상하고, 더 당당하고, 더 우아하고, 더 품위 있는 모습으로 살아주길 바랍니다. 이게 당신을 사랑하는 더하지도 덜하지도 않은 나의 마음입니다.

아무튼 당신을 만나 한평생 후회 없이 잘 살았습니다. 모두 다 당신 덕입니다. 감사합니다. 그리고 죽음 뒤에도 당신을 사랑할 것입니다. 나의 에고EGO이기에….

젊어서 고생하셨으니 대접받으셔야죠

요즘 늙은이들이 젊은이들한테 수모를 당했다는 기사가 종종 눈에 띕니다. 세월 탓인지 세상 탓인지 모르겠습니다. 나이 들면 젊어서는 없었던 불만이 생겨나는 것 같습니다. 그중 하나가 후대들에 대한 섭섭함이 아닐까 생각합니다. 내가 어렸을 때는 부모님 또래의 어른은 모두 나의 부모로 알고 살았습니다. 우리 할머니 할아버지 연배는 누구를 막론하고 존경하며 살았습니다.

어른 말씀 잘 들으면 자다가도 떡을 얻어먹는다는 속담이 있듯이 귀한 말씀으로 알고 경청하며 살았습니다. 어른에게 말대답하는 것은 싸가지 없는 자식들이나 하는 것으로 알았습니다. 어른에게 불손하면 후레자식이라며 부모가 욕먹는 것으로 알고 행동거지나 말 한마디도 조심하며 살았습니다.

가끔씩 지상에 보도되듯이 자식이 부모 학대했다는 소식을 들으면 마음이 무겁습니다. 옛 어른이 오늘날 어른과 다르듯 요즘 젊은이들도 옛날의 젊은이와 다르다는 것을 이해하면서도 서운한 마음이 드는 것은 나만의 생각일까요?

우리가 어릴 적에도 어른들이 요즘 젊은 것들 싸가지 없다거나 예의가 없다는 이야기를 많이 했습니다. 우리가 어린 시절의 어른들이 오늘의 우리와 같은 생각을 했을지도 모릅니다. 나이 들어 사회로부터 소외 당하는 것도 서러운데 일생을 바쳐 기르고 가르친 후대로부터 예의 없는 말을 듣거나 행동을 보면 섭섭한 생각이 들 것입니다. 개구리가 올챙이 때 생각 못 하는 것 같기도 합니다.

최근 들어서는 세대별 이념 차이로 갈등의 골이 깊어지고 있다고 합니다. 세대 간 취업경쟁이 벌어지고 있다는 말도 합니다. 어른이 존경 대상이 아니라 경쟁 대상이 되고 있는 것입니다. 이에 대한 책임이 어느 한쪽에만 있다고 생각하지는 않습니다. 오히려 젊은 세대보다 늙은 세대의 책임이 더 크다고 보는 것이 정확한 표현일 것입니다. 그런데도 이따금씩 소외감을 느끼며 젊은 사람들이 저러면 안 되는데… 하는 아쉬운 마음은 떨칠 수 없습니다. 오늘의 어른이 어제의 젊은이였듯이 오늘의 젊은이는 내일의 어른입니다. 서로 사랑하며 살아도 모자랄 판에 세대 간 갈등을 가지고 사는 것은 우리 자신은 물론 미래를 위해서도 바람직한 것은 아니라 생각합니다.

지금의 꼰대들은 못 먹고, 못 입고, 못 배운 한을 자식 세대에게 절대 대물림할 수 없다는 생각으로 젊음을 바쳤습니다. 가난에서 벗어나기 위하여 먹을 것 안 먹고, 입을 것 안 입으며 불철주야 일하며 살았습니다. 사회에 대한 불만을 자제하며 살았습니다. 자신의 권리보다는 의무에 충실하며 살았습니다. 나의 불행은 운명이라 여기며 살았습니다. 남을 탓하기 전에 자신을 달래며 살았습니다. 하면 된다는 생각으로 열심히 살아왔습니다.

그 결과 오늘의 풍요가 있게 되었다고 생각합니다. 많은 나라들이 부러워하는 나라가 되었습니다. 이에 대한 반론도 있을 것입니다. 그러나 우리도 잘살 수 있다는 긍정적인 생각과 가능성을 가지고 일해온 결과 식민지 세대와 전쟁의 폐허 속에서 지금의 우리가 있게 했다는 것은 인정해야 합니다.

이런 어려움 속에서 민주화도 이뤄냈습니다. 한 개인이나 어느 집단이 이뤄낸 것이 아니라 국민 모두가 함께 이뤄낸 쾌거입니다. 우리는 이런 나라를 만들었다는 자부심을 가져야 합니다.

농경사회에서 산업사회로, 대가족에서 핵가족으로, 농촌에서 도회지로, 빈곤에서 살 만한 나라로 만든 세대의 중심이 현재 어른들이라는 것은 부정할 수 없다고 생각합니다. 자신들이 겪은 빈곤과 억압 그리고 배우지 못한 설움을 자식 세대에게는 대물림 않겠다는 생각으로 어떤 역경도 이겨내며 살았습니다. 이 땅에 자유와 번영을 만든 세대임에 틀림없습니다.

이런 세대들 중에는 자수성가한 사람들이 많습니다. 그들은 남에게 의지하려는 자를 이해하지 못하는 공통점이 있습니다. 빈곤의 시대를 살았기에 근면과 절약 정신이 몸에 배어 있습니다. 나태한 자를 용서 못 하며 사치와 낭비를 이해하지 못합니다. 자신감과 자존심이 강한 면이 있습니다. 이런 성격이 그들을 있게 한 근원일 것입니다.

자신들이 피땀 흘려 돈을 벌어봤기에 돈이 얼마나 귀한지 잘 알고 있습니다. 이렇게 살아온 세대가 자유와 풍요로운 삶에 익숙해진 젊은 세대를 100% 이해할 수는 없을 것입니다. 그러기에 젊은이들의 언행에 이따금씩 눈살을 찌푸리게 되는 것이라 생각합니다.

젊은이들 입장에서는 이런 늙은이들의 행위를 이해하지 못할 것입니다. 이런 차이가 세대 간 갈등으로 비화되고 사회문제를 야기하고 있지 않았을까요?

여름 끝자락에 절친 내외와 강원도에 있는 월정사를 찾았습니다. 오랜만에 매인 것 없이 두 내외가 홀가분하게 돌아다니는 것이 여간 여유롭고 자유롭지 않았습니다. 기억에 남아 있는 맛집과 명소를 찾아 추억을 되새기며 맛있는 음식을 먹고 아름다운 장소를 구경하는 것이 마냥 즐거웠습니다.

젊어서는 희망을 먹고 살고 늙어서는 추억을 먹고 산다고 했던가요? 우리는 지난날을 얘기하며 시간을 보냈습니다. 반주도 한잔했습니다. 약간의 취기가 오르니 모든 근심과 시름이 사라지고 길섶에 밟히는 민들레마저 아름다워 보였습니다. 삶의 굴레에서 벗어나면 이렇게 자유롭구나! 세상은 마음만 먹으면 이렇게 아름답고 행복할 수 있구나! 세상은 아름답고 삶은 행복했습니다.

기쁜 마음으로 월정사로 향했습니다. 휴가철이 지났는데도 월정사 초입부터 사람이 많았습니다. 줄지어 들어가는 차량 행렬에 우리도 끼었습니다. 입구에서 주차요금과 입장료를 받고 있었습니다.

우리가 탄 차가 입장할 차례가 되었습니다. 주차비와 사람 수에 따라 입장료를 받고 있었습니다. 간판에 붉은 글씨로 주차비는 차 한 대당 4,000원, 사람은 성인 일인당 3,000원이라 쓰여 있었습니다. 우리 일행은 4명, 차가 한 대였으므로 총비용 16,000원을 내야 했습니다.

요금표를 자세히 보니 어른이 19세부터 64세로 쓰여 있었습니다. 65세 이상은 어른 축에도 들지 못한다는 뜻인가? 요금을 징수하던 젊은 아가씨가 "어서 오세요" 하며 상냥한 얼굴로 인사했습니다. "저기 안내문에 내 나이대는 없는데 어떻게 된 거요?"라고 물었습니다. "65세 이상 어르신은 무료입니다"라고 아가씨는 친절하게 대답했습니다.

우리 일행 중 남자는 모두 어르신이었고, 부인들은 아직 어르신 반열에 들지 못했습니다. 두 분 어르신 요금을 제외한 금액 만 원을 주면서 어르신이라고 요금을 면제해 주어서 고맙다는 인사를 건넸습니다. 이 말을 들은 요금징수원 아가씨는 "그동안 열심히 일하셨으니 대접 받으셔야지요"라고 대답했습니다.

그 순간 내 귀를 의심했습니다. 말을 잘못 들었나 하는 생각에 다시 "예? 뭐라고요?"라며 나도 모르게 재차 물었습니다.

징수원 아가씨는 웃음을 지으며 다시 "그동안 고생하셨으니 대접 받으셔야죠"라며 또박또박 말해 주었습니다.

"고맙습니다."

이렇게 어르신을 섬기는 젊은이도 있구나 하는 생각에 순간 가슴이 울컥했습니다.

차를 몰아 경내 주차장으로 들어갔습니다. 차를 주차하고 경내로 들어가니 맑은 개울 따라 서 있던 울창한 가로수가 우리를 반겨주었습니다. 수십 년은 족히 넘었을 아름드리 전나무들이 여름 끝자락의 따가운 햇빛을 막아주고 있었습니다.

길거리로 눈을 돌리니 예전에 보지 못했던 이색 풍경이 눈에 들어왔습니다. 행인들이 길을 가다 말고 여기저기서 다람쥐에게 모이를 주고 있었습니다. 자세히 보니 다람쥐는 우리 고유의 야생 다람쥐였습니다. 사람들이 얼씬만 해도 도망치는 야생 다람쥐가 행인들이 주는 먹이를 잘 받아먹고 있었습니다. 얼마나 길들여졌는지 행인들을 겁내기는커녕 먹이(해바라기 씨로 보임)를 먹기 위해 행인들의 손바닥은 물론 온몸을 기어 다녔습니다.

이들이 살아 있는 보살들 아닌가? 하는 생각이 머리를 스쳐 지나갔습니다. 법당에 들어서자 경내는 수십 년 전과 크게 달라진 곳은 없어 보였습니다. 구경하는 동안 요금 징수하던 아가씨가 했던 말이 머리에서 염불처럼 맴돌았습니다.

"그동안 고생하셨으니 대접받으셔야지요."

그동안 젊은이들로부터 소외되었다고 느끼며 품어왔던 섭섭한 감정이 이 한마디 말로 춘삼월의 눈 녹듯이 녹아내렸습니다. 부처님의 자비가 뭔지 나 같은 중생이 알 바 없지만 분명 징수원 아가씨는 나 같은 중생에게 자비를 가르쳐준 살아 있는 부처님으로 보였습니다.

부처님 늘 행복하세요.

우리는 모두 사랑하기 위해 살고 있다

사랑?

내게 묻지 말아요.

사랑한답시고 젊음을 몽땅 망친 사람입니다.

사랑에 목숨 거는 젊은이들 보면 안아주고 싶습니다.

아픔을 모르는 사랑이 참 사랑이란 생각이 들거든요.

그러나 알고 보면 사랑은 아픔이랍니다.

진정으로 사랑해 보았다면 알 수 있을 거예요.

사랑이 얼마나 괴롭고 마음 아픈 병인지….

그 아픔은 약으로 치료할 수 없다는 것도 아실 겁니다.

단 한 가지 약으로만 치료가 가능하다는 사실도 아실 거고요.

시도 때도 끝도 없이 아파오는 고통을 겪었을 거예요.

귀도 멀고,

눈도 멀고,

마음은 멍들고,
머릿속은 먹구름 덮인 그믐밤이라는 것도 아실 거예요.

이런 아픔을 이겨낼 자신이 있나요?
이 물음에 자신 있게 대답할 수 있나요?
없다 해도 사랑은 꼭 해보셔야 해요.
사랑은 일이 아니라 삶이거든요.
삶을 포기할 수는 없지 않나요?

사랑은 별들이 속삭이듯 조용히 하세요.
요란스런 사랑은 속 빈 강정이거든요.
사랑은 소리로 하는 것이 아니라
느낌으로 하는 거거든요.

사랑하고
후회하진 마세요.
사랑하고 후회하는 사람같이 바보가 없거든요.
슬픔에 후회를 더하면 감당키 어려우니까요.

사랑하세요.
하다 죽는다 해도 하세요.
생에 그보다 더 값진 것이 없기 때문입니다.
사랑하다 죽는 것보다 더 행복한 것은 없을 테니까요.

이렇게 사랑에 목매는 이유는
우리 모두 그곳에서 왔다가
그곳으로 가기 때문입니다.

머리에 피도 마르지 않은 놈이 벌써 사랑 타령이냐? 어려서 어른들에게 많이 들어본 말입니다. 어린 나이에 사랑하면 안 된다는 법은 없지만 무슨 이유로 그런 말을 했는지 이해가 되지 않았습니다. 우리 할머니는 열세 살에 시집와서 열여섯 살에 아들을 낳으셨는데… 우리 나이 중학생이면 대개 14~15세입니다. 이 나이에 데이트라도 하다가 들키는 날에는 무슨 죽을 죄를 지은 흉악범처럼 대했습니다. 패가망신이라고 부모님들 또한 자식을 원수처럼 여겼습니다.

어른들은 사랑이 어떤 것인지 알기에 반대하셨을 것입니다. 사랑의 결과에 책임도 질 수 없는 어린것이 이성보다 감성에 좌우되어 사랑에 빠지는 것에 대한 결과를 알기에 반대하셨을 것입니다. 결과가 좋지 않았던 경험적 사고에서 반대했을 것입니다. 또한 한창 배움에 심혈을 기울여야 할 나이에 사랑앓이를 하면 학생 본연의 임무를 소홀히 하게 될 것이라는 생각에서 그랬을 것입니다. 배워야 할 때 배우지 못하여 사회적 낙오자가 되는 것을 막고자 그랬을 것입니다.

이런 교육은 어른들의 경험에 의한 교육이라고 생각합니다. 물론 사랑함으로써 더 건전한 사람으로 거듭난 경우도 있습니다. 어려서 말썽꾸러기였던 친구가 이성을 알게 된 뒤 열심히 살아 성공한 경우도 얼마든지 있습니다.

프리드리히 니체는 "우리가 삶을 사랑하는 것은 사는 것에 익숙해졌기 때문이 아니라 사랑하는 데 익숙해졌기 때문이다"라고 했습니다. 그렇습니다. 어린이가 커서 어른이 됩니다. 사랑에 익숙하여 삶을 사랑하며 살아가는 것입니다.

사랑은 누구나 할 수 있습니다. 그러나 아무나 멋진 사랑을 하지는 못합니다. 단 한 번 주어진 인생을 서로 사랑하며 살 수는 없을까요? 우린 모두 사랑하기 위하여 오늘도 살고 있습니다.

싸움이 아니고 사랑이었다고?

고향에 내려와 닭을 기른 지도 3년이 되었습니다. 닭을 기르게 된 동기는 잡아먹거나 계란을 팔아 돈을 벌 목적이 아니었습니다.

절친 딸이 예쁜 두 딸을 낳아 키우고 있었습니다. 큰애가 다섯 살 작은애가 세 살쯤 되었다고 합니다. 절친 딸은 어려서부터 우리 부부들과 어울려 자주 여기저기 놀러 다녔습니다. 그런 아기가 성장하여 결혼했고 햇병아리보다 더 예쁜 두 딸을 낳은 것입니다. 우리 세대가 할머니 할아버지가 된 것입니다.

그 아기들이 우리 시골 집을 구경하고 싶다는 소식을 들었습니다. 애들이 좋아할 동화 속에 나오는 그림 같은 집은 아니지만 언제든지 놀러 오라고 했습니다. 그 말을 전해 들은 절친 딸이 예쁜 두 딸을 데리고 우리 집에 오겠다고 연락했습니다. 손녀 같은 애들이 시골 구경 온다는데 막상 오면 보여줄 것도 놀 곳도 변변치 않았습니다. "어른 손님보다 애들 손님 접대하기 더 어렵다"는 말을 이때 깨닫게 되었습니다.

고민 끝에 집에 병아리라도 몇 마리 있으면 애들이 좋아할 것 같은 생각이 들었습니다. 마침 근처에 살고 있는 여동생이 닭을 키우고 있었습니다. 동생에게 병아리 두 마리만 우리 집에 갖다 달라고 부탁했습니다.

며칠 후 손이 크기로 소문난 여동생이 영계백숙도 가능할 만한 크기의 중닭 열 마리를 가지고 왔습니다. 미처 닭들이 들어갈 닭장도 준비하지 못한 상태에서 닭을 가지고 온 것입니다. 임시방편으로 집에 있던 판자조각과 상자를 이용하여 닭장을 만들었습니다. 세 마리가 살기에도 좁은 닭장이었습니다. 이렇게 좁은 닭장에 열 마리가 산다는 것은 동물 학대라는 느낌이 들었습니다. 밤에 잠만 재우고 낮에는 방목하기로 하였습니다.

집에 오기로 약속한 날 아빠 엄마와 함께 병아리보다 더 예쁜 애들이 왔습니다. 애들은 전설의 성에 살다가 세상에 나온 새침떼기 공주 같았습니다. 어디서 배웠는지 인사도 공손하게 잘했습니다. 이름을 물어보니 큰애는 지후이고 작은 애는 은휴라고 했습니다. 꼬집어주고 싶을 정도로 귀여웠습니다. 눈에 넣어도 아프지 않을 것 같다는 말이 사실처럼 느껴졌습니다.

애들은 집에 들어서자마자 잔디밭에서 모이를 찾는 닭에 관심을 보였습니다. 관심을 보이면서도 조금 무서워했습니다. 얼마 지나지 않아 애들은 닭을 쫓아다니며 모이를 주고 만져보려고도 했습니다. 닭을 벗 삼아 싫지 않은 시간을 보내며 놀았습니다. 작전은 대성공이었습니다.

꼬마 손님들은 1박을 하고 떠났습니다. 닭 열 마리가 마치 자기들이 주인인 양 온 집을 헤집고 다녔습니다. 잔디밭은 물론 집 앞에 깔아놓은 나무 마루(데크)며, 수돗가며 뭐할 것 없이 온 집안이 닭의 흔적으로 가득했습니다. 그야말로 닭 판이었습니다. 어려운 환경에도 닭은 잘 자라주었습니다. 닭이 자랄수록 닭장의 공간은 더 협소했고, 닭들의 재리는 날로 더 심해져 갔습니다. 온 집안에 닭 냄새가 배어 있는 느낌이었습니다.

이들을 방목하기에 마당은 너무 협소했습니다. 할 수 없이 처분하기로 했습니다. 시장에 내다 팔면 몇 푼이라도 받겠지만 그것보다는 여름휴가 때 가족들과 닭백숙 파티를 하기로 했습니다. 닭을 잡아 파티한다고 하자 집사람이 결사반대하고 나섰습니다. 키우던 닭을 잡아먹는 것은 야만적인 행동이라는 이유였습니다. 닭은 반려동물이 아니고 가축이라 언제든 잡아먹을 수 있다는 역사적 사실을 들어 설득했습니다.

결국 완강하게 반대하던 집사람은 나의 달변(?)에 속아 백숙 파티를 하기로 했습니다. 이제 살아 있는 닭을 잡는 것이 문제였습니다. 젊었을 때는 가끔 닭을 잡기도 했지만 나이 들고는 닭을 잡아본 적이 없습니다. 살생하는 것이 꺼림직하여 닭을 죽일 수 없었습니다. 수소문 끝에 닭을 잡아주는 사람이 근처에 산다는 정보를 입수했습니다. 한 마리 잡아주는 데 5,000원을 받는다고 했습니다. 생닭 한 마리에 만 이삼천 원 하는데… 잡아주는 품삯이 꽤 비싸 보였습니다.

우리 가족의 대소사에 관한 소식이나 이야기를 주고받기 위해 조카사위가 만든 '부지깽이 사랑'이라는 밴드가 있습니다. 이 밴드에 모월

모일에 고향 집에서 닭백숙 파티를 열고자 하니 참석자는 신청하라고 글을 올렸습니다. 결과 우리 가족 총원 49명 중에서 34명이 신청을 했습니다. 어린이가 9명이고 어른이 25명이었습니다.

닭 열 마리 중에서 일곱 마리를 잡아 파티하기로 하고 세 마리는 키우기로 했습니다. 파티는 대성황을 이루고 막을 내렸습니다. 열 마리 중에서 운 좋은 세 마리는 살아남아 반려 닭 대접을 받으며 잘 자랐습니다. 장닭 한 마리와 암탉 두 마리였습니다. 장닭과 암탉 한 마리는 토종이었고, 나머지 암탉 한 마리는 육계용이었습니다.

집사람이 남은 세 마리 닭의 보호자 노릇을 하게 되었습니다. 살아남은 자에 대한 예우인지 아니면 연민의 정인지 집사람은 시간만 나면 애 키우듯 닭을 돌봤습니다. 닭에 대한 상식도 전혀 없으면서 닭에 대한 관심이 이만저만이 아니었습니다.

관심이 커서 사랑이 된다고 했던가? 집사람의 닭에 대한 관심은 어느새 애착으로 변해 있었습니다. 그에 보답이라도 하듯이 닭들은 무럭무럭 자랐습니다. 장닭은 대장답게 머리에는 붉은색이 선명한 맨드라미 꽃 같은 볏을 달고, 꼬리에는 청잣빛 그윽한 어사화처럼 길게 드리워진 꼬리를 꽂고 있었으며, 몸통은 검고 푸른빛과 황금빛이 적당히 어울려 오색 무지개가 깃털로 장식되어 마치 코마 황제를 닮은 것 같았습니다.

암탉 한 마리는 오동통하게 살이 오르고 노란색과 검은색이 어울려 단아하면서도 아름다움을 잃지 않은 호리 낭창한 몸매가 마치 춘향이를 닮은 것 같았습니다. 육계 암탉은 살이 오른 물방개같이 걷는 모습이 좀 우스꽝스럽지만 떨떨하면서도 거침없고 붙임성 좋으면서 수더분한 모습이 향단이를 닮은 것 같았습니다.

가족이 다 모인 추석날 오후였습니다. 조용하던 닭들이 갑자기 동네가 떠나갈 듯 소리를 지르며 날기 시작했습니다. 마누라는 나뭇가지를 들고 생면부지인 송아지만 한 강아지 뒤를 쫓고 있었습니다. 알고 보니 이웃집 개가 목을 매놓은 줄이 풀려 우리 집으로 들어와 닭을 쫓고 있었던 것입니다.

개는 닭을 잡기 위해 쫓고, 닭들은 살기 위해 필사적으로 날고 뛰고, 마누라는 닭을 살리기 위해 개 뒤를 쫓고 있었습니다. 집에 있던 사람들은 순식간에 벌어진 광란의 질주를 넋 놓고 구경하였습니다.

순간 집사람과 닭을 보호해야 한다는 생각에 나는 손에 잡히는 막대기를 들고 개를 쫓기 시작했습니다. 한바탕 온 집안이 난장판이 되었습니다. 소식을 듣고 달려온 개 주인이 개를 진정시키는 바람에 소란은 끝이 났습니다. 이 와중에 집사람이 넘어져 종아리에 깊은 상처를 입게 되었습니다. 그날 이후로 집사람은 남은 닭에 대한 애정이 도를 넘을 정도로 극진해졌습니다.

가을바람이 소슬하게 부는 어느 날 닭장에 갔다가 작은 알 한 개를 발견했습니다. 처음엔 무슨 새알이 여기에 있나 하고 주워보았습니다. 어른 엄지손가락만 한 크기였습니다. 알아보니 발색이 검은 암탉이 낳은 알이었습니다. 동네 어른한테 물어보니 초란이라고 했습니다. 닭이 처음 알을 낳으면 그렇게 작다고 합니다.

평생 처음 초란을 구경한 것입니다. 닭장에 알 낳을 둥지가 없으니 그냥 땅바닥에 낳은 것입니다. 닭에게 미안한 마음이 드는 초유의 경험을 한 것입니다. 얼마나 힘들었을까? 얼마나 주인을 원망했을까? 생각만 해도 미안했습니다. 그 뒤로 거의 매일 알을 하나씩 낳았습니다.

세월이 흘러 육계종이던 암탉도 알을 낳기 시작했습니다. 암탉 두 마리가 매일 알을 2개씩 낳으니 알이 제법 모였습니다. 손자 손녀들이 오면 토종 달걀이라고 밥에 찌거나 프라이를 해서 주었습니다. 달걀의 색과 맛은 시중에서 구입하는 달걀과는 확연히 달랐습니다.

가을과 겨울을 나고 이듬해 봄이 돌아왔습니다. 암탉이 알을 낳지 않고 알 낳는 집에 들어가 있었습니다. 알을 품기 시작한 것입니다. 알을 품고 3주가 지나면 부화된다고 합니다. 참 긴 기간 동안 알을 품고 있는 닭을 보며 생명을 잉태하는 과정이 사람이나 짐승 모두 대단하다는 생각에 존경심이 들기도 했습니다.

둥지에 들어간 암탉은 거의 모이도 먹지 않고 알을 품었습니다. 집사람이 저러다 죽을지 모른다며 모이를 넣어주라고 했습니다. 먹이를 넣어줘도 먹지 않았습니다. 대단한 인내와 살신성계의 일면을 보면서 생명을 잉태한다는 것이 실로 얼마나 어렵고 위대하고 신비스러운 일인지 새삼 깨닫게 되었습니다.

3주가 지나자 기적처럼 예쁜 병아리 두 마리가 나왔습니다. 병아리 자식을 본 것입니다. 너무 예뻐서 손자를 대하듯 기뻤습니다. 병아리에게 직접 농사지은 참깨를 기꺼이 주었습니다. 병아리는 무럭무럭

자라 우리 집 닭의 2대를 이어가고 있습니다.

병아리를 기르면서 집사람은 나름대로 닭에 대한 지식이 생기게 되었습니다. 친구 가족들이 모일 때마다 집사람은 닭 때문에 벌어졌던 이야기를 전쟁을 치른 병사들이 무훈담을 하듯 신이 나서 이야기하곤 했습니다.

이야기 중에 장닭이 매일 암탉들을 올라타고 쪼아대며 못 살게 군다고 했습니다. 이야기를 듣던 닭 문외한들은 신기한 듯 귀를 기울며 듣고 있다가 "그러니?" 하며 이야기에 추임을 넣기도 했습니다. 그 자리에서 집사람을 무안하게 하고 싶지 않았습니다.

집으로 돌아오는 길에 장닭이 암탉 머리를 쪼으며 올라타는 행위는 암탉을 못 살게 구는 것이 아니라 그들이 사랑하는 행복한 행위예술이라고 말해 주었습니다. 그 말에 집사람이 깜짝 놀라며 "뭐? 그게 싸움이 아니고 사랑이었다고? 정말?" 하는 것이었습니다. 놀라는 모습이 큰 잘못을 저지르고 어찌할 바를 모르는 모습이었습니다.

여보! 닭들은 쪼아줘야 좋아하고, 개나 소들은 혀로 핥아줘야 사랑을 느끼며, 사람은 안아줘야 좋다는 정도는 알고 살았으면 좋겠어요. 다음부터는 장닭이 암탉 머리를 쪼며 발로 짓이기는 모습을 보면 나쁜 장닭이라 생각 말고 재들은 멋진 사랑을 나누고 있구나 하고 기뻐하길 바랍니다.

지금 당장 사랑하세요

어느 누구나 누구를 사랑하거나 누군가의 사랑을 받으며 살고 있을 것입니다. 그게 우리의 삶이니까요. 아무리 슬프고 고달픈 삶이라 해도 삶은 사랑으로 연명되는 생물입니다. 사랑이 없는 삶이란 죽은 삶일 뿐입니다. 사람 또한 사랑으로 태어났기에 사랑이 없으면 살 수 없습니다. 사람만 사랑으로 탄생하는 것이 아닙니다. 세상 모든 생명은 사랑으로 태어납니다. 사랑이 생명보다 귀한 이유입니다.

어제도 사랑으로 살았습니다.
오늘도 사랑으로 살고 있습니다.
그리고
내일도 사랑으로 살 것입니다.

사랑은
슬픔을 기쁨으로
절망을 희망으로
죽음을 삶으로

차가움을 따뜻함으로

무관심을 관심으로
무에서 유로
불가능을 가능으로
암暗에서 명明으로

끝이 아니라 시작입니다.
부정이 아니라 긍정입니다.
불통이 아니라 소통입니다.
파괴가 아니라 건설입니다.

네 탓이 아니라 내 탓입니다.
받는 것이 아니라 주는 것입니다.
소비가 아니라 생산입니다.
춤추는 고래를 뒤집어지게 합니다.

때론 사랑을 슬픔이라고 합니다.
그러나 사랑 없이는 행복할 수 없습니다.
행복은 우리가 추구하는 삶의 최고의 선입니다.
들리지 않는 함성입니다.

이래서 누구나 사랑 타령을 하는가 봅니다.

지금 당장 가장 가까이 있는 사람부터 사랑하세요.

그게 바로 당신입니다.

별이 빛나는 밤에

당신은 내게 말했지요
처음 만나던 날
별보다 아름답고 햇빛보다 눈부시다고…

당신은 내게 말했지요
원하신다면
목숨 바쳐 사랑하겠노라고…

당신은 내게 말했지요
별빛이 흐르는 강변을 걸으며
세상 누구보다 더 나를 사랑하겠노라고…

당신은 내게 물었지요
강물에 어리는 화려한 불빛을 보며
함께 사랑할 수 있냐고…

잠시 침묵이 흐른 뒤
나는 말 없이 고개를 끄덕였습니다.
당신 물음의 대답으로…

반쯤 남은 달님이 보았고
셀 수 없이 반짝이던 별님들도 들었습니다.
우리의 굳은 약속을…

당신이 속삭이던 그 말을
나는 가슴 깊이 담아두었습니다.
영원히 잊지 않기 위해서…

강물은 소리 없이 흐르고
별은 변함없이 빛나고 있습니다.
당신이 떠난 빈자리에…

이 아름다운 밤
나만이 외로워야 하는 까닭은
별이 빛나기 때문일까요?

강바람 스치는 얼굴 위로
눈물방울 흘러내리는 것은
당신이 내게 주고 간 선물인가요?

별은 오늘 밤도 변함없이 빛나고
바람은 그날처럼 감미로운데
이 밤이 왜 이다지도 허망하지요?

사랑하고 미워한다는 것
세월이 흐르고 나면
다 부질없는 바람인 것을…

별이 강으로 내려와 춤추는 밤
기러기 떼 지어 군무를 추는 밤
나도 따라 춤을 추고 싶소.

힘든 아픔이 오기 전에 다 벗어 던지고
맨몸으로 한바탕 춤을 추고 싶어요.
별이 빛나는 밤에….

친구의 쾌유를 빌며

친구 없이 산다는 게 가능할까? 이론적으로 가능할지 모르지만 현실적으로는 불가능하리라 생각합니다. 개중엔 혼자 사는 사람도 있습니다. 그러나 그런 사람은 극소수일 것입니다. 그런 삶을 정상적인 삶이라 말할 수 없을 것입니다.

사람은 사회적 동물이라고 하지 않던가요? 혼자 산다는 생각만 해도 아찔합니다. 친구는 삶을 함께하는 반려자임에 틀림없습니다. 반면 경쟁자이기도 합니다. 미워하고, 싸우고, 시기하고, 질투하며 살아가는 것 또한 친구입니다. 그런 생활 속에서 우정을 키웁니다.

늘 좋은 관계를 유지하는 친구도 있지만 앙숙처럼 지내는 친구도 있습니다. 믿었던 친구가 하루아침에 죽일 놈이 되기도 하고, 소원하게 지내던 친구가 어느 날부터 죽고 못 사는 사이가 되기도 합니다. 도움이 되는 친구가 있는가 하면, 실망을 주고 떠난 친구도 있습니다. 이 모든 것이 따지고 보면 친구라는 인연 때문에 겪는 대가입니다. 인연이든 악연이든 내 잘못도 한몫했을 것입니다.

누구나 절친 한두 명쯤은 있을 것입니다. 내게도 그런 친구가 있습니다. 대학에서 만난 친구입니다. 처지가 비슷하고 서로 마음이 잘 맞았습니다. 잘 맞은 것이 아니라 서로 의지하며 살았다는 말이 맞을 것입니다. 서로를 이해해 주고 인정해 주고 존중하며 지내다 보니 여러 친구들 중에서도 유독 잘 통하는 친구가 되었습니다.

내가 처음으로 보신탕을 먹게 된 동기도 이 친구 때문입니다. 어렵게 살다 보니 대학 3학년 때 결핵을 앓게 되었습니다. 먹는 것이 부실하여 피골이 상접한 나를 경동시장 골목으로 데려갔습니다. 거기서 소고기라고 속이고 보신탕을 사준 친구입니다.

대학을 졸업하고 서로 다른 직장에 다니면서도 우정은 지속되었습니다. 친구 따라 강남 간다고 친구 소개로 첫 직장을 나와 친구가 다니던 직장으로 옮겨 같이 다닌 때도 있었습니다. 내가 대학으로 직장을 옮기니 친구도 대학으로 직장을 옮겼습니다. 생각을 나누고 서로를 위로하며 지냈습니다.

저술 활동도 함께했습니다. 친하게 지내다 보니 잠자리 사정까지 터놓고 이야기하는 사이가 되었습니다. 목적을 가지고 만난 친구가 아니라 만나다 보니 목적이 생긴 친구입니다. 이런 친구가 진정한 친구 아닐까요?

퇴임하면 함께 여생을 즐기며 지내자는 약속도 했습니다. 약속을 지키기 위하여 친구는 고향인 강원도 산골에 은둔지도 마련해 놓았습니다. 나 또한 고향에 작은 집을 지었습니다. 친구가 나보다 1년 먼저 정년을 맞았습니다. 같은 해에 세상에 나왔지만 그 친구가 나보다 1년 먼저 퇴직하게 된 것입니다. 부모님이 호적을 1년 늦게 올린 덕(?)

에 그리된 것입니다.

친구는 퇴임하고 고향 집에 내려가 열심히 노후 준비를 했습니다. 그러면서도 일주일에 하루는 학교에 나가 강의를 했습니다. 후학양성에 열성을 보였습니다. 1년이 지나 나도 퇴임하였습니다. 그런데 퇴임할 때쯤이면 인사라도 할 친구가 소식이 없었습니다. 궁금하여 전화하니 불통이었습니다. 여러 번 전화해도 여전히 통화가 되지 않았습니다. 멀리 여행을 떠났나 보다 생각하고 전화 오기만 기다렸습니다. 한편 서운한 마음이 들기도 했습니다.

몇 개월이 지났습니다. 어느 가을날 혹시나 해서 전화를 걸었습니다. 오랜만에 전화가 연결되었습니다. 다 죽어가는 목소리로 친구가 전화를 받았습니다. 전화를 받지 않은 이유를 묻자 교통사고를 당해 몇 개월 의식불명 상태로 지냈다는 것입니다. 의식은 깨어났으나 육체가 마비되고 언어장애는 물론 기억상실까지 되었다고 했습니다. 청천벽력 같은 소식이었습니다. 이제 삶의 짐을 내려놓고 살 만한데 이런 비극이 생기다니 가슴이 미어지는 느낌이었습니다.

이게 인생이란 말인가? 친구를 위해 당장 내가 해줄 수 있는 것은 아무것도 없었습니다. 말로 백 번을 위로한들 무슨 소용이 있을까요? 하루빨리 친구의 쾌유를 위해 시간 나는 대로 빌고 있을 뿐입니다.

그 친구의 사고에 남달리 마음 아파하는 데는 이유가 있습니다. 친구는 보통내기가 아닙니다. 어려운 처지에서도 희망을 잃지 않고 불행을 행복으로 바꾸는 능력을 지닌 집념의 사나이기 때문입니다. 자기 진짜 생일도 모르며 살아온 친구입니다. 친구의 생일은 3월 25일인데 진짜 생일이 아닙니다.

6·25전쟁이 치열하던 어느 날 이 친구 형이 마당에서 놀고 있었다고 합니다. 이때 갑자기 비행기 공습이 있었답니다. 집안에 계시던 어머님이 폭격 소리를 듣고 형을 구하러 마당에 나갔다가 폭격을 맞고 돌아가셨습니다. 그날 이후로 친구는 어머님을 잃었습니다.

아버님은 해외에 계셨기에 친구가 태어난 정확한 날짜를 알지 못했다고 합니다. 당시는 통신시설이 발달하지 않아서 지금처럼 소식을 쉽게 주고받지 못했던 모양입니다. 아버님이 귀국하여 친구 생일을 대충 3월 25일로 정하여 호적에 올렸다고 합니다.

사고를 당한 지 3년이 지났지만 친구는 지금도 거동이 불편하여 바깥출입을 못 하고 사경을 헤매고 있습니다. 이게 운명이라면 너무 가혹합니다. 지금도 전화하면 친구는 내 고향 집을 구경하고 싶다고 합니다. 눈물이 납니다. 집에 찾아가고 싶어도 거동이 불편하니 오지 말라고 합니다.

친구야! 하루빨리 일어나 자네 고향 홍천에 가고 내 고향 임실도 오가며 못다 한 이야기를 밤새 해보자.

친구야! 이 풍진세상 원망치 말고 그동안 못 마신 농주로 목을 축이며 산천 유람이나 하면서 살다 가자.

친구, 어서 일어나게! 자네의 빠른 쾌유를 두 손 모아 비네.

배냇저고리

며칠 전 조카가 애를 낳아서 위문차 산부인과에 잠시 들렀습니다. 노루 꼬리 같은 꽁지머리에 나보다 더 큰 가방을 메고 학교에 다니던 때가 엊그제 같은데 벌써 결혼하여 애를 낳았다니 감개무량했습니다. 손자가 태어난 것입니다. 세상에 나온 지 채 48시간이 안 된 생명이 흰옷에 싸여 간호사 품에서 자는 모습은 감동이었습니다.

탄생의 신비로움이 바로 저런 거로구나. 천사를 닮은 생명체 바로 그런 것이었습니다. 새 생명의 신비로움에 감탄이 절로 나왔습니다. 집사람이 코는 애비를 닮았고 이마는 어미 닮았다고 했습니다. 도통 보는 눈이 없어서 그런지 내게는 아무리 봐도 누구를 닮은 것 같지 않았습니다.

이마는 톡 튀어나와 잘 익은 밤톨 같고, 눈은 떴다 감았다 하는데 마치 앙팡진 고양이 눈 같았습니다. 오뚝 솟은 코는 만지면 포드득 소리 나는 산딸기 같았습니다. 오물거리는 입은 마치 연지 바른 제비 새끼 입 같고, 흰옷 사이로 반쯤 나와 있는 손가락은 꼬물꼬물 춤추는 고사리 같았습니다.

한참을 넋 놓고 바라보다 시간이 되어 아기는 다시 육아실로 들어가고 우리는 애기 이야기로 즐거운 시간을 보냈습니다. 누구나 엄마 뱃속에서 나와 그와 같은 시기가 있었을 것입니다.

내가 세상에 태어나던 때는 먹고살기 어려운 시기였습니다. 산부인과라는 단어 자체도 없었을 것입니다. 궁금하여 언젠가 어머니께 나의 출생에 대해서 물어본 적이 있었습니다. 당시 어머님께서 들려주신 이야기는 대충 이러했습니다.

내가 태어난 날이 할아버지 대상일(할아버지 돌아가신 지 1년이 되는 첫 제삿날)이라 집에 손님들이 많이 오가기 때문에 집에서 낳지 못하고 동네에서도 가장 멀리 떨어진 집으로 쫓겨 가 단칸방에서 낳았다고 했습니다. 당시에는 결혼하고 3년 내에 집에 초상이 나면 며느리가 잘못 들어왔기 때문에 이런 일이 생겼다는 말이 있었습니다. 이유 같지 않은 이유로 시어머니(나의 할머니)가 시집살이를 많이 시켰다고 합니다. 내 생은 시작부터 비극이 아닐 수 없었습니다.

중고등학교 다닐 때까지 그 집이 있었습니다. 그 후 집주인이 도시로 돈 벌러 나가는 바람에 오랜 시간 빈집으로 있다가 폐허가 된 것으로 기억됩니다. 현재는 우거진 잡초가 그 자리를 차지하고 있습니다.

세상에는 가족의 축복도 받지 못하고 태어나는 사람이 많이 있습니다. 이에 비해 오늘 대면한 손자는 얼마나 행복하게 태어난 것입니까? 나와 같은 시대에 태어나 살던 사람은 정도 차이는 있어도 대개 비슷한 삶을 살았다고 생각합니다. 시대가 그랬으니까요. 때론 낳아주신 은혜에 감사하는 마음보다 "왜 나를 낳으셨어요?" 하는 원망을 하고 살았으니 하는 말입니다.

어려운 환경에서 살았어도 마음은 언제나 잘살 수 있다는 희망을 갖고 살았습니다. 이 생각이 지금의 나를 있게 한 가장 큰 원동력이었다고 생각합니다. 지금 생각해 보면 부모님에 대한 원망이 얼마나 어리석은 것이었는지 후회 막급입니다.

태어남이 어떻든 잘 키워주신 덕에 건강하게 자랐습니다. 나이 들면서 남이 하는 사춘기도 거쳤고, 사랑앓이도 해보고, 군대도 갔다 왔습니다. 어려운 형편에 대학도 졸업했고, 남부럽지 않은 직장도 다녔습니다. 마누라도 잘 만나 아직까지 잘 살고 있습니다.

결혼하고 몇 년이 지난 어느 여름날이었습니다. 방학을 맞아 고향에 내려가 오랜만에 망중한을 즐기는데 옆방에서 어머님이 부르셨습니다. 가보니 누렇게 바랜 한지에 곱게 싼 물건을 나에게 건네셨습니다.

"이게 뭐예요?"

이제 성인이 되었으니 집문서나 땅문서를 주시려나 싶었습니다. 착각은 자유였습니다. 어머님께서 작은 소리로 "끌러 봐라"고 하셨습니다. 조심스럽게 끌러 내용물을 보니 종이 속에는 오래된 어린애 저고리 2개가 가지런히 있었습니다. "이게 무슨 옷이에요?"라고 물었습니다.

어머님이 "네 배냇저고리다. 네가 아들 낳으면 주려고 간직해 왔는데 애를 낳지 못했으니 이제 네게 주려고 한다"고 하셨습니다.

빛바랜 저고리 두 벌이 내 배냇저고리라는 말을 듣고 "악!" 소리를 지르고 말았습니다. 감격이었습니다.

"이게 제가 세상에 태어나 처음 입었던 옷이라고요?"

어머님의 크신 사랑이 이 옷 두 벌로 다 설명되고 남았습니다.

"감사합니다. 어머니!"

어머님 손을 덥석 잡고 감사를 표했습니다. 아니 나이 지천명이 넘은 지 오래인데 그럼 이 옷이 50년이 훨씬 넘었다는 것인가? 옷을 펴 놓고 감격에 겨워 만지고 또 만지고 볼에 대보기도 하며 시간을 보냈습니다.

저고리는 손으로 짠 무명베로 만든 것이었습니다. 여인들이 속에 입는 안 저고리 같은 모양으로 좌우 양쪽에 실로 꼬아 만든 끈이 2개 달려 있었습니다. 옷을 입힌 후 이 끈으로 묶어 옷고름 역할을 하게 했던 것 같습니다. 옷의 가슴 쪽에는 얼룩이 남아 있었습니다. 아마도 먹다 흘린 젖 자국이거나 아니면 이유식 흔적일 것입니다. 세상에 태어나 이 옷을 입고 처음으로 어머님 젖가슴을 고사리 같은 손으로 주무르며 젖을 빨던 내 모습이 옷과 겹쳐 보였습니다.

어머님의 자식에 대한 지극한 사랑이 얼마나 깊고 넓은 것인지 새삼 느끼는 순간이었습니다. 그동안 어머님에 대한 모든 원망과 서운함이 아침 안개 걷히듯 순식간에 사라졌습니다.

요즘 애들에게는 주어도 입지 않을 옷이지만 내게는 세상에 둘도 없는 옷입니다. 옷의 값이나 질이 문제가 아니라 옷에 기록된 나의 탄생 역사와 어머님의 애틋한 사랑을 간직한 것이기에 내겐 세상에 둘도 없는 보물 중의 보물입니다. 돈을 주고 살 수 있는 물건이 아니며 다시 만들 수 있는 물건도 아닙니다. 세상 무엇과도 바꿀 수 없는 사랑의 징표(인증)가 아닐 수 없습니다.

70년의 세월이 흐른 나의 유물입니다. 어머님 생각이 나거나 삶이 무의미하다고 느낄 때 꺼내 만져보기도 하고 냄새를 맡아보며 힘을 얻는 내 생명의 근원 역할을 하고 있습니다. 어머님의 손길을 대하는 마음으로 대하고 있습니다. 어머님 사랑합니다.

어머님을 보면 화가 난다

"어머니."

조용히 불러봅니다. 언제나 그리운 이름 어머니. 부르면 목이 메고 들을수록 가슴 뭉클해지는 생명의 언어입니다. 수만 번 듣고 불러도 싫지 않은 '어머니'는 잘나도 못나도 내겐 하늘 같은 분입니다. 오늘날 내가 있게 해주신 생명의 은인입니다. 자기 인생을 송두리째 희생해 낳고 길러주신 어머니의 큰 은혜를 무엇으로 다 보답할 수 있을까요? 말로 다 할 수 없는 사랑 '어머니'입니다. 어머님에 대한 자식의 도리는 늙으신 어머님을 조금이라도 편하시게 해드리는 것이라 생각합니다.

나는 다섯 살 때부터 어머니를 떠나 살았습니다. 내 평생 어머니와 함께 산 시간이 불과 7년이 채 못 되는 것 같습니다. 초등학교 2학년 2학기부터 어머니를 떠나 객지에서 살았습니다. 초등학교는 외갓집에서 다녔고, 중학교와 고등학교 및 대학은 타지로 유학을 했고, 학교를 졸업한 후로는 줄곧 직장생활로 객지에 살았기 때문입니다.

어머니는 늘 그리운 존재였습니다. 어머니와 다정히 걷고 있는 또래의 사람을 보면 마냥 부러웠습니다. 어머니와 말다툼하는 친구마저도 부러웠습니다.

언젠가는 어머니와 함께 살리라. 그토록 그리웠던 어머님과 함께 살아보는 것이 마지막 소망이었습니다. 퇴직하자마자 모든 것 다 내려놓고 고향으로 내려왔습니다. 낡은 집을 부수고 자그마한 집도 지었습니다. 단 몇 년이라도 어머니와 살고 싶은 마음에서였습니다.

그러나 이런 생각은 일장춘몽이 되고 말았습니다. 말씀은 안 하셨지만 사시던 집을 부수고 새집을 지을 때부터 어머님은 심기가 불편하셨습니다. 이런 사실을 몰랐습니다. 한평생 사신 집이며 어머님 생의 모든 것이 깃든 곳이었습니다.

그런 집을 부수고 새집 지은 것이 불찰이었습니다. 어머님의 마음을 읽지 못한 불효 막급한 일이었습니다. 어머님의 추억과 인생의 흔적 그리고 사랑의 추억이 고스란히 담겨 있는 집을 송두리째 없애버렸으니 얼마나 아쉽고 허망하셨을까요? 새집 짓는다는데 차마 말씀은 못 하시고 속으로 얼마나 아들을 원망하셨을까요?

어머님 마음을 깨닫기까지는 그리 많은 시간이 필요치 않았습니다. 어머님은 아들이 하는 일에 차마 대놓고 반대를 못 하셨습니다. 내가 편하시리라 생각했던 것이 어머님께는 불편했던 모양입니다. 헌 집이 새집으로 바뀌니 하루아침에 된장찌개 먹다가 햄버거 먹는 신세가 된 것입니다. 효도한다고 생각했던 내 무식함이 결과적으로 불효를 낳은 것입니다.

어머님의 삶의 흔적이 고스란히 남아 있고 손때 묻은 옛집이 세상에서 가장 좋았던 것입니다. 추억이 어려 있고 익숙한 옛집에서 일생을 살고 싶으셨던 것입니다. 새집이 신형 가구로 단장되었으나 어머님께는 맞지 않는 옷처럼 불편하셨던 것입니다.

옛것에 익숙한 분에게 복잡한 전자제품을 사용하는 것은 받아들이기 어려운 생활의 혁명이었습니다. 젊은이들에게는 쉽고 편리한 주방기기가 어머님에게는 다루기 어렵다는 사실을 미처 헤아리지 못했습니다. 새로운 컴퓨터가 나오면 사용법을 익히기 귀찮아 바꾸기를 주저했던 때가 있었는데 더 늙으신 어머님 입장에서는 고통을 당하는 느낌이었을지도 모릅니다.

비싸고 새것이면 다 좋다고 생각하는 일반적인 생각이 잘못된 것이라는 것을 깨닫게 되었습니다. 어머님께 익숙해 있던 삶의 방식이 바뀌니 모두 어색하셨던 것입니다. 평생 배인 구들장이 아파트형 시스템으로 바뀐 것도 어머님에게는 불편하셨던 것입니다.

잘되라고 늘 지극정성으로 기도했던 아들 아닌가? 그런 아들이 고향에 돌아와 같이 살자고 하니 마음은 기쁘셨는지 모릅니다. 그런 아들과 며칠 살아보니 현실은 그게 아니었습니다.

아들에게 대접받기보다는 죽는 날까지 사랑을 베풀어야 하는 대상으로 생각하셨을 수 있습니다. 떨어져 살 때는 몰랐던 불편함이 현실로 나타난 것입니다. 그리고 이제 어머님도 늙으셨던 것입니다. 아들과 함께 산다는 것이 불편하다는 사실을 깨달으신 모양입니다. 어머님이 평생 주관하시며 주인으로 사시던 생활이 하루아침에 객으로 바뀐 느낌도 이유일 것이라 생각합니다. 옛날 시어머님이 며느리에게

곳간 열쇠를 넘기는 심정 아니었을까요?

어머님에게는 새로운 것이 모두 생소하였습니다. 하루아침에 삶의 터전을 잃게 된 것입니다. 서운함이 얼마나 크셨을까요? 효도라는 것이 자식이 생각하는 것을 부모님께 해드리는 것이 아니라 부모님이 원하시는 것을 해드리는 것이라는 사실을 체험하였습니다.

어머님은 현재 조카 딸집에서 증손자들과 살고 계십니다. 어머님에게는 외손녀딸 집입니다. 증손자들을 하루만 안 봐도 못 산다고 하기에 그렇게 사시게 했습니다. 명절이나 대소사가 있어 고향 집에 오셨다 일이 끝나면 행여 같이 살자고 할까 봐 조카가 일어서면 먼저 나가 차에 오르십니다.

당당하고 인자하시던 모습은 찾아볼 수 없습니다. 가는 세월은 어찔 수 없지만 주름진 얼굴에 구부정한 허리, 지팡이에 몸을 의지하고 절뚝거리며 걷는 어머니 모습을 보면 마음속엔 참회의 눈물이 흐릅니다.

그런 어머니의 모습을 보면 이유 없이 화가 납니다. 아마 자신을 질책하는 화일 것입니다. 어머님 한 분 즐겁게 해드리지 못한 내 자신이 미운 것입니다. 칠 남매를 낳아 기르신 어머님의 말로가 불쌍하게 보여 하는 얘기가 아닙니다. 내가 못다 한 효도가 불만스럽기 때문입니다. 화려하지는 않지만 달빛에 비추이는 하얀 박꽃같이 청순하시던 어머님의 모습은 간데없고 홀로 서 있기조차 힘들어 아무 데나 주저앉으시는 어머님을 보면서 오늘도 나는 불효의 눈물을 흘립니다.

곱던 외모야 세월 따라 변하는 것을 인력으로 막을 수는 없다고 해도 고고했던 자존심 하나쯤 챙기시지 않고 다 퍼주신 어머님이 원망스럽습니다. 부족한 자식의 어처구니없는 항변이 아닐 수 없습니다. 이렇게 화라도 내야 마음이 편한 것은 위험한 이기심의 발로입니다. 어머님은 이런 불효자까지도 자신이 낳은 자식이라고 용서해 주실 것 같기에 무례한 생각을 하게 됩니다.

어머님 불효자를 용서하세요. 할 수 있음에도 할 수 없는 자식의 마음을 이렇게 고백하지 않을 수 없음은 어머님의 숭고한 사랑에 대한 철없는 자식의 기도입니다. 실행하지 못함을 자책하는 불효자의 치부입니다. 어머님을 붙잡고 자식을 조금이라도 이해해 주기 바라는 불효자의 몸부림입니다. 가지셨던 모든 것을 다 내어주시고 텅 비어버린 어머님! 주고 싶어도 주실 것이 더 이상 없으신 어머님! 마음마저 다 내놓으신 어머님! 이 불효자의 이유 없이 화냄을 용서해 주세요.

앞으로 자식 때문에 하셔야 했던 걱정 다 내려놓으시고 단 하루 만이라도 마음 편하게 사시길 바랍니다. 그렇게 사시길 매일 기도하겠습니다. 이렇게 못나고 불효 막급한 자식을 믿고 사랑해 주신 어머님은 위대한 성인이십니다.

이런 내가 오늘따라 더욱 밉습니다. 존재의 아픔이 이런 것인 줄 늦게야 깨닫습니다. 화가 나는 이유도 아들의 효심일 것이라 믿으실 어머님… 어머님은 나의 영원한 사랑이요 생명입니다.

별 헤는 마음으로

무심코 밤하늘을 쳐다보니 별들이 유난히 반짝거립니다. 누가 저 많은 별들을 만들어놓았을까요? 어린 시절 늘 가슴에 품었던 유치한 질문입니다. 세월이 많이 지났어도 별은 변함없이 그 자리에서 빛나고 있습니다. 외롭고 쓸쓸한 밤이면 언제나 나를 위로하던 연인 같은 별입니다.

별은 나의 모든 꿈과 이상이 깃든 희망이었습니다. 상상의 나라였습니다. 지금도 오늘처럼 별이 빛나는 밤이면 지난 그리움으로 마음이 저려옵니다. 별은 내게 많은 이야기를 들려줍니다. 노래를 부르게 합니다. 시를 쓰게 합니다. 사랑했던 이들을 생각나게 합니다. 사랑하던 순영이가 오늘 밤 혜성처럼 나타나지 않을까? 하는 희망을 줍니다. 늙은이를 참 유치하게 만들기도 합니다.

지금은 고인이 되신 할머님이 별에 대해 많은 이야기를 해주었습니다. 지금도 잊히지 않는 이야기가 있습니다. "사람이 죽으면 별이 된다"는 이야기입니다. 사람이 죽으면 별이 되는데 누구나 별이 되는 것이 아니라 착하게 산 사람들만 별이 된다고 했습니다. 또한 별 중에는 큰 별과 작은 별이 있는데 좋은 일을 많이 한 사람은 큰 별이 되고, 그렇지 않은 사람은 작은 별이 된다고 했습니다.

그 말이 사실이라고 믿고 살았습니다. 돌아가신 할머님이 보고 싶으면 하늘을 바라보며 할머니 별을 찾았습니다. 저 별이 할머니 별일까? 아니면 저 큰 별이 할머니 별일까? 할머님은 아마 큰 별이 되셨을 것입니다. 나도 늙어 죽으면 별이 될까? 사랑하는 엄마 아빠 그리고 우리 형제 모두 별이 되겠지. 이런 생각으로 별을 헤며 살았습니다. 달보다 더 큰 별이 되게 해달라고 빌며 살았습니다. 대장별이 되고 싶었습니다. 이런 생각으로 밤마다 별을 헤며 살았습니다.

우리가 가족끼리 모여 살듯이 별들도 끼리끼리 무리 지어 살고 있습니다. 큰곰자리(북두칠성), 작은곰자리(북극성), 세페우스자리, 카시오페이아자리, 독수리자리, 처녀자리, 목동자리, 사자자리, 독수리자리, 허큘리스자리, 백조자리, 거문고자리, 안드로메다자리, 양자리, 물고기자리, 페가수스자리, 마차부자리, 쌍둥이자리, 큰개자리, 오리온자리, 황소자리 등이 그것입니다. 이런 별자리가 88개나 있다고 합니다.

이들은 별들을 몇 개씩 묶어 신화 속의 인물이나 물건 등의 이름을 붙인 것입니다. 북두칠성은 큰곰자리 꼬리에 해당하는 7개의 별로 구성되어 있습니다. 이 자리는 예로부터 인간의 수명을 관장하는 별자리로 여겨왔습니다. 카시오페이아자리는 허영심이 강한 카시오페이아 왕비가 죽어서 되었다는 전설을 가지고 있는 별자리입니다.

이처럼 모든 별자리는 나름의 전설을 가지고 있습니다. 내가 별이 된다면 만들고 싶은 별자리가 있습니다. 하나는 나를 사랑했던 모두가 모여 사는 '사랑자리'이고, 또 하나는 누구나 평화롭게 살 수 있게 하는 '평화자리'입니다. 끝으로 한평생 나를 사랑하고 존경하며 살아준 사랑하는 아내에게 '에고EGO자리'를 만들어주고 싶습니다.

별은 신비의 요정입니다. 밤마다 이 땅에 경이로운 볼거리를 만들어놓습니다. 모든 것이 예술입니다. 무지갯빛보다 더 아름답고 사랑하는 연인의 눈빛보다 더 영롱한 아침 이슬이 그렇고, 근엄한 시어머님 자태보다 차가운 찬 서리가 이들이 밤 사이에 만들어놓은 흔적들입니다. 그 흔적들은 곧 평화요, 영광이요, 감탄입니다.

모두 신비롭습니다. 아름답습니다. 똥까지 좋아합니다. 별똥별을 보고 기뻐하고 감탄하니 하는 말입니다. 이런 기적이 일어나는 밤에 우리는 눈을 감고 꿈나라에 가 있어야 합니다. 밤의 신비를 모르고 살고 있는 것입니다. 반쪽 세상만 보며 살고 있는 것입니다.

낮이 경쟁이고 전쟁이라면 밤은 평화요 축제입니다. 우리는 평화로운 축제보다는 살벌한 경쟁만을 보며 살고 있습니다. 밤은 더 높고 더 깊고 더 광활한 이상을 갖게 하는 보배로운 시간입니다. 이런 기회를 그냥 지나치고 산다는 것은 불행이 아닐 수 없습니다.

바쁜 일상에 매여 아름다운 밤하늘을 보지 못하고 사는 것은 자연이 우리에게 준 귀한 선물을 잊고 사는 것입니다. 하루에 단 1분이라도 별들이 살고 있는 아름다운 하늘을 바라보는 여유를 가지고 사는 것은 축복일 것입니다. 축복을 모르고 사는 것은 불행이 아닐 수 없습니다.

삶이 바쁘고 고달프지만 하루에 단 한 번만이라도 하늘을 바라보며 별을 노래하는 여유를 갖고 사시길 바랍니다. 이 밤도 별들이 바람결에 스치고 있습니다.

내게 상처를 준 여인

상처란 몸을 다쳐서 부상을 입은 자리 또는 피해를 입은 흔적을 뜻합니다. 가능한 한 살면서 상처를 서로 주지도 받지도 않는 게 좋습니다. 그러나 살다 보면 부지불식간에 주기도 하고 받기도 합니다. 받게 되면 가슴이 아프고 주게 되면 상대방의 가슴이 상처를 입습니다. 주는 사람이나 받는 사람 모두 만족하지 못하는 것이 상처가 아닐까 생각합니다.

이 글을 읽는 분 중에도 많은 분들이 상처를 주고받았을 것이라 생각합니다. 부모·형제들로부터 받은 상처도 있을 수 있고, 학교에 다니면서 친구나 선생님들로부터 받은 상처도 있을 것입니다. 직장에 다니면서 상사나 동료들로부터 받는 상처도 무시할 수 없습니다. 또는 사랑하는 여인으로부터 받은 평생 잊을 수 없는 상처도 있을 것입니다. 나도 이런 상처를 많이 받으며 자랐습니다. 지금도 주고받으며 살고 있음을 부인할 수 없습니다.

받은 상처 중에 잊지 못할 상처가 있습니다. 하나는 가족으로부터 받은 것이고 다른 하나는 여인으로부터 받은 상처입니다. 어려서 친척으로부터 받은 상처는 잊지 못할 슬픈 추억입니다. 우리 집은 친척들에 비해 잘살지 못했습니다. 의식주를 해결하지 못했으니 먹고 입고 사는 것이 불만이었습니다.

어느 봄날 친척 집의 제삿날이었습니다. 어머님이 친척 집에 일하러 가시면서 집에서 동생들 잘 보고 있으라고 하셨습니다. 그리고 뒷집은 오지 말라고 신신부탁을 하셨습니다.

집에서 놀다 보니 뒷집 사정이 궁금하기도 하고 어머니도 보고 싶었습니다. 동생을 등에 업고 금지된 장소로 갔습니다. 어머님을 비롯하여 동네 아주머님들이 제사 음식을 만드시느라 분주했습니다. 구수한 음식 냄새가 빈 배를 자극했습니다.

동생을 업고 있는 나를 본 동네 아주머니 한 분이 부치고 있던 감자전을 한 장 주면서 얼른 먹으라고 했습니다. 막 먹으려는 순간 주인 아주머님이 보시고 "일하고 있을 때는 여기 오지 말라고 했는데 왔느냐"며 손을 내저으며 어서 집으로 가라고 하였습니다.

마당에는 나 말고 사촌동생뻘 된 다른 애도 있었습니다. 그 애에게는 가라고 하지 않았습니다. 어린 마음이지만 많이 아팠습니다. 생애 처음으로 차별이 얼마나 억울한지 느낀 순간이었습니다. 그다음부터 그 주인 아주머님이 미웠습니다. 나름 상처를 받은 것입니다.

이 모습을 보고 계시던 어머님이 오지 말라고 했는데 왜 왔느냐며 나무라셨습니다. 어머니마저 내 편이 아니었습니다. 나는 서러운 눈물바람을 하며 그 집을 나왔습니다. 지금도 그 집 근처를 지나거나 잔칫날 음식 장만하는 모습을 보면 어김없이 그때 목격했던 모습이 아물지 않은 상처처럼 되살아나곤 합니다. 받은 상처는 오래 기억되지만 준 상처는 잘 기억나지 않습니다.

신혼 초에 집사람과 얘기를 나누다가 무심결에 "지랄하지 마"라고 말한 모양입니다. 이 말에 삐쳐서 몇 날 며칠을 말하지 않았습니다. 입이 닳도록 이 말이 당신이 생각하는 것처럼 나쁜 말이 아니라 우리 고향에서는 자주 쓰이는 말이라고 설득해도 소용없었습니다. 어떻게 마누라에게 그렇게 험한 말을 할 수 있느냐며 크게 실망했다는 것입니다.

시간이 지난 후 고향에 내려가 집사람과 같이 앉아 어머니와 이야기하는 도중이었습니다. 무슨 말끝에 어머님이 제게 아무 거리낌 없이 "지랄하고 있네"라고 말씀하셨습니다. 그때 집사람 눈빛이 달라지기 시작했습니다. 순간 나는 집사람에게 "봐라. 여기서는 어머니가 아들한테도 쓰는 말이다"라고 하자 그제야 어느 정도 수긍하는 모습을 보였습니다.

"지랄한다"는 말은 마구 법석을 떨며 분별없이 하는 행동을 속되게 이르는 말입니다. 또한 '간질(지랄)병'을 속되게 이르는 말이기도 합니다. 분명 첫 번째 의미로 쓴 말임은 두말할 필요도 없습니다. 그러나 듣는 사람 입장에서는 지랄병 한다는 의미로 받아들일 수 있습니다.

결혼 40년이 지난 요즘도 내가 좀 속된 말을 하면 그때 이야기를 꺼내곤 합니다. 얼마나 큰 상처를 받았으면 지금도 기억하고 있을까. 남도 아닌 한 이불 덮고 사는 마누라에게도 상처를 주고 사는데 부지불식간에 남들에게 주는 상처가 얼마나 많을까 생각하면 낯을 들 수 없습니다.

최근 들어 내게 상처를 준 한 여인이 있습니다. 만날 때마다 따끔하게 상처를 주는 여인입니다. 내가 그랬던 것처럼 그 여인도 내게 상처를 준 줄도 모를 것입니다. 문제는 상처는 아프지만 상처받을 때마다 미운 정이 들어간다는 것입니다. 이제 정든 마음을 정리할까 합니다.

말할까 싶어도 그녀가 받을 상처가 클까 봐 망설입니다. 아마 그녀도 의도적으로 상처를 주진 않았을 것입니다. 만날 때마다 나를 위하여 열심히 노력하는 사람입니다. 굴곡진 인생만큼이나 깊게 파인 주름진 내 얼굴을 만지는 것이 그녀에게도 좋은 일은 아닐 것입니다.

그러나 누구보다 내 얼굴 구석구석을 잘 아는 여인입니다. 집사람 빼놓고 내 얼굴을 가장 많이 만져준 여인이기도 합니다. 이 여인이 얼굴을 만져줄 때 나는 대부분 잠에 빠져 있습니다. 그사이에 그녀는 상처를 남깁니다. 그 여인은 한 달에 한 번씩 이발소에서 만나는 면도하는 여인입니다.

받은 상처는 오래 남습니다. 남에게 준 상처는 의식하지 못하고 사는 경우가 많습니다. 혹시 그동안 나한테 받은 상처가 있는 모든 분들께 이 자리를 빌려 용서를 구합니다. 가까이에는 사랑하는 집사람부터 멀리는 오다가다 만나 시시비비를 가리느라 상처를 주었던 사람들까지 용서를 바랍니다.

앞으로 남에게 상처를 주는 일 없이 살다 가길 기원해 봅니다.

2018년 마지막 날에….

제 3 부

배우며 깨달으며

세상은 아는 것만큼 보인다고 합니다.
아는 것이 힘이라고도 합니다.

배움이란 나를 찾는 것이며,
깨달음이란 내가 누구인가를 아는 것이라고 합니다.

우리가 배우고 깨달아야 할 이유가
바로 여기에 있습니다.

카지노 이야기

크랩스, 블랙잭, 바카라, 룰렛, 슬롯머신.

이런 단어들을 들어보셨나요? 혹 크랩스를 바다 게 종류라고 생각하지는 않으셨나요? 이 단어들은 주사위나 카드 등과 같은 도구를 이용하여 하는 게임game의 이름입니다.

크랩스는 주사위 2개를 던져 나오는 눈금의 합을 이용하여 승패를 결정하는 게임입니다. 블랙잭은 카드를 이용하는 게임으로 21을 기준으로 승패를 결정하고, 바카라는 9를 기준으로 승패를 결정하는 게임입니다. 좋은 말로 게임이지 사실 사행성 오락입니다. 우리말로는 노름(도박)의 종류입니다. 이런 게임들은 주로 카지노라는 특수한 장소에서 행해집니다.

어느 나라나 노름은 법으로 금지하고 있습니다. 다만 법적으로 허용된 장소에서만 가능합니다. 그 장소가 바로 카지노입니다. 라스베이거스, 마카오, 모나코 등이 카지노로 유명한 도시입니다.

우리나라에도 현재 17개의 카지노가 운영 중입니다. 이 가운데 내국인이 자유롭게 출입할 수 있는 곳은 강원도 정선에 있는 강원랜드 카지노 한 곳뿐입니다. 나머지는 모두 외국인만 출입할 수 있는 카지노입니다. 카지노에서는 대부분 앞에서 예시한 게임을 합니다.

게임은 돈을 걸고 하는 도박입니다. 카지노를 대표하는 딜러와 게이머들 간의 도박입니다. 카지노를 대표하는 딜러가 물주가 되고 게임에 참가하는 사람들이 돈을 거는 것입니다. 이기면 돈을 따고 지면 돈을 잃게 됩니다.

법으로는 도박을 금지해 놓고 특정한 장소에서는 할 수 있도록 만들어놓은 이유가 무엇일까요? 첫째는 외화를 벌어들이기 위함입니다. 둘째는 국민소득이 높아지면 새로운 오락에 대한 욕구가 생긴다고 합니다. 이런 욕구를 충족해 주기 위해서 만들어진 것이 바로 이런 오락입니다.

요즘은 각 나라들이 외화를 벌어들이기 위해서 위락시설을 만들고 위락시설에는 카지노가 빠지지 않습니다. 카지노를 통해 벌어들이는 외화는 다른 어떤 산업에 비해 외화가득률이 높기 때문입니다.

자동차 한 대를 팔면 대략 외화가득률이 60~70%라고 합니다. 이에 비해 사행성 오락을 통해 벌어들이는 돈은 외화가득률이 90% 이상입니다. 물건을 만드는 공장이 필요하지 않으므로 환경을 파괴하지도 않습니다.

돈을 벌기 위해 많은 나라들이 관광객을 대상으로 카지노를 만들고 있습니다. 노동의 신성함을 해친다는 명분하에 카지노를 원천 봉쇄하던 사회주의 국가들마저 요즘은 카지노를 운영하고 있습니다.

도박은 잘해야 본전이라는데 왜 많은 사람들이 도박을 할까요? 이유는 일확천금을 바라는 허황된 꿈 때문입니다. 카지노에서 돈을 딸 확률은 바늘구멍에 낙타를 집어넣는 것만큼 어렵습니다. 그러나 한번 디딘 발은 좀처럼 빠져나오기 힘듭니다. 언젠가는 딸 수 있으리라는 희망이 유혹합니다. 중독입니다. 잘못하면 패가망신할 수 있습니다. 잘 나가던 유명 연예인들이 원정도박을 했다가 하루아침에 패가망신했던 경우가 바로 그런 예입니다. 카지노도 장사입니다. 손해 보는 장사를 하겠습니까? 카지노에서 얻을 수 있는 하우스 마진이라고 부르는 수익률이 있습니다. 계속 게임을 하면 결국에는 카지노가 돈을 따는 구조입니다.

카지노 이야기를 하면서 도박을 장려하려는 의도는 추호도 없습니다. 2006년 호주 시드니 매쿼리 대학에 교환교수로 있을 때였습니다. 신학기를 맞아 청강하고자 과목을 찾던 중에 '갬블링 게임과 스포츠 통계'라는 과목을 접하게 되었습니다. 통계학이 갬블링(도박)에도 응용되고 있다는 데 관심이 갔습니다. 우리나라 대학에서는 이런 과목이 생소했을 때였습니다. 어떤 내용인가 알고 싶어 수강 신청했습니다.

들어보니 내용이 재미있고 학생들에게 가르치면 장래에 유익할 것 같은 생각이 들었습니다. 귀국하여 근무하는 학교에서 '게임과 스포츠 통계'라는 이름으로 어렵게 교양과목에 개설하였습니다. 국내 대학에서 처음으로 개설하였습니다.

처음엔 대학에서 무슨 도박하는 것을 강의하느냐며 부정적인 시각으로 보는 사람들이 많았습니다. 시간이 지나자 수강생들이 몰려들기 시작했습니다. 대성황이었습니다. 도박장으로만 알고 있던 카지노도 선용하면 훌륭한 오락장이 될 수 있다는 의식을 갖게 하려 했습니다. 카지노에 대한 부정적인 생각을 긍정적으로 바꾸고자 한 것입니다. 생활이 윤택해짐에 따라 요구되는 새로운 오락의 욕구를 충족시킬 수 있다는 것을 깨닫게 하려 했습니다. 세계 모든 나라가 외화가득률이 높은 친환경산업인 사행산업에 막대한 투자를 하고 관광산업을 육성하는데 우리나라 사행산업은 아직도 낙후되어 있다는 사실을 알려주려 했습니다. 이런 분야에서 일할 수 있는 일꾼을 하루빨리 양성해야겠다는 생각을 갖게 하기 위하여 강의를 시작한 것입니다.

내가 카지노 게임에 열의를 가지게 된 것은 한순간이었습니다. 시드니에서 알게 된 교포 한 분이 어느 날 나를 데리고 카지노에 갔습니다. 우리가 들렀던 카지노는 회원만 입장이 가능한 곳이었습니다. 나는 회원이 아니기에 교포의 동반자로 등록하고 입장했습니다. 내가 카지노에 관심이 있다는 것을 안 교포가 현장실습을 위해 데리고 간 것입니다.

물론 카지노를 구경한 것은 그때가 처음은 아닙니다. 미국에 있을 때 교포를 따라 카지노에 들러 슬롯머신(빠칭코)을 한 기억이 있습니다. 그때는 카지노가 뭔지도 모를 때였습니다. 카지노에 들어가니 휘황찬란한 불빛과 소음에 가까운 음악, 눈을 현혹케 하는 실내장식 모두가 신기했습니다.

넓은 공간 중앙에 여럿이 모여 열심히 게임을 하고 있었습니다. 한

참 구경하다 피곤해서 의자에 앉아 쉬는데 나이 지긋한 노인 한 분이 가벼운 눈인사를 하며 내 옆에 앉았습니다. 'KENO'라고 쓰인 종이에 뭔가 적기 시작했습니다. 그게 무엇이냐고 물어보니 게임 중 하나인 키노KENO라고 알려주었습니다. 처음 보는 것이었습니다.

특별히 할 말도 없기에 "여기 자주 오세요?" 하며 말을 걸었습니다. 일주일에 3일 정도 온다고 했습니다. 갬블도 하느냐고 물었습니다. 물론이라고 대답했습니다. 갬블은 확률적으로 따기 어려운데 왜 하느냐고 물었습니다. 물음에 잠시 생각하더니 노름(gamble)이 아니라 게임game이라고 내 말을 고쳐주었습니다.

노인은 술을 마시느냐고 물었습니다. 조금 마신다고 했습니다. 술 마시는 데 몇 시간이 걸리며 비용은 얼마 정도 드느냐고 물었습니다. 정해진 시간과 비용은 없지만 대개 서너 시간 마시며 비용은 호주 달러로 약 100달러(약 8만 원)쯤 될 것이라고 대답했습니다.

내 말을 들은 노인은 자기는 술을 마시지 않기 때문에 그 비용으로 여기에 와서 즐겁게 게임을 한다고 했습니다. 문제는 절제에 있다고 했습니다. 분수에 맞게 오락 수준에서 게임을 하면 갬블이야말로 멋진 오락임에 틀림없다고 했습니다.

그 말을 듣고 나도 모르게 앗! 소리가 나왔습니다. 순간 충격을 받았습니다. 충격이라기보다 도박에 대한 새로운 생각을 갖게 되었습니다. 의식의 대전환이었습니다. 악으로만 여겨왔던 사행성 오락이 순간 선으로 생각되었습니다. 도박이 이분에게는 삶의 의욕과 기쁨을 주는 없어서는 안 될 멋진 오락이라고 생각하게 되었습니다. 부정적인 시각으로 보면 절대 용서할 수 없는 행위도 긍정적으로 보면 이렇게 멋진 것이구나 하는 생각을 하게 된 것입니다.

이 후 수강하던 'Gambling and Sport Statistics' 과목에 더욱 흥미를 가지게 되었습니다. 카지노 산업은 황금알을 낳는 산업임에 틀림없습니다. 그러나 부정적인 시각으로 보면 존재할 이유가 궁색해집니다. 마침 그 과목을 강의하는 교수가 한국에서 중학교까지 마치고 호주로 이민 온 한국계 호주인이었습니다. 동포라는 이유로 자주 만나면서 그쪽 분야에 더 적극적인 관심을 갖게 되었습니다.

그분은 지금도 시드니에 있는 매쿼리 대학에서 후진 양성을 위해 열심히 강의하고 있습니다. 우리도 언젠가 갬블을 도박이 아니라 누구나 즐겁게 참여할 수 있는 멋진 게임으로 생각하는 날이 오길 기원해 봅니다.

나이 값 하며 산다는 것

"나이 먹었으면 나이 값 하라"는 말이 있습니다. 나이 먹은 어른의 한 사람으로서 듣기 거북한 말이 아닐 수 없습니다. 그러나 이런 말을 들어도 싼 어른들이 주변에 있기에 이런 말들을 듣고 사는 것이라 생각합니다. 아들이 부모를 보고 자라듯이 젊은이들은 어른들을 보고 배우며 성장합니다. 틀림없는 말입니다.

속담에 "그 애비에 그 자식"이라는 말도 있지 않습니까? 이 속담은 어른들이 언행에 조심해야 할 이유를 암시하고 있습니다. 나이 들고 사회적 지위가 높을수록 그에 걸맞은 책임도 따릅니다. 그 책임을 다 하지 못할 때 아랫사람들로부터 비난을 면치 못하게 됩니다.

어른이 되어 아랫사람 챙기기는커녕 연륜이나 권위를 이용하여 개인의 안위나 이권을 챙기는 것은 아주 잘못된 것입니다. 그러나 어른도 인간인지라 개인의 영달이나 부를 위해서 젊은이들이 보기에 추하고 비열하리만큼 재물과 명예에 욕심을 내는 경우가 있습니다. 모든 사람이 다 정직하고 모범된 삶을 산다면 세상은 낙원일 것입니다. 그런 삶은 이상일 뿐 현실에는 존재하지 않습니다.

인간도 넓은 의미로 보면 동물적인 본능을 가지고 있습니다. 다만 이성으로 야성을 숨기고 있을 뿐입니다. 동물의 세계는 약육강식 원리가 작동되는 본능의 세계입니다. 사람이라고 크게 다르지 않습니다. 약자를 누르고 강자가 독식하려는 것도 따지고 보면 동물의 세계와 같습니다. 다만 인간은 다른 동물에게는 없는 이성이 있습니다. 선악을 구별할 줄 아는 능력을 가지고 있는 것입니다. 이것 때문에 어지러운 사회가 삐걱대면서도 굴러가고 있다고 생각합니다.

동물이 가지고 있지 않은 '생각'이 때론 문제를 야기하기도 합니다. 동일한 사물이나 사건을 두고 생각이 모두 동일하지 않습니다. 한 사람은 좋다고 생각하는데 다른 사람은 싫다고 합니다. 이런 생각의 차이가 여러 가지 사회문제를 만듭니다. 문제가 심해지면 다툼이 생깁니다.

이런 문제들을 해결하기 위해 인간은 도덕과 법을 만들었습니다. 정의니 진리라는 말도 생겨나게 되었습니다. 도덕은 자율적이며 법은 강제성이 있습니다. 인간의 모든 행위를 법으로 다룰 수는 없습니다. 법이 인간의 모든 행위를 관여한다면 아마 많은 사람들이 감옥에 들어가야 할 것입니다. 모두 죄인이 되고 말 것입니다. 세상이 얼어붙은 동토의 사회가 되고 말 것입니다.

불의를 보고 분개하지 못하고, 슬픈 사연을 듣고도 눈물 한 방울 흘리지 않고, 기쁜 일을 대해도 웃을 줄 모르는 사람이 있습니다. 그야말로 감정이 없는 각박한 삶을 사는 사람들입니다. 같은 사람으로서

도저히 이해할 수 없는 그런 사람들이 있습니다. 나이를 먹어도 나아지지 않습니다.

이런 삶을 원하는 사람이 있을까요? 없다고 믿고 싶습니다. 그러나 주위에는 이런 사람들이 의외로 많습니다. 며칠 전 뉴스에서 게이트라는 것이 화재가 되었습니다. 누가 누구에게 얼마를 주었는데 받은 사람은 받지 않았다고 합니다. 준 사람은 있는데 받은 사람이 없습니다. 돈 받은 것은 고사하고 만난 일조차 없다고 합니다. 두 사람 중 한 사람은 틀림없이 거짓말을 하고 있습니다.

진위를 가리기 위해 법관들은 많은 시간과 노력을 들입니다. 노고의 대가는 국민들이 지불합니다. 곧 국민들이 낸 세금입니다. 이렇게 웃기지도 않은 일들이 매일 반복되고 있습니다. 동물의 세계가 아니라 사람 그것도 사회 지도층이라는 자들의 행태입니다. 어느 동물이 이런 잘잘못을 가리기 위하여 법을 만들고 심판관을 뽑을까요? 사람 말고는 없습니다. 만물의 영장이라는 인간이 이런 웃기지도 않은 일들을 하고 있습니다. 그러면서 세금이 많다고 불평합니다.

눈보라 치고 한파가 엄습한 엄동설한에 새벽부터 나와 길거리를 청소하는 아저씨들을 볼 때 여러분들은 어떤 생각을 하는지 모르겠습니다. 나는 그분들이야말로 꼭 필요한 사람이라고 생각합니다. 길거리에 휴지나 쓰레기가 없다면 꼭두새벽부터 저렇게 고생하지 않아도 될텐데 하는 생각을 지울 수 없습니다.

어려서부터 "휴지를 함부로 버려서는 안 된다", "쓰레기를 버리면 나쁜 어린이다" 이런 교육을 수없이 받아왔습니다. 그러나 길거리에는 휴지와 쓰레기가 늘 쌓여 있습니다. 애들이 하는 짓이라고 치부할 수 있습니다. 눈을 돌려 길거리 여기저기에 담배꽁초가 굴러다니는 것을 보면 애들만이 쓰레기나 휴지를 버린다고 말하기는 어딘가 옹색한 변명 같습니다.

며칠 전 전철에서 목격한 일입니다. 노인석에 세 분의 노인이 앉아 있었습니다. 역에 전철이 도착하고 문이 열리자 세 분 중 한 노인이 휴지를 전철 밖으로 던졌습니다. 이를 본 다른 노인이 왜 휴지를 밖에 버리느냐고 한마디 했습니다. 그러자 휴지를 버린 노인이 "당신이 뭔데 간섭하느냐"며 대들었습니다. 급기야 목소리가 커지기 시작했습니다.

나머지 노인이 휴지를 차 밖으로 버리는 것은 잘못된 것이 아니냐고 했습니다. 이 말을 듣고 휴지 버린 노인 왈 "휴지 줍는 사람이 주울 텐데 휴지 한 장 버린 게 뭐가 그렇게 큰 잘못이냐?"며 큰소리쳤습니다. 마음 같아서는 한 대 갈겨주고 싶었습니다. 한두 살도 아닌 분이 저런 생각과 행동을 하고도 반성을 못 하는 모습은 참으로 추해 보였습니다.

나이 먹었다고 다 어른이 아니구나 하는 생각으로 머리가 복잡해졌습니다. 나이 드는 것도 서러운데 오늘은 참 긴 하루였습니다. 저 어르신 가정은 어떠할까? 그런 사람이 많은 사회 더 나아가 나라는 또 어떨까? 아무리 제멋에 산다고 하지만 서로 이웃하며 사는 세상 조금이라도 이웃을 배려하며 살면 어떨까?

당신이나 그러며 사시라고요?

나이 먹어가며 할 일 없다고 하는데 나이 값이라도 하며 사는 것이 어르신네들이 마지막으로 해야 할 일이 아닐까요?

ㅅㅅㅅㅅ

1960년대에는 국, 영, 수(국어, 영어, 수학) 과목과 선택 과목 한두 개만 잘하면 세칭 명문대학에 들어갈 수 있었습니다. 일류 고등학교는 명문대학 특히 S대에 몇 명이 합격했느냐를 가지고 서열을 매기기도 했습니다. 당시 서울에서는 K고교가 S대에 많이 들어가는 일류 고등학교로 알려져 있었습니다.

인문계 고등학교에서 정규수업을 제외하고 아침저녁으로 실시하는 보충수업은 국어, 영어, 수학 과목에 집중되어 있었습니다. 지금 생각하면 당시 고등학교는 국, 영, 수를 가르치는 학원 같은 곳이었다고 해도 과언이 아니었습니다. 대학 입시와 관계없는 수업 시간에는 학생들의 수업 태도가 좋지 않았던 것으로 기억합니다.

내가 다니던 고등학교의 경우 국, 영, 수 외에 선택 과목으로 일반사회를 많이 들었습니다. 늘 딱딱한 과목만 듣다가 귀만 열고 있으면 머리에 들어와 박히는 과목이니 많은 학생들이 그 시간이 오기를 기다렸습니다. 학생들에게 그 시간은 사막의 오아시스 같았습니다.

그 과목이 인기가 있었던 또 다른 이유는 그 과목을 담당하시던 선생님의 명강의 때문이었습니다. 선생님은 몽당연필 같은 작달막한 키에 살찐 가실 암탉같이 탱탱한 체구로 다부져 보였지만 그리 미남(?)은 아니셨습니다. 그러나 늘 재치가 넘쳤고, 말씀은 청산유수요, 지식은 소크라테스가 왔다가 울고 갈 정도로 해박하셨습니다.

나폴레옹이 알프스를 넘던 열정보다 더한 열정으로 강의하셨습니다. 오늘날 말로 스타 강사(선생님)였습니다. 오직 대학 입시를 위해 국, 영, 수만 배우다 사랑이 어떻고, 인생이 어떻고, 사회가 어떻다는 이야기를 들을 수 있던 유일한 시간이었습니다. 선생님의 강의를 들으면 막혔던 가슴이 확 트이는 느낌이었습니다. 졸업 후 반세기가 지난 지금도 친구들과 만나면 그 선생님 얘기가 빠지지 않습니다. 당시 그 선생님이 얼마나 인기가 많았는지 짐작이 가고도 남습니다.

어느 화창한 봄날 나비처럼 훨훨 어디론가 날아가고픈 시간이었습니다. 이런 시간에 그 선생님의 수업이 있었습니다. 점심 식사를 마친 시간이라 많은 학생들이 졸다가 선생님한테 꾸중을 자주 듣던 시간이기도 했습니다. 이른 아침부터 책과 씨름하느라 마음도 몸도 녹초가 된 상태인데다 점심 식사를 하고 나니 졸음이 몰려와 많은 학생들이 더위 먹은 닭처럼 책상에 머리를 박고 쪽잠을 자고 있었습니다. 점심시간이 끝나는 줄도 모르고 계속 꿈나라를 헤매고 있는 학생들이 많았습니다.

선생님께서 왼쪽 옆구리에 책을 끼고 한 손에는 분필을, 한 손에는 지시봉을 들고 개선장군처럼 교실로 들어오셨습니다. 반장이 일어나 "차렷!" 하는 구령을 외치자 엎드려 자고 있던 일부 학생들이 쏟아지는 단잠을 깨워 기분 나쁘다는 표정으로 허리를 폈습니다. "선생님께 경례"라는 구령에 "안녕하십니까?"라고 합창을 하였습니다.

인사를 받은 선생님은 분필을 집어드시더니 칠판에 큰 글씨로 '人人人人'이라고 쓰셨습니다. 그러고 나서 학생들을 바라보시더니 이게 무슨 뜻인지 아느냐고 물으셨습니다. 모두 "인인인인"이라고 읽고 나더니 수수께끼를 푸는 기분으로 여기저기서 답들이 나오고 있었습니다. 어떤 학생은 "사인방", 어떤 학생은 "한 사람 곁에 또 한 사람, 또 그 곁에", 어떤 학생은 "사육신" 등의 답이 나왔습니다.

선생님은 한참 학생들의 답을 듣고 나시더니 '니들이 알겠니?' 하는 듯 빙그레 미소를 지으시더니 지시봉으로 한 자 한 자 집어가면서 "사람(人)이면 다 사람(人)이냐 사람(人)다워야 사람(人)이지"라고 풀이해 주셨습니다. 학생들은 선생님의 풀이를 듣고 정답을 놓친 마음에 아쉬워했습니다.

그날 이후 그 말은 내 뇌리에 남아 삶의 좌우명이 되었습니다. 선생님께서는 학생들이 졸음에서 깨어나 초롱초롱한 눈망울로 수업을 듣게 하기 위해 우스갯소리로 하신 이야기였을지 모릅니다. 그러나 그 말은 오늘의 나를 있게 한 생명의 말씀이 되었습니다.

"사람이면 다 사람이냐, 사람다워야 사람이지."

짧은 문장이지만 얼마나 많은 교훈을 담고 있는가? 나는 그 말을 듣고 평생 사람다운 사람이 되기 위해서 노력하며 살았고, 지금도 그렇게 살려고 노력하고 있습니다.

세월이 흘러 학생을 가르치는 선생이 되었습니다. 그 스승에 그 제자라고 나도 이 말을 제자들에게 해주었습니다. 제자들이 모두 '人人人人'으로 성장하기를 바라는 마음이 간절했기 때문입니다. 이 말을 듣는 많은 학생 중에서 단 한 학생이라도 사람 구실하는 제자가 있길 바라는 마음에서 그렇게 했습니다.

당나귀를 물가에 끌고 갈 수는 있습니다. 그러나 물을 마시고 안 마시는 것은 당나귀가 할 일입니다. 아무리 좋은 말도 그것을 몸소 체험을 통하여 습관화하지 않으면 자기 것이 될 수 없습니다. 그림의 떡이요 물가에 데려다놓은 당나귀일 뿐입니다.

선생님은 이미 고인이 되셨습니다. 그러나 제자들이 살아 있는 동안 그분의 가르침은 영원할 것입니다. 그래서 교육은 무한 책임이라 생각합니다. 오늘도 선생님 가르침을 생각하며 '人人人人'을 생각합니다.

어이 친구! 우리 물먹었네

친구 부부들이 고향 집으로 놀러 왔습니다. 오랜만에 만난 죽마고우들인지라 하늘의 별들만큼이나 하고픈 말들이 많았습니다. 쌓이고 쌓인 이야기보따리는 끝없이 이어졌습니다. 잊혀가는 추억의 편린을 찾아 퍼즐을 맞추느라 자정을 넘겨 잠자리에 들었습니다.

나이 들어 잠이 없어진 탓인지 늦은 잠자리에도 눈을 뜨니 아침 5시였습니다. 고향에 내려온 뒤로는 눈만 뜨면 텃밭에 심어놓은 농작물을 둘러보러 나가는 것이 일상이 되었습니다. 간밤에 농작물에 무슨 일은 없었는지 확인하려는 의도도 있지만 움직여야 몸이 풀리는 느낌이 들기 때문입니다.

밭을 한 바퀴 둘러보고 들어오니 김 사장이 일찍 일어나 대문 앞을 서성이고 있었습니다. 옛 모습은 많이 잃었지만 아직도 도회지와는 다른 시골 풍경이 신기하고 새벽바람이 신선했던 모양입니다.

집을 나온 김에 아직 일행들이 깊은 잠에 빠져 있으니 근처에 흐르는 섬진강이나 구경하자며 차에 태웠습니다. 고향을 찾아오는 손님에게 시간이 나면 보여주는 저만의 명소가 세 곳 있습니다. 한 곳은 윗동네에 있는 3·1운동 당시 기미독립선언문에 서명한 33인 중 한 분이신 박준승 님의 생가요, 다른 한 곳은 섬진강 시인으로 알려진 김용택 시인의 생가, 나머지 한 곳은 임실치즈마을입니다.

송도삼절은 아니지만 저만의 임실삼절이라고 소개하는 것을 좋아합니다. 세 곳 중에서 임실치즈마을은 좀 거리가 있고, 33인 중 한 분의 생가는 바로 윗동네라 걸어서 다녀올 수 있는 거리입니다. 나머지 시인의 생가는 고향 집에서 거리로는 약 20리 길에 있습니다.

새벽녘 섬진강 물안개가 아름다울 것 같아 시인의 생가로 차를 몰았습니다. 시인의 생가는 섬진강 댐에서 아래로 약 20리 떨어진 강가에 있습니다. 시인의 명성을 기리기 위해 고향 집 강변에는 시인의 거리가 조성되어 있는데 아름다운 강변길을 따라 시인의 시비가 세워져 있습니다. 이제 관광객들이 자주 찾는 명소가 되었습니다.

둘이서 이 얘기 저 얘기 나누며 시인의 마을에 다다랐습니다. 이른 아침인데 때마침 시인이 집 앞마당에 나와 있었습니다. 나와 시인은 오래전부터 안면이 있습니다. 올봄에도 나를 찾아온 지인들과 들렀다가 우연히 만나게 되어 옛날을 회상하는 시간을 갖기도 했습니다.

지인 중에는 시인의 시를 좋아하는 사람도 있었습니다. 시인의 팬으로서 시인과 함께 사진도 찍고 대화도 나누며 즐거운 한때를 보낸 적도 있었습니다. 오늘은 이른 아침이라 시인을 만나리라고는 생각도 못 했는데 우연히 만나게 된 것입니다.

시인에게 인사를 하자 시인 역시 반갑게 맞이해 주었습니다. 동행한 친구를 소개하고 일상에 대한 이야기와 근황을 서로 주고받으며 대화를 이어갔습니다. 시인도 아침에 일찍 기상하여 일과를 시작한다고 했습니다.

시인의 생가 앞에는 섬진강이 흐르고 강 너머에는 섬진강 물의 흐름을 지켜주는 나지막한 산이 있습니다. 높은 산은 아니지만 깎아지른 듯한 바위산으로 단숨에 오르기에는 험해 보였습니다.

집 앞에는 두 그루의 정자나무(느티나무인데 고향에서는 그렇게 부름)가 제법 고목다운 모습으로 서 있습니다. 시인이 어렸을 때 심은 나무라고 합니다. 이 나무들은 이곳을 찾는 사람들의 훌륭한 휴식처 노릇을 하고 있습니다. 특히 주인 없는 주막이 있었는데 이곳은 누구나 들러서 술을 마시고 술값은 놓고 가면 된다고 하니 시인의 여유롭고 목가적인 삶의 한 면을 보는 것 같아 더욱 정감이 갔습니다.

시인은 우리에게 옹달샘과 집 그리고 서재를 구경시켜 주었습니다. 여러 번 들렀지만 처음 있는 일이었습니다. 서재 앞에 작은 옹달샘이 하나 있었습니다. 샘은 작지만 웬만한 가뭄에도 마르지 않아 개구리가 살고 있다고 했습니다. 이른 아침이라 개구리는 보이지 않고 올챙이들이 먹이를 찾아 열심히 꼬리를 흔들고 있었습니다. 이곳에 살고 있는 개구리는 보통 개구리가 아니라 깊은 계곡 물 맑은 곳에서나 구경할 수 있는 개구리라고 했습니다.

이따금씩 뱀들이 샘에 나타나는데 이 개구리는 독이 있어 뱀들이 잡아먹지 못한다고 했습니다. 시인에게 이렇게 섬세한 면이 있어 시를 쓰는구나 하는 생각이 들었습니다.

시인은 옹달샘 구경을 마치고 우리를 서재로 안내했습니다. 아담하게 단층으로 지어진 서재는 밖에서 보기보다 넓었습니다. 책 냄새가 아침 공기와 어우러져 코를 자극했습니다. 서재의 벽을 따라 시인의 손때 묻은 수많은 책들이 빈틈없이 꽉 차 있었습니다. 자리를 찾지 못한 책들은 공연장에 갔다가 자리가 없어 통로에 자리 잡고 앉아 있는 사람들처럼 방바닥에 널부러져 있었습니다.

서재 설명을 마친 시인은 마실 것을 가져오겠다며 안채로 갔습니다. 잠시 후 나타난 시인은 깨끗한 쟁반에 물 두 컵을 귀중품 다루듯 가지고 와서 김 사장과 내게 한 잔씩 주었습니다. 이 물은 그냥 물이 아니라 생수물이라고 했습니다. 옛날 어머님이 아들 잘되라고 새벽마다 떠다 조왕에 올려놓고 지성을 드리던 정한수라고 했습니다. 설명을 듣고 나서 마시니 시원하고 상큼한 맛은 타 음료수와는 비교가 되지 않았습니다. 마침 이야기를 나누고 있는데 시인 사모님이 시인을 불렀습니다. 아침 식사하라는 부름 같았습니다. 우리는 서둘러 자리에서 일어나 인사를 나누고 집으로 향했습니다.

돌아오는 길에 시비에 새겨 있는 '봄날'이라는 시 한 수를 감상했습니다.

나 찾다가
텃밭에
흙 묻은 호미만 있거든
예쁜 여자랑 손잡고
섬진강 봄물을 따라

매화꽃 보러 간 줄 알거라

돌아오는 길에 친구가 웃으며 말했습니다.

"어이! 우리 오늘 김 시인 생가에서 물먹었지?"

"그래. 우리 물먹었구먼. 하하하!"

김 시인님, 감사합니다.

미래의 부자

지금으로부터 약 30년쯤 전으로 기억합니다. 내가 근무했던 대학 학보사로부터 전화를 받았습니다. 학보사 기자라는 학생이 전화를 했습니다.

"교수님, 학보사 주간 ○○○데요. 다음 호 학보에 교수님 글을 싣고 싶은데 써주실 수 있으세요? 주제는 자유입니다."

갑작스럽게 받은 전화라 잠시 망설였습니다.

"원고 마감은 언제까진데요?"

"다음 주말까지 주시면 됩니다."

"그럼 한번 해볼게요."

학교에 부임한 지 얼마 안 된 새내기 교수라 얻은 기회인 줄 알았습니다. 알고 보니 학보는 격주로 발행되고 있었는데 청탁한 글은 교수님들이 돌아가며 쓰는 칼럼이었습니다.

며칠 고민 끝에 마침 인공지능 로봇 이야기가 많이 회자되고 있는 터라 공상만화 같은 이야기를 써보기로 했습니다. 오래된 이야기라 정확한 내용은 다 기억하진 못해도 기본 줄거리는 이렇습니다.

하나님은 자기를 닮은 사람을 만들었다고 합니다. 사람은 사람을 닮은 로봇을 만들고 있습니다. 하나님과 사람을 비교할 수는 없지만 굳이 비교한다면 하나님은 먹지 않고 살고 사람은 먹어야 산다, 사람과 로봇의 차이는 사람은 바이오 에너지(음식을 먹고 만들어지는 에너지)를 이용하여 살고, 로봇은 전기 에너지(일렉트릭 에너지)를 이용해 산다, 사람이 과학을 발달시켜 신에 역행하는 일을 하는 것처럼 로봇이 인간의 명령에 거부하는 일을 하게 되면 인간과 로봇 간에 전쟁도 일어날 수 있다, 또한 로봇이 저네들끼리 사랑하고 스스로 로봇을 생산하는 단계에 이르면 인간은 로봇의 노예가 되는 날이 올 수도 있다, 로봇들이 전기에너지를 사용하지 않고 바이오에너지를 사용하겠다며 식물이나 동물을 주식으로 하는 경우 인간과 로봇이 식량을 서로 차지하기 위해 전쟁도 일어날 수 있다는 것입니다.

다소 허무맹랑한 내용이었습니다.

그 후 30여 년이 지난 요즘 세상 돌아가는 것을 보고 있자면 당시 내가 생각했던 것보다 더 공상영화 같은 일들이 현실로 나타나고 있다는 생각이 듭니다.

많은 공장에서 로봇이 사람을 대신하여 일하고 있습니다. 사람의 생명을 다루는 수술까지도 로봇이 맡고 있지요? 그것도 사람이 하는 수술보다 로봇이 하는 수술이 더 안전하다고 비용도 비싸게 받고 있다고 합니다. 이대로 간다면 로봇이 인간을 대신할 날이 머지않아 도래할 것은 자명합니다.

몇 년 전 우리는 유명 바둑기사가 알파고와 바둑을 두어 참패하는 광경을 지켜봤습니다. 좀 더 깊이 생각해 보면 이런 결과는 미래의 인간에게 재앙으로 다가올 수도 있는 중대한 사건이 아닐 수 없습니다. 인간과 로봇의 지적 능력에서도 로봇이 인간의 능력을 추월하고 있으니 인간이 로봇의 주인이 아니라 하인으로 전락하지 않을까 괜한 걱정도 합니다.

요즘은 무인 자동차가 실용 단계에 이르고 모든 산업에서 로봇이 인간의 일을 대신하고 있으니 더 이상 할 말이 없습니다. 드론이 피자를 배달하고 있다고 합니다. 이는 이제 뉴스거리도 아닙니다. 차를 타고 가다가 길이 막히면 비행기처럼 날아갈 수도 있습니다.

수년 내에 우리들이 상상하는 것 이상으로 믿지 못할 세상이 도래할 것입니다. 이런 문명의 이기를 이용할 수 있을 것으로 기대하고 있습니다. 고희를 지나 어르신 반열에 들어선 늙은이들에게도 이런 문명의 이기는 필연적일 것입니다.

지금까지는 좋은 집에 살고 좋은 차를 타거나 이웃 동네 다니듯 해외여행하는 사람을 부유한 사람이라 생각했습니다. 앞으로는 좋은 로봇을 소유한 사람이 부유한 사람으로 부자의 기준이 바뀔지도 모를 일입니다. 물을 떠다준다거나 방 청소를 해주는 정도의 몇 가지 기능만 있는 로봇을 가지고 있느냐, 하인이 할 수 있는 모든 일을 다 하는 능력을 가진 로봇을 가지고 있느냐 아니면 사람 이상의 능력을 가진 로봇을 가지고 있느냐에 따라서 부의 기준이 달라질 것입니다.

이런 세상이 공상으로 끝나기를 바라는 마음 간절하지만 돈이 된다면 윤리나 도덕을 헌신짝처럼 여기는 인간들이 그저 가만히 놓아둘

성싶지 않습니다.

인간이 인간을 닮은 로봇을 만들어놓고 행복할 수 있다면 얼마나 좋을까요? 그러나 무인 비행기가 전쟁을 하고 로봇이 군인 대신 적과 싸우는 용병 역할을 하는 시대입니다. 신이 신을 닮은 사람을 만들어 놓고 기뻐하고 계실까요? 사람이 사람을 닮은 로봇을 만들어놓고 행복할 수 있기를 기대해 봅니다.

마음이 평온해야 세상이 조용합니다

전원생활? 아스팔트와 회색빛 콘크리트로 지어진 아파트 숲속에서 매연과 소음에 시달리며 살고 있는 도시인들에게는 말만 들어도 가슴 설레는 말입니다. 탁 트인 전망과 아름다운 경치에 조용하면서도 환경이 좋은 전원생활을 해보는 것은 도시인이면 누구나 한 번쯤 꿈꿔 보는 로망입니다.

내 고향은 토끼와 발맞춰 살았다는 두메산골입니다. 먹고살기 위해 고향을 등지고 상경하여 40여 년을 살았습니다. 정들면 고향이라고 하지만 100년을 살아도 타향은 타향입니다. 때가 되면 고향으로 돌아가 살겠다는 생각은 나이가 들면서 더욱 간절해졌습니다.

퇴직하면 고향에 내려가 살기로 굳게 마음먹었습니다. 고향에는 선친께서 농사지으셨던 얼마의 땅과 허름한 집도 있기에 도회지가 고향인 사람들에 비하여 전원생활하기에 조건이 좋았습니다.

일찍이 고향을 떠나 유학을 하였고, 학교 졸업 후에는 줄곧 서울에서 직장생활을 했기에 부모형제와 함께 살지 못한 아쉬움이 늘 마음 한구석에 남아 있었습니다. 물론 시골에 부모님이 살고 계셔서 명절이나 대소사가 있을 때마다 빠짐없이 고향을 찾았습니다. 내려올 때마다 고향 사람들과 대화도 나누고 술자리도 함께했으니 고향을 아주 등지고 산 것은 아닙니다. 태어나 자란 곳이기에 동네 구석구석은 물론 마을에 얽힌 전설 또한 잊지 않고 살았습니다.

고심 끝에 마음의 준비를 하고 옛 집터에 새집을 짓기로 했습니다. 가능하면 그림 같은 집을 짓고 싶었습니다. 그러나 이상과 현실의 괴리에서 현실적인 것에 역점을 두고 집을 짓기로 했습니다. 관리하기에 편한 집을 지은 것입니다. 영화에 나오는 언덕 위에 하얀 집과는 거리가 먼 집입니다. 여기서 집 짓는 과정을 언급하기에는 그 내용이 너무 많아 생략하겠습니다.

집의 형태를 정하고, 설계하고, 집 지을 회사를 정하여 계약하고, 집을 짓기 위한 허가 사항이나 잡다한 크고 작은 문제들이 생각보다 많았습니다. 원하는 집을 짓는다고 했지만 완공된 집에 살아보니 마음에 들지 않는 점이 한두 가지가 아닙니다. 새집에 살아보니 감개무량하기도 했지만 새집에 적응하는 것도 그리 녹록하지만은 않았습니다. 집만 덜렁 지어놓고 살 수 있는 것이 아니었습니다. 집을 집 같게 만드는 일도 집 짓는 것만큼이나 힘든 일이었습니다.

집을 짓고 나니 지인들과 친구들이 집 구경하겠다며 불원천리 머나먼 길을 마다하지 않고 찾아와 주었습니다. 고맙고 감사하기 그지없었습니다. 오시는 분마다 집에 대한 느낌은 각자 달랐을 것입니다. 기대하고 찾은 집을 보고 실망하는 사람도 있었을 것입니다. 집주인인 나도 실망한 점이 많은데 구경 온 친구들이야 나름대로 상상했던 집과 다르니 그럴 수 있었을 것입니다.

동네 한가운데 있는 일반 주택과 다름없는 집을 보고 나름 실망했을 것입니다. 그러나 살아보면 주변 환경과 집 모양은 순간의 기쁨이고 편리함과 기능이 더 중요하다는 것을 알게 될 것입니다. 아무리 좋은 것도 자주 보면 지루해지듯이 집도 그렇습니다. 환경이 아무리 아름답고 좋은 집이라 해도 살다 보면 편리함을 우선시하게 됩니다.

집을 찾은 지인들을 더욱 실망케 하는 것은 또 있습니다. 산 좋고 물 맑은 산골을 상상하고 찾아왔는데 아무리 둘러봐도 그게 아님을 알게 되는 데는 많은 시간이 필요하지 않습니다. 고향을 둘러싸고 있는 산들이 유명한 산도 아니요 마을 앞을 흐르는 개울물은 오염된 타지의 개울과 별반 다르지 않기 때문입니다.

집집마다 수돗물이 들어와 있고, 난방은 가스로 하고 있으니 도시와 다르다는 생각이 안 들기 때문일 수도 있습니다. 토끼가 눈 비비고 일어나 마시던 옹달샘에서 나오는 생수는 더 이상 없습니다. 산골에서 물을 사다 마시는 것을 보고 실망했을 것입니다. 맑은 공기를 생각했는데 황사나 미세먼지로 덮인 하늘을 보고 실망했을 것입니다.

한 밤을 자고 나면 원성은 극에 달합니다. 밤하늘의 별들이 소곤거리고 어디선가 선녀가 내려와 춤을 출 것 같은 고요하고 환상적인 밤을 생각하며 왔을 것입니다. 그런 기대가 깨졌으니 원성을 들어도 할 말이 없습니다. 시골에도 이제 밤은 어둠과 고요만 자리하는 곳이 아닙니다. 골목마다 거리를 밝히는 가로등이 있습니다. 새벽이면 농기계 돌아가는 소리가 적막을 깨뜨립니다. 이런 밤을 지내고 잠자리에서 일어난 지인들은 너나 할 것 없이 불만입니다. 잠을 설쳤다며 불만을 토로합니다. 적막이 흐르는 밤을 기대하고 숙면을 하려고 왔는데 너무 시끄러워서 잠을 잘 수 없었다고 했습니다.

알고 보면 시골의 아침은 참 소란스럽습니다. 먼동이 트기도 전에 동네 닭들이 아침을 알리며 울어댑니다. 이른 아침부터 일터로 나가는 경운기 소리가 요란을 떱니다. 이름 모를 새들이 반갑다며 지저귀는 소리도 여간 시끄러운 것이 아닙니다. 이따금 높은 나무에 흉물스럽게 걸려 있는 스피커에서 흘러나오는 걸쭉한 이장님의 목소리까지 숙면을 방해합니다.

이게 무슨 전원주택이냐, 서울보다 더 시끄럽다며 원성이 자자합니다. 시골의 아침은 고요한 적막이 흐르는 아침이 아닙니다. 기계음 소리 외에도 개구리 소리, 풀벌레 소리, 바람 소리 등 자연의 소리가 끊임없이 들려오고 있습니다. 나 역시 고향에 올 때마다 느끼는 불만입니다.

바닷가에서 철썩이는 파도 소리를 자장가 삼아 하룻밤을 보내고 싶은 적이 있었습니다. 우리 부부는 소원을 이루던 날 첫 경험하는 청춘들처럼 마음이 설레었습니다. 수평선 위의 아라비안 왕자님처럼 둥그렇고 아름다운 달을 바라보며 사랑하는 이와 한밤을 지샐 수 있다는 희망은 생각만 해도 황홀했습니다.

그러나 그런 생각은 오래가지 않았습니다. 한밤에 철썩이는 파도 소리는 자장가가 아니라 귀를 찢는 악마의 괴성이었습니다. 파도에 모래 굴러가는 소리마저 고막을 할퀴는 괴물들의 울음 같았습니다. 이렇게 보낸 바닷가의 하룻밤 추억은 잊고 싶어도 잊히지 않습니다.

시골에 오래 살다 보면 어느 날부터인가 이런 소리가 들리지 않게 됩니다. 그게 무슨 소리냐고 반박할지 모르지만 사실입니다. 시골은 자연이 내게 맞추는 곳이 아니라 내가 자연에 맞추며 살아야 하는 곳입니다. 해 지면 잠자리에 들고 먼동 트면 일어나는 생활에 익숙해지면 이런 자연의 소리는 들리지 않습니다. 사실 들리지 않는 것이 아니라 그 소리에 익숙해져 느끼지 못하는 것입니다.

이런 경지에 이르러야 비로소 전원생활의 멋을 즐길 수 있는 기본을 갖추는 것입니다. 내가 자연이고 자연이 나인 물아일체의 경지에 들게 되는 것입니다. 이쯤 되면 바로 이곳이 무릉도원입니다.

조용한 곳에서 조용함을 느끼는 것은 누구에게나 가능합니다. 소란스러운 곳에서 조용함을 느낄 수 있는 자만이 전원생활을 할 수 있는 능력 있는 사람입니다. 깨달음의 경지(?)가 이런 것이 아닐까요? 세상에 조용한 곳은 애초에 없습니다.

할아버지는 누구세요?

날마다 묻곤 해 나에게
누구냐? 넌 누구?
나중엔 헷갈려 어색해
민망한 내 모습
거울 속에 나를 보는
너는 누구일까?

어차피 내일은 없어
덧없이 흘러갈 뿐
태양이 뜬대도 암흑은 왜
몇 번을 물어도 대답은
널 몰라 너는 아냐?

입술만 메말라 타는 듯
갈라지고 있는데
누가 알까?

너는 알까?
나는 누구일까?

『지킬과 하이드』에 나오는 대사입니다.

"나는 누구인가?"

누구나 살면서 한 번쯤 자문해 보는 질문일 듯합니다. 얼핏 듣기에는 그냥 우스개 같은 질문이지만 사실 인간에게 던져진 영원히 풀리지 않는 수수께끼 같은 화두입니다. 나는 누구인가? 내 이름이 뭐냐일 수 있고, 뭐 하는 사람일까? 하는 질문일 수도 있습니다. 인간에게 존재 이유를 묻는 심오한 철학적 질문일 수도 있습니다.

유사 이래 수많은 현인들이 이 물음에 대한 해답을 찾기 위해 고민한 흔적들이 도처에 남아 있습니다. 소크라테스, 플라톤, 아리스토텔레스, 데카르트, 칸트, 쇼펜하우어 등의 어록을 보면 이 질문에 대한 나름의 답이 있습니다. 이들의 뒤를 이어 데이비드 흄, 마크 트웨인, 폴 투르니에, 파스칼 피크, 프랭클린 등도 이 물음을 놓고 고민한 흔적이 남아 있습니다. 그 질문의 답을 찾아 지금도 많은 철학자들이 헤매고 있습니다.

나 또한 한때 이 물음에 고민한 경험이 있습니다.

"나는 누구인가?"

내가 나이면서 내가 누구인지를 묻는 것입니다. 한 손에 촛불을 들고 촛불을 찾는 그런 어리석음인 것 같습니다. 어리석기에 어리석은 답을 내놓을 수밖에 없을 것입니다. 이것 같으면서도 저것 같고, 저것 같으면서도 이것 같습니다. 알 것 같으면서 모르겠습니다. 머리에는 있는 것 같은데 없습니다. 현명한 것 같으면서도 어리석고, 대단한 존재 같으면서도 미약하고, 위대한 것 같으면서도 초라한 사람이 자신임을 알면서 "나는 누구인가?"라고 묻는 것 자체가 코미디입니다. 분명한 것은 나는 나일 뿐입니다. 그런 내가 나에게 "너는 누구냐?"고 물으면 답이 있을 수 없습니다. 나는 나일 뿐입니다. 그저 존재자입니다.

산과 들에 꽃들이 만개하고 새들이 화답하는 어느 따뜻한 봄날이었습니다. 따사한 햇살이 대지를 비추고 만물이 소생하는 소리가 들려오는 벅찬 오후였습니다. 천지창조의 합창이 요란했습니다. 유혹에 못 이겨 아파트 앞 놀이터로 나갔습니다. 놀이터에는 이웃집에 사는 떡잎보다 귀여운 남자 어린애가 혼자서 흙을 만지며 놀고 있었습니다.

예쁘고 귀여웠으나 한편 혼자 놀고 있는 모습이 외로워 보였습니다. 말동무나 해볼까 하는 생각에 "너 여기서 뭐 하니?"라는 물음으로 말을 걸었습니다.

꼬마는 힐끗 쳐다보더니 대답 대신 "할아버지는 누구세요?"라고 물었습니다.

"응? 나? 글쎄. 내가 누구지?"

수많은 날 가슴에 담아왔던 질문을 어린아이가 지금 묻고 있었습니다. 그것도 대여섯 살 난 어린애로부터 받은 질문입니다. 갑자기 질문을 받자 적당한 답이 생각나지 않았습니다. 이름을 말해 줄 수도 없고, 그렇다고 대여섯 살 난 어린애에게 신상을 구체적으로 설명할 수도 없는 노릇 아닌가? 잠시 생각하다 대답했습니다.

"난 네 할아버지 친구야."

"어? 우리 할아버지 없는데?"

할아버지 없어?

무심코 한 거짓말이 탄로 난 것입니다.

나는 순간 어린애한테 한 대 얻어맞은 기분이 들어 얼굴이 확 달아올랐습니다.

위기를 모면하기 위하여 말문을 돌렸습니다.

"넌 누군데?"

"응… 나는 '이동호'예요."

동호? 이름 예쁘다.

"할아버지는 '이해용'이에요."

"으응?"

그러고는 내게 관심도 없다는 듯 흙 놀이를 계속하였습니다. 아이와 말을 마치고 발길을 돌리는데 뒷골이 당기고 가슴이 멍했습니다. 내가 누구인지도 몰라 아이 앞에서 당황했던 순간이 부끄러움으로 다가왔습니다.

아이는 내가 누구인가를 확실하게 알려주었습니다. 그 애를 통해 그동안 잊고 살았던 나를 찾게 된 것입니다. 몇십 년을 찾아왔던 나를 찾는 데는 단 1분이 걸리지 않았습니다. 큰 깨달음이었습니다. 나는 교수도 아니요, 존경받을 만한 어른도 아니요, 가족으로부터 사랑받을 만한 가장도 아니며 오직 자연인 '이해용'이라는 사실을 새삼 깨달은 것입니다.

"어린이는 어른의 스승이다"라는 말을 실감하는 순간이기도 했습니다. 동호는 분명 나의 스승입니다. 동호가 잘 자라서 세상에 꼭 필요한 사람으로 성장하기를 기쁜 마음으로 기원합니다. 이동호 선생님? 감사합니다.

개성시대

언젠가 들었던 이야기 중에 아직도 기억이 생생한 것이 있습니다. 이 이야기를 생각하면 빛바랜 사진을 보며 추억에 젖는 것 같아 지금도 입가에 미소가 절로 납니다.

한 치 앞을 볼 수 없을 정도로 안개가 자욱하게 낀 어느 날, 고속도로에서 한 운전자가 엉금엉금 기어가다시피 차를 몰고 있었습니다. 주인공은 약속 시간이 얼마 남지 않아 속이 터졌습니다. 이때 차 한 대가 무모할 만큼 빠른 속도로 추월하여 옆을 지나갔습니다. 운전자는 이 차를 따라가기로 마음먹고 앞차 꽁무니에 따라붙었습니다.

한참을 가다가 앞차는 속도를 줄이더니 좁은 길로 들어섰습니다. 그리고 그 자리에 멈춰 섰습니다. 운전자는 쉬었다 갈 모양이라고 생각하고 잠시 기다리기로 하였습니다. 한참을 기다려도 앞차는 움직일 생각을 하지 않았습니다.

기다리다 못한 운전자는 경적을 울렸습니다. 경적 소리를 듣고 앞차의 운전자가 나와 무슨 일이 있느냐고 물었습니다. 운전자는 왜 가지 않고 길을 막고 있느냐고 했습니다. 이 말을 들은 앞차 운전자는 어이없다는 표정을 지으며 말했습니다.

"당신은 무슨 일로 여기까지 따라오셨나요? 여기가 우리 집이고 나는 차고에 차를 주차했는데요!"

겸연쩍게 된 운전자는 미안하다는 말을 남기고 서둘러 뒤돌아 나와 갈 길을 갔다는 내용의 이야기입니다.

살다 보면 의식적으로든 무의식적으로든 남의 흉내를 내거나 모방하며 사는 경우가 있습니다. 물론 모방이 다 나쁜 것은 아닙니다. 모방은 제2의 창조라고 하지 않습니까? 어린이는 어른들의 행동을 모방하며 성장합니다. 문제는 무조건 남의 인생을 모방하며 사는 것입니다.

누구나 어릴 때 무지개를 좇아본 경험이 있을 것입니다. 나도 어린 나폴레옹이 무지개를 좇았다는 이야기를 듣고 제2의 나폴레옹이 되겠다며 무지개를 좇아 들판을 헤맨 적이 있습니다. 무지개를 좇는다고 나폴레옹이 되는 것이 아니라는 것을 알게 되면서 혼자 부끄러운 미소를 지은 적이 있습니다.

현대를 개성이 강한 시대라고 합니다. 개성을 중요시한다는 것은 남과 다른 자기만의 특색을 가지고 산다는 의미로 볼 수 있습니다. 남을 모방하는 것을 용납하지 않는 시대를 의미합니다. 물질문명이 우리 삶을 보다 더 행복하게 만든다고 딱 잘라 말하기는 어렵지만 편리하게 해준 것은 부인할 수 없습니다. 삶의 표현도 그만큼 다양화된 것도 사실입니다.

그러나 어느 면에서는 이해하기 힘든 행동들이 있습니다. 개성이라고는 찾아보기 힘든 현상이 여기저기서 나타나고 있습니다. 개성이 강한 시대에 남이 하면 나도 한다는 모방이 난무하는 것은 아이러니합니다. 일전 평창 동계올림픽에 입을 검은색 롱패딩을 사기 위하여 길거리에서 밤을 새우는 젊은이들이 많다는 뉴스를 들었습니다. 유행이라고 하지만 내 사고로는 이해하기 힘들 뿐 아니라 허탈한 생각마저 들었습니다.

어떻게 보면 상술에 놀아나는 꼭두각시놀음에 많은 사람들이 무의식적으로 희생되고 있는 것입니다. 마치 앞차 꽁무니를 따라가다가 남의 집 차고 앞에서 망신당하는 꼴입니다. 이런 경우가 나라고 생기지 말라는 법은 없습니다.

개성을 중하게 여기는 시대에 자신의 바른 주관을 가지고 살아가는 것은 가장 멋진 일입니다. 겨울비 내리는 크리스마스이브 날에 개성을 지킨다며 홀로 앉아 글을 쓰고 있는 나는 개성이 있는 사람일까? 아니면 사회의 왕따일까?

작은 인연 큰 깨달음

지금까지 많은 사람들과 만나고 헤어지며 살아왔습니다. 오늘도 집을 나서면 사람들을 만나고 헤어지며 하루를 보내게 될 것입니다. 일이 있어 만나는 사람이 대부분이지만 오며 가며 뜨내기로 만나는 사람도 있습니다. 필연적으로 만난 사람들과 우연히 만난 사람들도 있습니다.

바람처럼 잠시 스쳐 지나간 수많은 인연 중 옷에 남은 얼룩처럼 지워지지 않는 사람들이 있습니다. 이름은 잊었지만 당시 있었던 일이나 사고, 사건을 보거나 당하면 초승달처럼 떠오르는 얼굴들입니다.

초등학교 친구들과 선생님, 중학교에서 만났던 얼굴, 고등학교에서 겪었던 일, 대학 생활과 군대에서 알게 된 인연들 그리고 사회생활하면서 알게 된 인연들과 악연들입니다. 그 가운데에서도 순간에 당한 일로 얼굴을 붉혔거나 일촉즉발 상항까지 갔다가 언쟁만하고 끝난 사건이나 급한 성질을 못 참아 멱살을 잡고 고성을 질렀던 일들이 악몽처럼 떠오르곤 합니다.

어느 날 아침 출근길에 겪은 일입니다. 시간이 좀 늦어 다급하게 좁은 골목길을 가고 있는데 옆길에서 갑자기 차가 끼어들었습니다. 순간 놀라 화가 나서 나도 모르게 입에서 쌍소리가 나왔습니다. "저런 ××가 다 있어?" 차를 세우고 상대편 운전자를 바라보며 몇 마디 했습니다. 물론 들릴 정도로 큰소리로 한 것이 아니었습니다. 중얼거리듯 입말을 했습니다.

상대 운전자도 화가 났는지 차를 세우고 문을 열고 나오더니 다짜고짜 육두문자를 써 가면서 막말을 했습니다. 연배가 많아 보였으면 먼저 미안하다 말하고 비켜갔을 것입니다. 한참 어려 보이는 놈(?)이 대들기에 순간 문을 박차고 나갈까 했습니다. 수업시간도 다 되고 해서 "당신이 잘했느냐? 앞으로 운전 잘하라!"라는 말을 하고 자리를 뜨려는데 이 친구 차 문을 두드리며 입에 담기 거북한 욕을 퍼붓는 것이었습니다.

직업이 훈장이 아니었다면 그날 한판 붙었을 것입니다. 장소가 학교 앞 골목이라 오가는 제자들이 볼까 두렵고 저런 놈(?)과 더 이상 말씨름을 해보았자 이익될 것이 없겠다는 생각에 자리를 뜨고 말았습니다. 비굴하기 그지없었습니다. 지금도 운전 이야기만 나오면 그때 그 광경이 비디오 보는 것처럼 생생하게 떠오르며 현장에서 시시비비를 가리지 못한 아쉬움으로 마음이 아픕니다.

또 하나는 소백산에서 등산하다가 생긴 이야기입니다. 나는 주로 혼자 산을 다닙니다. 이유는 단체로 떠나는 산행은 자유롭지 못하기 때문입니다. 그리고 또 하나의 이유는 예전에 산악회를 따라갔다가 좋지 못한 모습을 보고 난 후로는 혼자서 산행을 합니다.

서울에서 얼마 떨어지지 않은 산에 가는 어느 산악회 모임에 참석하려고 버스를 타게 되었습니다. 주말이라서 버스는 빈 좌석이 없을 정도로 사람이 많았습니다. 목적지로 가는데 아침부터 술에 취한 사람들이 있었습니다. 산행이 목적이 아니라 노는 것이 목적인 사람들이 많았습니다. 시속 100킬로미터 이상 달리는 버스의 좁은 통로에서 안전장치도 없이 남녀가 어울려 음주가무를 즐기고 있었습니다. 술 취해 비틀거리는 사회의 일면을 보는 것 같았습니다. 그 후 혼자서 산행을 즐겼습니다.

혼자 다니는 산행이 여러 해 지났습니다. 산악회에서 주관하는 산행도 옛날과 많이 달려졌다는 소문을 들었습니다. 나이도 들고 고산을 혼자 다니는 것도 불안하여 소백산 산행은 산악회를 따라가기로 했습니다. 실로 오랜만에 산악회를 따라가는 산행이었습니다.

마을 앞 정류장에서 관광버스를 탔습니다. 버스에 타보니 자리가 몇 개 비어 있었습니다. 빈자리를 골라 혼자 앉아 갔습니다. 버스 안은 여행 내내 옆에 앉은 사람 숨소리가 들릴 정도로 조용했습니다. 모두 상념에 잠기거나 밖을 응시하거나 눈을 감고 휴식을 취하고 있었습니다. 옛날과는 많이 달라진 여행이었습니다.

처음 가보는 소백산을 생각하며 미팅에 나서는 젊은이들처럼 약간 들뜬 기분이었습니다. 차창을 스쳐 지나가는 풍경을 감상하며 몇 시간이 지나자 소백산 입구에 도착했습니다. 벼르고 벼르던 산에 온 것입니다. 오늘 꼭 정상을 밟고 가리라. 인솔자의 안내를 받으며 산행다운 산행을 시작했습니다. 정상을 향해 힘차게 발을 내디뎠습니다. 산은 그렇게 험하지 않아 일행의 선두에 서서 올랐습니다.

약 4시간 정도 산행하고 나니 정상이 눈에 들어왔습니다. 소백산 정상은 마치 큰 암소가 배를 깔고 앉아 송아지에게 젖을 먹이는 모습이었습니다. 아! 소백산 정상이구나. 정상이 다른 산들과 다르게 광활하구나. 감탄과 성취감에 도취되어 입을 다물 수 없었습니다.

특별히 보여줄 이도 없고, 어떻게 하겠다는 목적도 없는데 하지 않으면 안 되는 의무처럼 여기저기를 배경으로 셔터를 눌러댔습니다. 주말이 아닌데도 정상에는 꽤 많은 사람들이 있었습니다. 같이 온 무리들이 삼삼오오 짝을 지어 행복한 모습으로 주변 경치를 구경하거나 개성 만점 포즈로 사진을 찍고 있었습니다. 허기진 배를 채우기 위해 간단한 음식을 먹는 모습도 보였습니다.

나도 이들 대열에 합류했습니다. 정상에는 비로봉이라고 쓰인 큰 비석이 서 있었습니다. 소백산小白山, 비로봉毘露峯 1439.5m라고 쓰인 큰 돌비석이 개선장군처럼 버티고 서 있었습니다. 사람들이 이 비석을 배경으로 서로 사진을 찍으려고 하니 정상이 많이 붐볐습니다. 이런 틈을 비집고 들어가 사진 찍기가 쉽지 않았습니다. 차례가 되어 겨우 인증 샷을 찍는 데 성공했습니다.

낮은 산이든 높은 산이든 정상에 오르면 느끼는 감정은 크게 다르지 않습니다. 올라오느라 땀 흘린 대가는 정상을 정복했다는 성취감과 사방팔방으로 탁 트인 멋진 경치를 보는 것일 겁니다. 소백산도 어럽게 찾은 내게 멋진 내면을 아낌없이 보여주었습니다. 말갈기처럼 자란 갈대의 어우러짐을 감상하는 것은 또 다른 재미였습니다.

다만 아쉬운 것은 여기저기 흩어져 있는 쓰레기와 여행객이 남긴 흔적들이었습니다. 곳곳에 쓰레기를 버리지 말라거나 들어가지 말라는 푯말이 눈에 띄는 데도 아랑곳하지 않는 사람이 있어서 슬펐습니다. 우리 국민이 아니고 한글을 모르는 외국인이 저지른 것으로 치부하고 싶었습니다.

가져간 음식으로 허기를 때우고 하산하기 시작했습니다. 3시간 정도 걸렸습니다. 왕복 약 8시간 정도 걸린 산행이었습니다. 조금 지친 몸으로 산행을 마쳤습니다. 관광버스에 돌아오니 먼저 도착한 일행들이 버스 옆에 마련된 장소에서 저녁 식사와 함께 약간의 음료를 마시고 있었습니다. 음식들은 관광회사가 준비한 것이었습니다.

내가 자리를 잡고 앉자 옆에서 술을 마시던 아주머니 한 분이 소주를 한 잔 가득 따라서 내게 권했습니다. 마음은 고마웠습니다. 그러나 술이 당기지 않아 별생각 없이 거절했습니다. 그리고 허기를 채우기 위하여 관광회사 사장이 건네는 밥을 받아서 먹고 있었습니다.

그때 옆에 앉아 같이 밥을 먹던 아저씨가 막걸리 잔을 내밀며 한잔할 것을 권했습니다. 잔을 받아 막 마시려는데 앞서 소주잔을 권했던 아주머니가 큰소리로 "사장님! 내가 주는 술은 받지 않더니 왜 그분이 주는 술은 받아요?" 하며 호통을 쳤습니다. 순간 당황하여 입에 대려던 잔을 내려놓고 대답했습니다. "소주는 싫어하기에 아주머니가 주신 술잔을 받지 않았습니다. 지금 생각하니 매우 죄송하네요."

아주머니께서는 큰마음 먹고 술을 권했을 것입니다. 그런 호의를 무시했으니 자존심이 상했을 수도 있습니다. 10년이 훨씬 지난 이야긴데 요즘도 산행 가서 음식을 먹을 때마다 그 아주머니 모습이 눈에 떠오릅니다.

아주머니! 아주머님의 따뜻한 성의를 무시한 것이 아니라 지친 몸이라 아무 생각 없이 받지 않은 것이니 이제라도 화 푸시고 늘 건강한 모습으로 산 사랑하시면서 오래오래 산행하세요.

두 사건 이후 많은 시간이 흘렀습니다. 이름도 성도 모르는 사람과 우연히 만나 예측할 수 없는 일들이 일어나는 것이 인생사 아닐까요? 이런 일들을 통해 생활의 지혜를 얻고 깨달음을 얻으며 사는 것이 우리의 보통 삶일 것입니다.

그 후로는 이처럼 황당한 사건이 일어나지 않도록 조심하며 살고 있습니다. 세월이 지나고 나서 생각해 보니 두 분을 통해 많은 배움과 깨달음을 얻었습니다. 어디서 무엇을 하며 사시는지 모르지만 멋지게 사세요! 스승님들….

강아지 선생님

강아지 선생님이라… 강아지 훈련시키는 사람인가요? 아니면 선생님 별명이 강아지인가요? 뭘까요? 아~ 성은 강 씨요 이름은 아지 선생님? 맞지요? 땡! 틀렸습니다. 그럼 뭐예요? 강아지 선생님이란 강아지 모양의 AIArtificial Intelligence, 우리말로 인공지능 로봇을 말합니다. 그런데 왜 선생님인가요? 강아지 모양의 인공지능 로봇은 학생들이 모르는 것을 물어보면 선생님처럼 가르쳐주기 때문이지요.

2018년 1월 9일부터 12일까지 미국 라스베이거스에서 세계가전전시회(CES 2018 : customer)가 열렸습니다. 세계 굴지의 AI 관련 회사들이 참가하여 자사 제품들을 보여주고 선전하는 자리였습니다. 지금까지 개발된 AI 기술을 한눈에 볼 수 있는 자리였으며, 미래의 AI 기술이 어떻게 발전해 나갈지 가늠할 수 있는 전시회였습니다.

요즘 한창 개발에 열을 올리고 있는 로봇과 무인자동차 그리고 5G 통신망의 미래를 내다볼 수 있는 아주 중요한 전시회였습니다. 전화의 기능을 주업으로 시작된 유선전화가 AI 기술을 만나 인류 역사를 바꾸는 것뿐만 아니라 문화 자체를 뜯어 고치는 대전환기를 맞이하게 된 것입니다. 인류 혁명입니다.

상상만 해도 신비스럽고 꿈같던 일들이 현실로 나타나기 시작했습니다. 운전자가 있어야 움직였던 자동차가 운전자 없이 도로를 달리는 시대가 도래한 것입니다. 하나에서 열까지 주부의 손으로 해결해야 했던 가사일도 앞으로는 인공지능 로봇이 대신하는 시대가 머지않아 올 것입니다. 아직 대중화 단계는 아니지만 부엌에 요리사가 없어도 음식이 만들어지고 청소하는 사람이 없어도 집이 깨끗하게 관리되는 날이 금명간 찾아올 것입니다.

성웅 이순신 장군이나 나폴레옹 같은 영웅 없이도 전쟁에서 이길 수 있는 시대가 올 수 있습니다. 수십만 혹은 수백만 대군이 없어도 전쟁에서 승리할 수 있는 시대가 오고 있는 것입니다. 군인 대신 로봇이 알아서 적을 무찌르는 시대가 오고 있습니다. 인해전술로 싸움하던 시대는 더 이상 역사에 없을 것입니다. 인구가 많고 땅덩어리가 큰 나라가 전쟁에서 꼭 승리한다는 보장도 없을 것입니다. 군인이 할 일을 로봇이 대신할 것입니다.

지금도 AI는 이미 여러 분야에서 실용화되고 있습니다. 의사가 집도하던 수술을 로봇이 하고, 사람이 하던 일을 로봇이 대신하는 분야도 많습니다. 자동화 설비를 갖추는 것입니다. 이런 일련의 일들을 손안에 들고 다니는 전화기로 모두 가능한 시대가 오고 있습니다.

이제 남녀 차별도 사라질 것입니다. 힘든 일은 남자가 해야 한다는 고정관념도 사라질 것입니다. 핸들만 조작하거나 버튼만 누를 수 있으면 남녀노소 구별할 필요 없이 모든 일을 할 수 있는 시대가 도래한 것입니다. 로봇이 탱크를 몰고, 잠수함을 운전하며, 비행기를 조정하는 시대가 도래할 것입니다. 이미 이런 시대에 접어들고 있습니다. 예전처럼 많은 군인은 필요하지 않게 되는 시대가 오고 있습니다.

인구가 줄어든다고 걱정하는 소리가 들립니다. 젊은 사람들이 애를 낳지 않는다고 미래를 걱정합니다. 맬더스가 살아 있다면 기절초풍할 일입니다. 인구가 없어져 인류가 망할 거라는 생각은 기우에 불과합니다. 지금도 얼마든지 사람을 인공적으로 만들 수 있는 기술이 있습니다. 도덕이나 신앙적인 문제 때문에 사람을 물건처럼 만들지 않을 뿐입니다. 만일 사람이 애를 낳지 않아 인류가 멸망할 지경에 이른다 해도 도덕이나 신앙만 논하고 있을까요? 아니라 봅니다.

우려되는 것은 인간이 만든 인공지능 로봇들이 인간을 능가하는 능력과 힘을 갖게 될 때 이들이 인간을 상대로 반란을 일으키지 말라는 법이 없다는 것입니다. 사람이 만드는 로봇이니 그럴 염려는 안 해도 된다고 생각할 수 있습니다. 인간이 하지 말라고 해서 하지 않던가요? 지금도 금지하면 할수록 더 하고 싶어 하는 부류가 엄연히 존재하지 않던가요? 금지된 장난을 감행하는 것이 인간 아니던가요?

전쟁이 인류를 공포와 불안 그리고 이유 없는 죽음으로 몰아넣는다는 사실을 모르는 사람은 없습니다. 그런데 왜 전쟁은 종식되지 않는 건가요? 공업용으로 만든 다이너마이트가 사람을 죽이는 무기로 둔갑하여 수많은 사람을 죽게 하지 않았던가요? 인간이 때론 얼마나 잔인한지 보여주는 좋은 예입니다.

로봇의 출현이 먼 훗날 다이너마이트의 전철을 밟지 않기 바랍니다. 로봇 때문에 우리 삶의 질이 바뀌고 법이나 사회규범 더 나아가 윤리 도덕도 바뀔 것입니다. 인간과 같이 사고하고 행동하는 수준의 로봇이 만들어져 가정부 역할을 책임지게 되면 부인이나 남편의 지위가 예전 같지 않을 것은 자명합니다. 육아 문제도 로봇이 엄마보다 더 이성적이고 친절하게 담당할 수 있을 것입니다. 로봇이 엄마가 하는 것보다 살림을 더 잘하고, 아이들도 더 잘 돌볼 수 있다면 굳이 어머니가 있어야 할 이유가 있을까요?

일본에서는 인공지능 강아지를 약 200만 원에 팔고 있는데 구매자가 너무 많아 사기 어렵다는 뉴스를 들었습니다. 그 강아지는 어린이들과 대화할 수 있고 노래도 하고, 질문하면 선생님처럼 대답도 할 수 있다고 합니다. 인공지능 강아지가 어린이들의 선생님 노릇을 하는 것입니다. 앞으로 인공지능 강아지를 선생님으로 모시고 사는 학생도 있을 것입니다.

AI 강아지 외에 인공지능 개구리, 인공지능 파리, 인공지능 뱀, 인공지능 코끼리를 만들어 판매하면 개구리, 파리, 모기를 선생님으로 모셔야 하는 세상이 오지 말라는 법도 없습니다. 당장은 허황된 생각이라 할 수 있습니다. 나도 그러기를 바라는 사람 중의 한 사람입니다. 그러나 공상 같은 이야기가 언젠가 현실이 되는 시대는 반드시 올 것입니다.

존재 이유

내가 존재하는 이유가 무엇일까?

철학적인 화두입니다. 이 나이에 철이 들려는 것일까? 혼자 지내는 시간이 많다 보니 자신도 모르게 철학자(?)가 되어가는 느낌이 들 때가 있습니다.

"잘 먹고 잘살고 싶은 것 아닌가?"

"에이! 그게 무슨 존재 이유야?"

"그건 욕망이겠지?"

혼자서 해본 독백입니다. 생각이 깊어지니 신중해집니다. 과연 존재 이유가 뭘까? 인류를 사랑하고 세계 평화를 구현하는 것일까? 웃기고 있네. 네가 뭔데 그런 큰일을 해? 그럼 내 나라 내 민족을 사랑하는 것인가? 야! 헛소리 말고 그럴 시간 있으면 잠이나 자라.

우리 사회와 내 가족을 위하는 것이 아닐까? 너 구제 불능이구나. 인생은 공수래공수거라고 했지? 그냥 남들처럼 네 팔자대로 살다 가면 되는 거야? 그러니 잠이나 잘 자.

잠자리에 누워도 잡상이 잠들게 놔두질 않습니다. 확실한 명분이나 이유는 없을까? 잘 찾아봐. 하루살이도 존재 이유가 있다는데 하물며 인간인 네가 없을라고? 이렇게 밤을 새워가며 자문자답하는 것이 철학 하는 것인가? 철학 하다 머리에 쥐 나겠다. 세상에 쉬운 것이 있나? 밤은 깊어가고 눈동자는 샛별처럼 반짝입니다. 하늘의 수많은 별들은 이웃과 평화로운 모습으로 밤새 속삭입니다.

이 궁리 저 궁리해 봐도 결론이 안 납니다. 몸은 지치고 머리는 어지러워 현기증이 나는데 눈은 말똥거립니다. 아마 어찌어찌해도 내 자신을 행복하게 만들기 위함일 것이야. 그런데 그건 너무 이기적이지 않아? 최소한 가족을 위해 존재한다고 해야 명분이 좀 서는 것 아닌가? 맞다. 그럼 내 존재 이유는 이웃을 사랑하고 더불어 서로 행복한 삶을 살게 하는 데 있는가? 이 정도면 어떨까? 아주 평범하지만 허무맹랑한 것보다는 훨씬 나은 것 같지 않은데.

그럼 사랑하는 것과 행복이란 무엇인데? 야! 또 헛소리할래! 그런 건 오래전에 훌륭한 철학자들이 잘 정의해 놓았지 않았나? 사랑이란 상대를 위하며 베푸는 일이고, 행복은 스스로 만족감을 느끼는 것이라고 알고 있는데 맞나? 그래, 사랑은 엄마가 자식을 기를 때 베풀었던 그런 정성과 노력 그리고 희생 같은 것 아닐까?

상점이나 백화점에 가서 돈 주고 살 수 있는 물건은 아니지. 그러니까 사랑한다는 것은 희생이네. 누구나 사랑할 수 있으나 아무나 하는 것은 아니구먼. 누구나 할 수 있지만 정성과 희생 없이는 아무도 할 수 없는 것이지. 희생을 요구하는 사랑은 왜 해야 해? 아무 대가도 없는 희생을 누가 하려고 할까? 행복이 사랑 속에서 자라고 있기에 우리는 할 수 있고 해야 하는 것 아닐까? 그러면 만족을 느끼는 사람은 누구나 행복해질 수 있다는 것이네.

행복? 아! 쉽다.

지금 만족하고 있는가? 행복한가?

요즘처럼 힘든 세상에 마음만 먹으면 누구나 행복해질 수 있다니 그나마 살 만합니다.

당신이 사람이라면
사람이 싫다는 말 행여 하지 말아요.
사람이 사람을 사랑하지 않고 무엇을 사랑해야 합니까?

혹 배신을 당해서,
아님 사기를 당해서
이별의 통보를 받아서 마음이 아프신가요?

그럼 더욱더 사람을 사랑해야 합니다.
사람으로 아픈 상처는
사람으로밖에 고칠 수 없는 병이랍니다.
강아지와 강아지가 물어뜯고 싸우고,
닭이 닭과 목숨 걸고 싸우면서도
서로 사랑하며 살듯
사람이니까
사람과 싸우고 다투는 것 아니겠어요?

내 가슴이 아픈 이유를 남한테서 찾으려 하지 말아요.
싸움도 미움도 이별까지도 알고 보면 다 나 때문입니다.
남을 미워하기 전에 내가 미울 짓을 하지 않았나 찾아보세요.
남을 욕하기 전에 내가 욕먹을 짓을 하지 않았나 찾아보세요.
남의 배신을 말하기 전에
내가 먼저 배신한 것은 아닌지 찾아보세요.

어려우면 운명이라고 생각하세요.
그런 사람을 만난 것도 운명이고
그런 일 당한 것도 운명이라고 생각해 보세요.

성인이 따로 있나요.
성인 짓을 하면 성인이 됩니다.
원수를 사랑하고 자비를 베풀며 살면 모두 성인입니다.
그럼 존재 이유가 바로 바보가 되는 것인가요?
그럴 수도 있지요.

이성은 유치하게 방황하는데
하얀 눈 덮인 대지에 뜻하지 않는 빗방울이
하나 둘 점을 찍고 있습니다.
어제 내린 흰 눈 위로
기적 같은 빗방울이 흔적을 남깁니다.

동지섣달 긴긴 밤에
임 보낸 또 다른 임의 눈물 같은 비가 내립니다.
온종일 겨울비가 질척이며 내립니다.
옛 임 생각에 흐르는 눈물처럼 그렇게 내립니다.

아 졸리다. 철학도 끝났다. 산다는 게 별것 아니구먼. 잡생각하는 것이 철학이구먼.

Me too 운동

전직 대통령이 국정농단이라는 죄목으로 탄핵되고 결국 구속되는 사태가 벌어졌습니다. 국가적 수치요 망신이 아닐 수 없습니다. 이 일로 새로운 정권이 들어서면서 적폐라는 말이 전염병처럼 번지고 있습니다. 사회 지도층 인사들이 수갑을 차고 구속되는 추한 모습이 연일 보도되고 있습니다. 마음이 아픕니다. 구시대적인 악습을 타파하고 나라가 바로 서는 계기가 되기를 마음속으로 은근히 응원하는 구석도 없지 않아 있습니다.

이런 와중에 한 시인이 쓴 '괴물'이라는 시가 알려지면서 한 시대를 풍미하던 유명 시인이 도마 위에 올랐습니다. 매스컴에서는 갑론을박입니다. 마침내 'Me too' 운동이라는 유사 이래 처음 듣는 운동으로 나라가 시끄럽습니다. 자신도 당했다는 자백이 여기저기 보도되면서 각 분야에서 터줏대감 노릇하던 어르신들 꼴이 말이 아닙니다. 천지가 개벽하는 느낌입니다.

모든 일에는 원인과 결과가 있습니다. 이들이 모두 상하관계의 뭐 같지도 않은 권력을 이용하여 폭력적으로 불륜을 저지른 것에서 비롯된 것이랍니다. 어제까지만 해도 아무 생각 없이 사회에서 통용되던 행동이 하루아침에 폭력으로 바뀌는 모습이 아닐 수 없습니다.

급기야 미래의 대권 후보로 회자되던 모 도지사가 하루아침에 파렴치범이 되었습니다. 뿐만 아니라 자진해서 모든 지위에서 물러났습니다. 과거 출세지향적이었던 시대에는 출세하면 부와 명예는 물론 덤으로 미인까지 소유할 수 있다는 암묵적인 사회 풍조가 만연했던 것이 사실 아닌가요?

"열 번 찍어 안 넘어가는 나무 없다"는 속담이 있습니다. 이는 연인을 만들기 위하여 정성을 들이면 언젠가는 마음을 받아들여 사랑에 도달한다는 의미입니다. 한때 이런 말이 남자들에게 무슨 용기나 담력쯤으로 생각되던 때가 있었습니다. 많은 여성들을 경험하는 것을 무용담으로 생각하는 경우도 없지 않아 있었습니다.

요즘같이 성폭력이 중범죄가 되는 세상에서는 한 번 찍어 잘 안 넘어가면 빨리 포기해야 합니다. 상대가 마음에 내키지 않는데 찍다가는 한 번 찍고 감방에 갈 수도 있습니다. 특히 유부남이 사랑이라는 이름으로 여성과 육체적으로 접촉하는 것은 불륜입니다. 자기의 지위나 권력을 이용해서 아랫사람에게 강압적으로 육체적인 접촉을 시도하는 것은 사랑이 아니라 폭력입니다.

어릴 때 어른들로부터 남자는 자고로 삼근三根을 조심하라는 말을 들으며 살았습니다. 삼근이란 혀舌요, 필筆이요, 남자의 성기(男根)를 말합니다. 말과 글 그리고 여자를 조심하라는 말입니다. 이 세 가지를 잘못 놀렸다가 봉변을 당하거나 패가망신하거나 때론 목숨까지 잃게 된다고 했습니다.

성욕은 본능이라고 합니다. 어떤 철인은 인간의 성욕은 개인의 욕망이 아니라 창조주의 의지로 인류의 종족보존을 위해서 절대적으로 필요한 것이라고 말합니다. 문제는 싫다는데 지위나 권력으로 자신의 욕구를 채우는 것입니다. 혹시 이 운동을 통해서 생각지 못했던 다른 사회적 문제가 발생하지 않을까 걱정됩니다.

이 세상에 부와 권력을 가진 자들이 하늘을 우러러 한 점 부끄러움이 없는 자 있으면 '괴물'에게 돌을 던져보십시오. 앞으로 너무나 껄떡거리지 말기를 바랍니다. 나는 'Me too'에서 자유로운가? 세상 살면서 못할 일과 안 할 일이 있습니다. 권력형 성폭력은 못하는 것이 아니라 하지 않아야 합니다.

동네 촌수

'객지 벗 10년'이라는 말이 있습니다. 객지에서 만나는 사람은 위아래로 10년 정도는 서로 친구 사이로 지낼 수 있다는 말입니다. 바꿔 말하면 객지에서는 이 말이 통용되지만 고향에서는 아니라는 말입니다.

사회생활을 하다 보면 어떻게 서열을 정하고 호칭은 무엇이라 해야 하는지 신경 쓰이는 때가 있습니다. 학교 선배는 선배님, 형 등으로 호칭합니다. 후배에게는 후배 혹은 동생이라 부릅니다. 아예 친하게 지내는 경우에는 이름 다음에 '야'를 붙이기도 합니다. 직장 다니는 사람의 경우에는 성 다음에 직장의 직위를 붙여 부르는 것이 일반적입니다. 자신보다 직위가 높으면 '님' 자를 붙입니다.

문제는 오다가다 만나는 사람들과의 호칭입니다. 상대방에 대한 정보가 없으므로 일단 선생님, 사장님 등으로 부릅니다. 결혼한 사람에게는 아주머니, 아저씨라 부르고, 나이가 많아 보이는 사람에게는 할아버지, 할머니 등으로 부릅니다. 젊은 사람에게는 아가씨나 총각 등으로 부르기도 합니다.

가족이나 친지 경우에는 촌수를 따져 할아버지, 할머니, 아버지, 어머니, 큰아버지, 작은아버지, 고모, 이모, 삼촌, 아저씨, 당숙, 형, 동생, 조카, 질녀, 질부 등으로 부릅니다.

성씨가 다른 동네 사람들 간 호칭은 주로 나이가 기준이 됩니다. 자신보다 나이가 많으면 형으로 부르거나 형이라 부르기 조금 거북하면 누구 아저씨 등으로 부릅니다. 아주 연배가 높은 분께는 어르신이라거나 아니면 누구 아버님 등으로 부릅니다.

결혼한 여자는 택호를 부르기도 합니다. 서울에서 시집온 여자를 서울댁, 부산에서 시집온 여자는 부산댁, 대전에서 시집온 여자는 대전댁 등으로 부릅니다. 같은 동네에 살면서 눈이 맞아 결혼한 경우는 한 동네 사람끼리 결혼했다고 해서 한동댁 혹은 일촌댁 등으로 부릅니다. 시골에서 택호가 한동댁이나 일촌댁일 경우는 대부분 같은 동네 사람끼리 결혼한 사람입니다.

제 선친에게 형님이라고 부르는 마을 분이 있었습니다. 선친과 그분의 연령 차이는 15세 정도 됩니다. 같은 마을에서 태어나 살다 보니 어려서부터 선친에게 형님이라고 불렀습니다. 나이가 들어 자식들이 성장했습니다. 그분은 나보다 열 살 정도 위입니다. 한참 선배이므로 어려서는 바로 형님이라 부르지 못하고 누구 형으로 불렀습니다. 그분에게 나보다 나이 적은 동생이 있기에 그렇게 부르는 게 자연스러웠습니다.

나이가 들면서 어느 날부터 그분의 동생이 나를 형이라 부르기 시작했습니다. 선친을 형님이라 부르던 그분을 나도 형님이라고 불렀습니다. 그분은 선친에게 형님이라 부르고, 나는 그분을 형님이라 부른 것입니다. 독자들께서 이미 눈치채셨겠지만 제 선친에게 그분이 형님이라 부르고, 내가 그분을 형님이라 부르면 결국 나와 선친의 관계는 부자지간이 아니라 형 아우 관계가 되고 맙니다. 나는 이런 아리송한 촌수를 '동네 촌수'라 부르고 싶습니다. 동네 촌수가 아니고서는 아버지가 형님이 되는 웃지 못할 일이 발생하지는 않을 것입니다.

그뿐만이 아닙니다. 동네 사람들끼리 결혼하면 여러 가지 코미디 같은 일이 발생합니다. 집안으로는 아재뻘 되는 사람이 외가로는 형이나 조카가 되는 경우가 있고, 집안으로는 할아버지가 이모부가 되는 경우도 있습니다. 한 동네에서 눈이 맞아 결혼하다 보면 정상적인 족보로는 설명하기 어려운 관계가 나타납니다.

우리 집안의 할아버지에게 시집온 분은 내게는 할머니가 됩니다. 그 할머니 남동생이 우리 집안 누님뻘 되는 분과 결혼했습니다. 할머니의 아들은 내게 아저씨뻘입니다. 그런데 그 외삼촌은 나의 매형뻘입니다. 집안 촌수로 따지면 형뻘 되는 분이 누님 시집 쪽으로 보면 아저씨뻘이 됩니다. 같은 사람이 한쪽으로는 형뻘이고, 다른 쪽에서 보면 아저씨뻘이 되는 것입니다.

아무리 "객지 벗 10년이요, 사돈네 촌수는 개 촌수"라는 말이 있지만 아버지가 형님이 되고 형님이 아저씨가 되는 동네 촌수, 웃기지 않습니까?

시인과 바보의 대화

오늘은 유달리 하늘이 맑습니다. 집사람이 큰마음 먹고 잘 닦아놓은 우리 집 거울 같습니다. 하늘은 맑고 높은데 계절은 포근하고 따뜻한 봄날입니다. 아직 외진 응달엔 잔설이 남아 있는 이른 봄입니다. 태양이 추운 겨울을 피해 소풍 나온 것같이 따뜻합니다. 봄기운이 유난히 거리에 가득한 날입니다.

늑장 부리며 출근하다가 이른 점심을 먹고 교문으로 들어서고 있었습니다. 내가 근무하던 대학 입구는 경사가 가팔라서 젊은 학생들도 단숨에 오르기엔 숨이 턱까지 찹니다. 12시에 수업이 있어 발걸음을 재촉하며 교문에 들어서려는데 여인 한 분이 하얀 나비처럼 예쁜 한복을 입고 사뿐사뿐 내려오고 있었습니다. 눈에 확 띄었습니다. 마치 하늘에서 갓 내려온 선녀 같은 모습이었습니다.

언제나 단정하고 우아함으로 이름난 분이었지만 오늘따라 더 화사하게 보였습니다. 국문과 허영자 교수님(시인)이었습니다. 교수님은 계절에 맞게 개나리보다 순하고, 진달래보다 화사한 고운 한복을 입고 계셨습니다. 교수님이 쓰신 '자수, 작은 기도' 시보다 더 눈부시고 아름다웠습니다.

교수님은 수업이 끝나 점심을 하러 교문을 나서는 것 같았습니다. 나를 보며 인자하면서도 매혹적인 미소를 지으며 내려오시는 교수님을 보고 먼저 인사했습니다.

"교수님, 안녕하세요? 오랜만입니다. 식사하러 가시나요?"

교수님은 대답 대신 눈웃음을 지으며 미리 준비라도 하신 것처럼 세련되고 청량한 목소리로 "하늘이 차~암 아름답지요?"라고 말하였습니다. 나는 아무 생각 없이 "네! 점심 맛있게 들고 오세요"라고 말하고 돌아서는데 순간 뒤통수가 그리 따가울 수 없었습니다.

아차! 이런 바보가 있나. 구제 불능이구나. 내가 생각해도 내 자신이 참 멋없는 사람이었습니다. 허 교수님(시인)이 나를 어떻게 생각하실까? 봄의 대화를 하자고 하셨는데 속물 같은 대답을 하고 말았으니 얼마나 목석같은 사람이라고 생각하셨을까?

물론 허 교수님이 대놓고 "아이구! 저 무식한 사람 같으니"라고 말한 것은 아니지만 내 마음은 그렇게 받아들이고 있었습니다. 뒤돌아가서 붙잡고 다시 말하고 싶은 마음이 굴뚝 같았으나 이미 배는 떠난 뒤였습니다. 화끈거리는 얼굴과 어리석은 마음을 탄하며 연구실로 왔습니다.

그래 사람이라고 다 같은 사람이 아니야. 같은 사람인데 같지 않다는 어느 작가의 말이 불현듯 머리를 스치고 지나갔습니다. 그렇습니다. 사람이라고 다 같은 것은 아닙니다. 소유의 다름뿐 아니라 사유의 폭의 차이는 끝이 없습니다. "사람 밑에 사람 없고 사람 위에 사람 없다"고 굳게 믿고 살아왔는데 오늘 "사람 밑에 사람 있고 사람 위에도 사람 있다"는 생각을 하게 되었습니다. 그날 이후로 다시는 이런 어리석은 대화는 하지 않으리라 굳게 마음먹고 노력하며 살고 있습니다.

그 후로도 허 교수님은 볼 때마다 특유의 눈웃음으로 변함없이 대해 주셨습니다. 그러나 더 이상 가을 하늘 같은 봄 하늘에 대한 이야기는 하지 않았습니다. 허 교수님께서 나 같은 사람과는 그런 고급스런 대화가 통하지 않는다는 것을 아셨기에 그런 것 아닌가 하는 생각에 만날 때마다 부끄러운 마음을 지울 수 없었습니다. 당시의 부끄러운 경험을 통하여 말 한마디의 위력이 얼마나 대단한지 피부로 느끼고 배웠습니다. 앞으로 그런 대화 기회가 주어지면 부끄럽지 않은 화답을 나누기 위해 노력하며 살고 있습니다.

적지 않은 세월이 흘렀습니다. 허 교수님에 대한 이야기를 직간접적으로 듣게 될 때마다 그때의 일이 추억의 영화처럼 생생하게 떠오릅니다.

사람은 실수와 반성 그리고 노력을 통해서 성장한다고 합니다. 지극히 타당한 명언입니다. 허 교수님은 내가 당시 대화를 잊지 않고 이렇게 마음 깊이 새기고 있는 줄은 꿈에도 모르실 것입니다. 그런 질문은 허 교수님이 지나다 만나는 사람 누구에게나 던지는 인사일 수 있습니다. 그러나 내겐 아직도 가슴속 깊이 박힌 실연의 아픔처럼 뺄 수 없는 등걸로 남아 삶의 스승으로 자리하고 있습니다.

허 교수님, 내게 이렇게 많은 선물을 주셔서 감사합니다. 지금쯤 연세도 많이 드셨을 텐데 늘 건강하시고 언제나처럼 옛 모습 변치 말고 봄날의 가을 하늘 같은 날로 사시길 기원합니다.

교수님, 기회가 되면 꼭 뵙고 싶습니다.

이놈의 주둥이를 어찌할꼬

어느 날 황희 정승이 길을 가다가 소 두 마리로 밭을 갈고 있는 농부를 만났습니다. 정승이 농부에게 어느 소가 일을 더 잘하느냐고 물었습니다. 농부는 정승에게 귓속말로 이야기해 주었습니다. 이유는 짐승도 자기 단점을 말하면 싫어하기에 듣지 않게 하기 위해서 귓속말로 했다고 합니다. 정승이 이 이야기를 듣고 몇 발자국 걷다가 주위를 둘러보니 아무도 없었습니다. 정승은 신령이 자기에게 정치에 임하는 자세를 알려준 것임을 깨닫고 불언장단不言長短하고 청렴결백한 재상이 되었다고 합니다.

이 이야기는 전라북도 진안군 백운면에 전해 내려오는 이야기입니다. 말로 인해 얼마나 문제가 많았으면 이런 이야기가 전해 내려올까요? 소까지도 자기에게 나쁜 말을 하면 싫어할 것이라고 생각했던 조상님들이 새삼 존경스럽습니다.

말과 관련된 격언이나 명언은 셀 수 없이 많습니다.

"달변(웅변)은 은이요, 침묵은 금이다."

"말이 많으면 쓸 말이 적다."

"말 한마디로 천 냥 빚을 갚는다."
"가는 말이 고와야 오는 말이 곱다."
"낮말은 새가 듣고 밤말은 쥐가 듣는다."
"곰은 쓸개 때문에 죽고, 사람은 혀 때문에 죽는다."

예나 지금이나 말 한마디가 인간의 운명을 갈라놓았던 것 같습니다.

다음은 소천이란 시인이 지은 '당신이 하는 말'이란 시입니다.

품위 있는 인생을 살려면
입을 다스려라.

때로는 침묵이 천 마디 말
기를 죽인다.

말하는 입을 자세히 보라
그의 일생이 보일 것이다.

칼보다 강한 입이
때로는 자기를 죽인다.

실없는 농담 한마디가
사람을 죽이고

영양가 없는 입씨름에
스스로 허우적댄다.

억울하다고 막말을 하지 마라
삼백 육십 다섯 배나 손해 본다.

내뱉은 말은 대가가 따른다
말하기 전
입을 먼저 씻어라.

말하지 않고도 말하는 침묵
그 침묵이 말하게 하라.

내가 아니라고 변명하기보다
차라리 평판에 맡기라.

당신이 하는 말
그 말이 당신을 말한다.

이 시에서 말을 통해서 얼마나 많은 애사가 있었는가를 미뤄 짐작할 수 있습니다.

다음은 김천택이 엮은 『청구영언』에 수록된 시조입니다.

말하기 좋다 하고
남의 말 말을 것이
남의 말 내가 하면
남도 내 말 하는 것이
말로써 말 많으니
말 말을까 하노라.

누구나 살면서 말(입) 때문에 본의 아니게 곤욕을 치른 경험이 있을 것입니다. 하지 말았어야 할 말을 뱉어놓고 후회하거나 했어야 할 이야기를 못 해서 두고두고 후회되는 경우도 있습니다.

말하는 사람의 입장에서 보면 무심코 뱉은 말인데 듣는 사람에게는 뜻하지 않게 큰 상처가 되는 경우도 있습니다. 입 밖으로 나온 말은 다시 주워담을 수 없고 취소할 수도 없습니다. 취소한다고 취소되는 것도 아닙니다. 이미 상대방에게 상처를 준 후의 일이기에 듣는 사람이 이해하고 용서하지 않는 이상 영원한 상처로 남게 됩니다.

나는 평생 여자대학에서 통계학 과목을 강의하였습니다. 수업 중에 산술평균 개념을 설명하기 위하여 학생들의 체중이나 키를 자주 예로 들곤 했습니다.

어느 날 수업을 끝내고 연구실에 들어와 컴퓨터 앞에 앉아 메일을 체크하는데 한 학생으로부터 메시지가 와 있었습니다.

내용은 교수님이 수업 시간마다 체중을 예로 들어 설명하시는데 다른 것을 예로 들었으면 고맙겠다는 내용이었습니다. 이유인즉 자기가 늘 체중 때문에 고민하며 살고 있는데 교수님 수업 시간마다 체중 소리를 들으니 신경질이 난다는 것이었습니다.

엉뚱한 이야기 같지만 그 학생의 입장에서 보면 상처가 될 수 있는 말임에 틀림없었습니다. 다음부터 퇴직하는 날까지 수업 시간에 체중 이야기를 하지 않았습니다.

요즘 나라 안팎이 시끄럽습니다. 민초들도 말 한마디 잘못하여 체면을 구기는 경우가 있습니다. 하물며 지도자 위치에 있는 사람의 말 한마디는 국사에 지대한 영향을 미칩니다. 농담 한마디 잘못했다가 성추문으로 고발당해 세상을 시끌벅적하게 했던 일이 있는가 하면 선행을 하고도 공을 남에게 돌려 민심을 따뜻하게 했던 일화도 있습니다.

최근에는 개성 강한 지도자들이 나와 말 한마디 잘못하여 일촉즉발의 전쟁 상태에 빠지기도 하고 때론 원수같이 되는 경우도 허다합니다. 찢어진 입이라고 함부로 놀리면 안 된다는 교훈이 새삼 진가를 발휘하는 때가 아닌가 싶습니다.

말 잘하는 사람은 말을 많이 하는 사람이 아니라 해야 할 말은 하고, 하지 말아야 할 말은 하지 않는 사람이 아닐까요? 공짜라고 많이 했다가 본전도 못 찾는 것이 말입니다. 앞으로 남은 일생을 살면서 '요놈의 주둥이 때문에 하며 자기 입을 쥐어박는 일'이 없기를 바랍니다.

제 4 부

추억 하나 기쁨 둘

일상에서 겪었던 소소한 기억들이
훗날 잊지 못할 추억이 됩니다.

부모형제와 다정했던 추억,
친구들과 함께했던 우정 어린 추억

그리고
빛바랜 첫사랑의 추억도 있을 것입니다.

이 모든 추억이
미래의 기쁨이 됩니다.

미래의 풍요로운 삶을 위해
지금 아름다운 추억을 많이 만들어보세요.

평촌 아짐

"사람은 나면 서울로 보내고 말은 제주도로 보내라"는 말이 있습니다. 서울만 가면 뭔가 이뤄지리라는 환상을 가지고 있던 때였습니다. 당시 시골 삶이란 지금 젊은이들은 상상도 못 할 것입니다. 목구멍에 풀칠이라도 하며 사는 집이 동네에 한두 집밖에 없었으니까요. 불행하게도 우리 집은 그런 집에 속하지 못했습니다.

이런 환경에서 한양으로 유학 간다는 것은 고무신도 제대로 못 사 신는 사람이 나이키 운동화 신는 것만큼이나 황당한 꿈이었습니다. 당시 우리 마을에 약 200여 명이 살고 있었습니다. 이 가운데 서울 소재 대학은 고사하고 지방대학을 나온 사람도 없었습니다.

주위 친척분들이 돈 안 드는 교육대학에 들어가면 어떻겠느냐며 충고를 많이 했습니다. 집안 형편으로 봐서는 현실적인 충고였습니다. 그러나 고향에서 배부른 돼지가 되느니 한양 가서 배고픈 소크라테스가 되고 싶었습니다.

이때처럼 가난이 슬펐던 적은 없었습니다. 부모님도 사회도 다 원망스러웠습니다. 한 번 낙방한 경험이 있는지라 대놓고 서울 가서 공부하겠다는 말이 입으로 나오지 않았습니다. 시작이 반이라는 생각에 앞뒤 가리지 않고 배짱 하나 믿고 상경을 감행했습니다. 철없는 무모한 행동이었습니다. 정든 고향과 부모형제를 떠나 홀로 서울로 올라가는 기차 안에서 뜬눈으로 한밤을 보냈습니다. 하룻밤의 긴 꿈은 희망과 설레임과 두려움이었습니다.

밤을 새워 달려온 기차는 먼동이 틀 무렵 서울역에 도착했습니다. 기차에서 내려 서울 땅을 밟자마자 얼굴을 스치는 공기부터 달랐습니다. 주위를 두리번거리며 앞서가는 사람들의 뒤를 따라 역을 빠져 나왔습니다.

어둠이 채 가시지 않은 꼭두새벽인데도 서울역 광장에는 많은 사람들이 어디론지 바삐 걸음을 재촉하고 있었습니다. 이루 헤아릴 수 없이 많은 사람들, 빼곡히 들어선 집과 건물들이 고향과는 너무도 다른 모습이었습니다. 저렇게 꼭두새벽부터 움직여야 먹고사는 곳이 서울인가? 이런 사회에서 성공하려면 저런 부지런함이 필수인가? 이런 의문들이 꼬리에 꼬리를 물고 머리를 스쳐 지나갔습니다.

지금부터 어떻게 해야 하나? 그리도 그리던 서울에 도착했는데 환상은 순식간에 불안과 근심 그리고 초조로 바뀌었습니다. 미래에 대한 걱정과 희망은 다음 문제였습니다.

당장 입에 풀칠하는 것과 잠자리가 걱정이었습니다. 서울은 사람이 살아가는 데 가장 기본적인 의식주마저 해결하기 쉽지 않다는 것을 깨닫는 데 오래 걸리지 않았습니다. 어떻게 되겠지 하는 무모한 생각으로 괴나리봇짐을 메고 상경한 용기가 가상할 뿐이었습니다.

정치, 경제, 문화, 교육 등 모든 분야의 중심도시 서울, 나랏돈의 60% 이상이 집중되어 있다는 서울은 불빛을 찾아 모여드는 불나방처럼 성공하겠다는 일념으로 모여든 사람들로 인산인해였습니다.

서울에 올라와 첫 번째로 치러야 했던 신고식이 바로 생리현상을 처리하는 문제였습니다. 바지만 내리면 아무 데서나 해결 가능했던 고향과 달리 오가는 사람들이 많아 바지를 내리고 실례하는 것이 불가능했습니다.

참다못해 행인에게 화장실이 어디에 있느냐고 물었습니다. 얼마 떨어져 있지 않은 곳에 화장실이 있었습니다. 아! 모르면 일단 물어보자. 서울 와서 처음 닥친 문제를 말 한마디로 해결할 수 있다니. 모르면 물어보면 된다는 것을 깨달은 순간이었습니다. 요즘도 객지에 나가 모르는 것이 있으면 체면 불구하고 아무나 잡고 물어봅니다.

이 복잡한 곳에서 살기 위해서는 서울 생활에 대해 좀 알아야 할 것 같은 생각에 먼저 서울에 살고 있는 친척 집에 가보기로 했습니다. 집을 떠나올 때 혹시나 해서 고향에서 일찍 상경한 분들의 주소를 몇 개 챙겨 올라왔습니다.

지난 명절 고향에서 만났던 평촌 아짐(평촌에서 시집온 아저씨뻘 되는 사람의 부인을 부르는 말)이 서울에 올라오면 들르라며 주셨던 주소가 있었습니다. 아짐의 주소를 확인해 보니 동대문구 신설동 몇 통 몇 반 몇 번이라고 쓰여 있었습니다. 시골에 사실 때 없이 사셨지만 마음씨 곱고 인심 좋기로 소문이 난 아짐이었습니다.

그런 아짐이 지난 설날 고향에 내려와 2층집에서 살고 있다고 했습니다. 서울에서 그것도 2층집에서 살고 있다고 하니 꽤 잘사는 것으로 생각했습니다. 평촌 아짐 외에도 우리 마을에서 서울에 올라가 살고 있던 사람들이 몇 분 있었습니다. 그중 누가 돈을 많이 벌어 잘살고 있다느니 누구 아들이 성공했다고 하는 말들이 많았습니다.

말쑥하게 차려입고 바삐 지나가던 아저씨를 붙들고 주소에 나와 있는 곳을 가려면 어떻게 가야 하느냐고 물었습니다. 아저씨는 "서울역 앞에서 동대문 가는 버스를 타고 가서 동대문에 내려서 물어보라"고 하였습니다.

시내버스도 어떻게 타는지 몰라 버스 타는 사람들을 유심히 관찰했습니다. 사람들이 버스에 오르면 안내양이 돈을 받고 있었습니다. 마침 동대문행 버스가 도착하여 올라탔습니다. 안내양에게 차비를 지불하고 동대문에 가려는데 도착하면 알려달라고 부탁했습니다.

서울역에서 동대문까지 가는데 약 1시간 정도 걸린 것 같았습니다. 버스가 가다 쉬고 가다 쉬기를 여러 번 반복하더니 안내양이 나더러 다음 정류장에서 내리라고 했습니다.

동대문에 도착하여 다시 길 가는 사람을 잡고 신설동을 물었습니다. 버스 정류장에서 조금만 걸어가면 갈 수 있는 거리였습니다. 이른 아침에 서울역에 도착하여 이리저리 헤매고 다니느라 아침 식사를 하지 못해 배가 고팠습니다. 동대문 시장 근처에 음식점이 즐비하게 늘어서 있었습니다. 눈에 짜장면 집이 띄기에 들어가 짜장면 한 그릇을 시켜 먹었습니다. 서울에서 먹는 짜장면은 맛도 서울 맛 같았습니다.

식사를 마치고 신설동을 향하여 걸었습니다.

신설동에 도착하였으나 상상했던 곳이 아니었습니다. 말로 형용하기 어려울 정도로 환경이 열악한 동네였습니다. 서울에 이런 곳이 다 있다니… 입이 다물어지지 않았습니다.

길바닥은 장화 없인 걷기 힘들게 질척거리고 골목은 두 사람이 겨우 비켜 다닐 만큼 좁았습니다. 이런 비좁은 골목길을 따라 판자촌이 끝도 없이 늘어서 있었습니다. 영화에서나 봄직한 난민촌 같은 모습이었습니다. 골목골목마다 사람들로 인산인해였습니다. 요즘에 보는 난민촌도 그렇게 험하지는 않을 것입니다.

2층 판잣집도 그때 처음 보았습니다. 주소를 물어물어 드디어 평촌 아짐 댁을 찾았습니다. 들었던 대로 집은 2층이었습니다. 어디서 주워온 판자와 양철판인지 모르겠지만 이들을 얽어서 지어놓은 집은 곡마단의 소품 같았습니다. 말이 집이지 시골 원두막만도 못한 집이었습니다.

이런 집에서 살고 있다니 삶이 그렇게 어려운가? 내 생애에 이때만큼 삶에 대해 깊게 생각한 적은 없습니다. 그냥 갈까? 망설이다 그 시간에 갈 곳도 마땅치 않아 온 김에 아짐 얼굴이라도 보고 가고 싶어 기다리기로 했습니다.

기다리는 동안 판잣집이나 더 구경하려고 근처를 배회하며 시간을 보냈습니다. 사람들이 이런 곳에서 살다니… 상상이 안 되는 동네였습니다. 시간이 지나 어두워져서야 아짐이 돌아왔습니다. 아짐은 깜짝 놀라며 반갑게 맞아주셨습니다. 그러나 보이고 싶지 않은 치부를 마지못해 보여줘야 하는 사람처럼 부끄러운 모습도 보였습니다.

이른 봄이라 밤이 되니 싸늘했습니다. 아짐은 나를 데리고 집으로 갔습니다. 2층집은 사실이었습니다. 방 하나에서 애들과 함께 살고 있었습니다. 방은 2층에 있는데 올라가는 계단이 보이지 않았습니다. 어떻게 올라가나 생각하는데 아짐이 길바닥에서 2층으로 걸쳐놓은 통나무로 만든 사다리를 발로 밟고 손으로는 처마에 매어놓은 줄을 잡고 올라가며 따라 올라오라고 했습니다. 원두막에 오르는 기분이었습니다.

올라가 보니 방바닥은 판자를 깔았고, 양철로 칸막이를 한 방이었습니다. 높이는 어른 앉은키 정도로 서서 걷지 못하고 앉아서 기어 다녀야 했습니다. 방바닥에 불을 땔 수 있는 구조가 아니었습니다. 방에 연탄난로를 피워놓고 잠을 자야 했습니다. 방음은 고사하고 옆방에서 방귀 뀌는 소리까지 들렸습니다. 조금만 움직여도 소리가 났습니다. 화장실은 물론이거니와 먹고 마시는 물마저 없었습니다.

그런 환경에서 살고 있는 아짐을 보며 마음속으로 많은 눈물을 흘렸습니다. 손님이 왔다고 정성껏 저녁 식사를 차려주셨습니다. 쟁반에 놓인 저녁 밥상은 밥에 미역국 그리고 김치 몇 가지가 전부였습니다. 그것도 감사한 마음으로 맛있게 잘 먹었습니다.

먹었으니 밖으로 내놓아야 하는데 집에 화장실이 없었습니다. 화장실이 어디 있느냐고 물었습니다. 집에서 상당히 떨어진 곳에 공용화장실이 있다고 했습니다. 그러면서 큰 것이 아니면 방구석에 있는 요강을 가리키며 거기다 보라고 했습니다. 참담한 마음이었으나 궁하면 변하고 변하면 통한다고 했던가? 안면 몰수하고 주체할 수 없던 소변을 해결했습니다.

몸이 피곤했는지 깊은 잠이 들었습니다. 아침에 일어나 우선 찾은 곳이 화장실이었습니다. 대소변 처리가 이렇게 어려운지 난생처음 경험했습니다. 아짐에게 변소를 알려달라고 했더니 1층으로 내려가 골목길을 따라가면 변소가 나온다고 했습니다.

변소에 도착해 보니 이미 긴 줄이 서 있었습니다. 바쁜 사람은 기다리다 일을 낼 것 같았습니다. 차례가 돼서 변소 문을 열고 들어갔습니다. 아랫도리를 내리려 하니 양옆 칸에서 일 보는 사람들이 다 보였습니다. 듬성듬성하게 쳐놓은 칸막이 때문에 가리고 말고 할 필요도 없었습니다.

다급해서 일을 보고 나니 10년 묵은 체증이 내려가는 느낌이었습니다. 먹는 것도 힘든데 내놓는 것도 이렇게 힘들다니… 신설동이 가르쳐준 삶의 산교육이었습니다. 이곳이 눈 감으면 코 베어간다는 서울이구나.

정신 차리고 화장실 아래를 내려다보니 이 또한 별천지였습니다. 화장실 아래가 청계천이었습니다. 청계천 변에 통나무를 걸쳐 만든 임시변소였습니다. 물은 양동이를 들고 수돗물이 나오는 곳에 가서 돈을 주고 사 먹어야 했습니다. 세수하기가 미안했습니다. 물 한 바가지로 가족이 돌아가며 세수하고 있었습니다. 이런 이야기를 들으면 눈으로 보지 못한 요즘 젊은이들이 상상이나 할 수 있겠습니까?

아짐 댁을 찾아 내심 서울에 대한 생활정보도 좀 얻고 가능하면 그 집에서 도움도 받고 싶었습니다. 그러나 사는 형편을 보고 도움받기는커녕 주머니에 있던 차비마저 보태주고 싶은 심정이었습니다. 환상이 부서지는 아픔을 느끼고 말았습니다.

시골에서 생각했던 서울 생활이라는 환상과 눈에 보이는 현실과의 차이를 실감하며 가슴이 메었습니다. 산다는 것이 이렇게 어려운 것인가? 저렇게 사는 것이 인간의 참모습인가? 왜 저렇게 살아야 하지? 다른 사람들도 다 저렇게 살고 있을까?

삶이 무서웠습니다. 아니 서울이 무서웠습니다. 세상에 태어나 이때만큼 삶에 대해 비관적인 생각을 한 적은 없습니다. 정성껏 준비한 아침상을 받고 수저를 들자 하니 목이 메어 밥숟갈이 떠지지 않았습니다. 먹는 둥 마는 둥 아침을 얻어먹고 고맙다는 인사를 드리고 죄인 감옥 나오듯 골목길을 빠져나왔습니다. 이를 악물고 살아야 생존경쟁에서 살아남겠구나 하는 산지식을 얻은 귀한 경험이었습니다.

시간이 흘러 아짐께 감사하는 마음으로 식사 대접이라도 하려고 하니 아짐은 이미 저세상 사람이 된 후였습니다. 아짐은 돌아가셨지만 그때 아짐이 베풀어주신 사랑은 아직도 남아 오만하지 않는 삶을 살게 하고 있습니다. '내가 언제부터 잘살았다고 이렇게 마음이 해이해졌지?' 하는 생각이 들 때마다 신설동을 생각하며 마음을 다시 잡곤 합니다.

평촌 아짐! 하늘나라에서 잘 살고 계시지요? 오늘따라 신설동 생각으로 하루를 시작하니 마음이 새롭습니다.

매운탕 끓여 대접하고 싶다

손님이 찾아오면 맨 먼저 어떤 음식을 대접할까? 하는 생각으로 적지 않은 고민을 하게 됩니다. 사람마다 좋아하는 음식과 싫어하는 음식이 있기에 아무 음식이나 대접하기가 쉽지 않음을 알기 때문입니다. 나 역시 같은 값이면 좋아하는 음식을 대접받기 바랍니다.

내 고향은 섬진강 상류에 자리 잡고 있습니다. 섬진강에는 많은 종류의 민물고기들이 살고 있습니다. 작은 피라미에서부터 은어, 메기, 뱀장어에 이르기까지 다양합니다. 이런 이유로 민물고기를 재료로 하는 음식들이 발달했습니다. 특히 다슬기 수제비나 다슬기탕 그리고 민물 매운탕이 유명합니다.

강 아래쪽으로 가면 재첩과 은어가 잡혀 재첩국과 은어튀김이나 회가 일미입니다. 토종닭 백숙과 닭볶음도 권할 만한 음식입니다. 다슬기 수제비와 다슬기탕은 섬진강 상류에서 직접 잡아 만든 것으로 친구들이 집에 왔다가 한번 맛보면 감탄하는 음식입니다.

며칠 전 친구 몇이 찾아와 식사를 대접하게 되었습니다. 위에서 열거한 음식을 말하며 권하니 민물 매운탕이 먹고 싶다고 했습니다. 친구들을 데리고 자주 찾는 매운탕 집으로 갔습니다.

그 집은 일대에서는 모르는 사람이 없을 정도로 유명합니다. 예약도 받지 않습니다. 주말은 말할 것도 없고 주중에도 식사 시간에는 자리가 없어 몇십 분은 기본으로 기다려야 먹을 수 있습니다. 우리 일행도 몇십 분 기다리고 나서야 매운탕을 맛볼 수 있었습니다. 첫 숟가락을 뜨고 난 친구가 감탄하며 먹는 모습을 보고 내심 제대로 대접했구나 하는 생각에 뿌듯했습니다.

나도 매운탕을 좋아합니다. 지금은 집에서 얻어먹기 쉽지 않은 음식이지만 어렸을 때는 쉽게 먹을 수 있는 음식이었습니다. 당시에는 먹거리가 풍족하지 않았으며 사 먹을 처지도 못 되었습니다. 자급자족 원칙하에 생존이 이뤄지는 때이기도 했습니다.

우리 고향은 바다와 멀리 떨어진 첩첩산중입니다. 그러기에 바다에서 나는 신선한 생선을 맛보기는 쉽지 않았습니다. 그러나 마을 앞으로 흐르는 깨끗한 개울에는 다양한 민물고기들이 많이 서식하고 있었습니다. 뱀장어와 메기를 비롯하여 붕어, 피라미, 모래무지, 빠가사리, 가재, 미꾸라지, 다슬기, 불무테기(우리 지방 말) 등이 살고 있었습니다. 뱀장어나 메기는 깊은 물에 살기에 잡기 어려웠으나 붕어나 피라미, 빠가사리, 가재 등은 어린아이들도 쉽게 잡을 수 있는 물고기였습니다.

요즘처럼 어린애들이 가지고 놀 수 있는 장난감이 흔하지 않은 때라 애들 놀이라고는 자치기나 돌치기, 축구 아니면 흙놀이, 빠끔새기가 전부였습니다. 여름철에는 냇가에 나가 고기를 잡으며 더위를 피하는 일석이조의 놀이를 하며 살았습니다.

여럿이 고기를 잡으며 놀다 보면 한 사람이 한두 마리만 잡아도 모으면 한 냄비가 되었습니다. 이를 한 사람이 집에 가지고 가면 그날 맛있는 저녁 반찬이 됩니다. 고기 배를 따고 풋고추 숭숭 썰어 넣고, 들깨 몇 잎, 양파, 파, 고춧가루, 마늘 등을 시꺼멓게 그을린 찌그러진 냄비에 넣고 저녁밥 짓던 아궁이에서 나온 숯불로 보글보글 끓여낸 매운탕은 별미 중 별미였습니다.

이렇게 바로 잡아 끓인 매운탕을 즉석 매운탕이라고 합니다. 즉석 매운탕은 맛도 맛이지만 재료가 싱싱하니 입에 감기는 맛이 납니다. 매운 고추와 고춧가루 덕에 어린애가 먹기는 어려웠지만 잘 익은 살을 발라 먹는 맛은 지금 생각해도 군침이 돕니다.

채소와 국물은 아버지들의 술안주로 딱이었습니다. 이런 매운탕을 끓이는 날은 동네 어른들이 회식할 정도였습니다. 매운탕은 술 없이는 못 먹는 음식인 줄 알았습니다. 매운탕을 앞에 놓고 술을 거른 적이 없습니다.

지금도 어머님이 끓여주셨던 매운탕이 생각납니다. 혀끝에서 느껴지는 아린 듯 매운 듯 감미로운 매운탕 국물의 맛이 전설처럼 느껴집니다. 안주 삼아 마시는 술 한잔은 지금도 잊지 못할 추억과 낭만입니다. 나의 살과 피 그리고 생명이 되어준 음식입니다.

앞으로 찾아오는 친구가 매운탕을 원하면 그 옛날 맛봤던 매운탕을 끓여주고 싶습니다. 냇가에서 직접 고기를 잡아 즉석 매운탕을 끓여 대접하고 싶습니다. 같은 값이면 어머님이 끓여준 매운탕보다 더 맛있는 매운탕을 대접하고 싶습니다.

맛있는 매운탕을 대접하기 위해 오늘부터라도 매운탕 잘하는 아지매를 찾아 매운탕 끓이는 법을 배워야겠습니다. 매운탕 좋아하는 친구들, 많이 놀러 오세요.

감나무의 전설

고향 가을은 청명하기만 합니다. 가을 정취를 말할 때 나뭇잎 지고 앙상한 가지에 빨갛게 매달린 감을 빼놓을 수 없습니다. 시골집에는 누가 언제 심었는지 모르는 고목이 된 감나무 한 그루쯤은 마당 모퉁이에 자리합니다. 요즘 젊은이들은 그렇게 감을 좋아하지 않는 것 같습니다. 감보다 맛있는 과일이 많은 탓이겠지만 감이 변비를 유발한다는 부정적인 소문에도 그 이유가 있는 것 같습니다.

그러나 나무에 달린 채로 서리 맞아 자연 상태로 익은 감을 따서 반으로 쪼갠 다음 빨간 속살을 베어 입에 넣고 씹는 맛은 가히 일미가 아닐 수 없습니다. 시원하면서도 달콤한 맛이 배스킨라빈스 아이스크림에 비할 바 아닙니다. 이 맛을 알기에 늦가을 서리 맞아 높은 가지에 대롱대롱 달려 있는 빨간 감 따 먹는 것을 아주 좋아합니다.

요즘 시골에 가면 일손이 모자라고 경제성이 없다는 이유로 감이 푸대접을 받습니다. 손이 미치지 않는 곳의 감은 새들이 날아와 끼니를 때울 때까지 나무에 달려 있습니다. 이런 감은 오가는 길손의 별미가 되기도 합니다. 일손이 없어 수확할 수 없으니 길손이 한두 개 따서 먹는다고 큰 허물이 되지 않습니다. 그렇다고 주인 있는 감나무를 통째로 털어가라는 이야기는 아닙니다. 시골에 가보면 이 말이 사실인지 아닌지 확인할 수 있을 것입니다.

고향 집에도 언제부턴가 자리하고 있는 감나무 한 그루가 있습니다. 내가 어릴 때부터 있었으니 최소 80년은 넘은 나무입니다. 매년 해거리를 하면서 감이 열리는데 올해는 제법 많이 열렸습니다. 유난히 바람이 많은 올가을에는 가지가 감의 무게를 이기지 못하고 부러지는 불상사도 일어나곤 했습니다.

깊어가는 가을의 파~란 하늘과 뒷산을 배경으로 모진 풍파를 이기고 자란 감이 서 있는 풍경은 누구도 흉내 낼 수 없는 한 폭의 풍경화입니다. 어느 날 이른 아침 감나무 아래를 보니 간밤에 불었던 바람을 이기지 못하고 떨어진 감들이 형체를 알아볼 수 없게 뭉개져 있었습니다. 내 마음이 뭉개진 것처럼 못다 피고 서리 맞은 장미꽃처럼 마음이 아팠습니다.

감나무는 늘 있던 자리에 서서 우리 가정의 희로애락을 다 지켜본 산 증인입니다. 봄이면 두툼한 잎에 숨어 피는 감꽃이 새 희망을 알려줍니다. 여름이면 시원한 그늘을 만들어 더위를 식혀줍니다. 가을에는 두툼한 잎에 단풍이 들고 빨갛게 익어가는 감은 눈을 행복하게 해줍니다. 앙상한 꼴로 겨울을 나는 모습은 쓸쓸해 보이지만 춥고 외로운 삶을 지혜롭게 살아가는 군자의 덕을 가르쳐주는 참 스승입니다. 이처럼 사시사철 함께하는 감나무는 보통 나무가 아니라 우리 가족의 믿음과 사랑이 깃든 우리 집의 보물이 아닐 수 없습니다.

몇 해 전 옛집을 헐고 새집을 지을 때도 이 나무는 베지 않고 두었습니다. 이 감나무는 순창 근처에 분포하는데 우리 지방에서는 고등시高等柿라는 이름으로 불리는 종입니다. 다 큰 감은 여인네 주먹만 하고 생김새는 시중에서 팔리는 단감 같은 모양을 하고 있습니다. 완전히 익기 전에는 떫은맛이 강하여 먹을 수 없지만 완전히 익으면 살은 찰지고 당도가 높아 어느 감보다 달고 맛있습니다. 옛날에는 임금님께 진상하였다고 하니 맛은 이미 오래전에 증명된 셈입니다.

문헌을 보니 우리나라는 오래전부터 다양한 종류의 감을 재배하였다고 합니다. 경북 예천의 고종시高宗柹, 의성의 사곡시舍谷柹, 경산의 반시盤柹, 고령의 수시秀柹, 경남 산청의 단성시丹城柹, 남원의 흑시黑柹, 기타 분시, 원시, 횡야, 평행무 등이 있고, 단감 종류로는 부유, 차랑, 어소, 선사환 등이 있었다고 합니다.

우리 고향에는 먹시, 팔호시, 반시, 고등시, 수시, 대봉(장두감), 단감 등으로 불리는 감들이 있습니다. 먹시는 익으면 표면에 먹물 같은 검은 반점이 생깁니다. 그래서 먹시라고 이름 지어진 것 같습니다. 팔호시는 8월에 익는 감이라 해서 팔호시라고 했고, 반시班柹는 양반들이 먹는 감이라 반시, 고등시高等柹는 임금님께 진상하는 감으로 등급이 다른 감과 다르다는 의미로 고등시, 수시秀柹는 감 중에 빼어난 감이라 수시, 장두將豆감(대봉시)은 감 중에 제일 크다는 의미에서 장두감이라 불린다고 들었습니다. 지역에 따라서 문헌에 나타난 것과 이름에 약간 차이가 있습니다. 우리 지역의 고등시는 경상도 지방에서는 고종시라고 부르는 것 같습니다.

이름이야 어떻든 서릿발 차가운 날 만과가 다 떨어지고 없는 황량한 계절에 유일하게 벌거벗은 모습으로 손 닿는 이에게 미련 없이 몸을 헌사하는 감님의 희생에 감사하는 마음과 애잔함을 느낍니다.

무등산을 오르며

시간이 나면 고저와 원근을 가리지 않고 산에 오르는 것을 좋아합니다. 지금 살고 있는 집 가까이에도 오르기 쉬운 산이 있어 만인이 부러워하는 강남도 마다하고 이곳에서 한결같이 사반세기를 살고 있습니다. 얼추잡아 한 달에 4회 정도 올랐으니 1년이면 약 50회요 25년이면 천 번을 오르내린 셈입니다.

그렇게 산을 오르는 이유가 뭐냐고 묻는 친구도 있지만 딱히 "이거다"라고 말하기는 어렵습니다. 꼭 이유를 대라고 하면 산은 친구이자 스승이기에 놀며 배우러 간다고 말하고 싶습니다. 같은 사물을 놓고도 관점과 시각에 따라서 느낌이 다릅니다. 나뭇잎 떨어지는 것을 보고 기뻐하는 사람이 있고, 슬픔을 느끼는 사람이 있으며, 깨달음을 얻는 사람도 있을 것입니다.

산에 오를 때 가능하면 혼자 오릅니다. 자연과 거리낌 없이 소통하기 위해서입니다. 산을 오르내리며 가장 먼저 삶에 관한 것을 배웁니다. 오름이 있으면 내림이 있는 게 우리 인생사 아닌가요? 오르다 힘들면 쉬어가고 정상에 오르면 내려오는 것이 산행입니다. 인생의 삶도 이와 같지 않습니까? 산에 오르며 건강을 유지하고, 배움을 얻으니 산은 스승이요 생명이라고 감히 말할 수 있습니다.

이런 이유로 나는 오늘도 산을 오릅니다. 우리나라의 유명하다는 산은 거의 다 가보았습니다. 한라산, 지리산, 덕유산, 계룡산, 설악산, 소백산, 속리산, 용문산, 마니산, 마이산 등을 비롯하여 이름도 모를 산들을 많이 올랐습니다. 강화도 마니산은 5번이나 찾아갔는데 갈 때마다 안개가 끼거나 비가 내렸습니다.

유독 가보고 싶은 산이 있었습니다. 하나는 민족의 영산이라는 백두산입니다. 그리고 또 하나는 빛고을 광주를 품고 있는 무등산입니다. 백두산은 가볼 기회가 몇 번 있었으나 모두 거절했습니다. 이유는 간단합니다. 민족의 영산을 남의 나라 땅을 통해서 오르는 것이 마음에 들지 않았기 때문입니다.

다른 이유도 있습니다. 중국은 우리의 영산을 장백산이라고 부릅니다. 우리 민족의 영산을 반으로 나눈 것도 모자라 이름마저 장백산이라 부릅니다. 장백산에 가서 백두산을 바라보는 것은 슬픔일 뿐 아니라 자존심이 허락하지 않기 때문입니다. 통일되면 우리 땅을 밟고 가장 먼저 가볼 계획입니다.

고향 가까이 있는 무등산은 먼발치에서 여러 번 봤지만 발로 밟아보지는 못했습니다. 가봐야지 하며 벼르고 벼르던 산입니다. 무등無等이라는 의미가 마음에 들었습니다. 무등은 '그 이상 더할 수 없을 정도'라는 뜻입니다. 그러니 무등산無等山은 비교할 수 없이 높고 큰 산이라는 뜻일 것입니다. 뜻도 멋지지만 호남 제일의 도시 빛고을 광주를 품은 산이라 꼭 한번 가보고 싶었습니다. 그러나 가려고 하면 날씨가 안 좋거나 급한 일이 생겨 뜻을 이루지 못했습니다.

마침 고향에 내려와 있는데 11월 날씨가 산행하기에 좋고 시간도 나기에 아침 일찍 차를 몰고 무등산 입구로 달려갔습니다. 너무 일찍 도착한 탓인지 원효사 입구에 있는 널따란 주차장에는 내 차가 유일했습니다. 주차장 관리인도 출근 전이니 부지런도 병입니다.

평일이라 그런지 등산객도 눈에 띄지 않았습니다. 입구에 세워진 안내판을 들여다보며 나름대로 등산 코스를 잡았습니다. 정상까지 다녀오는데 약 40리 길이었습니다. 길을 따라가는데 관리소 앞에 일하는 분들이 있어 등산 코스에 대해 물어보았습니다. 초행이라고 하니 관리소 유니폼 입은 분이 친절하게 알려주었습니다.

원효사 입구를 출발하여 꼬막재, 신선대 입구, 규봉암, 장불재, 입석대, 서석대를 거쳐 무등산 옛길을 따라 다시 원효사 입구로 돌아오는 길을 택했습니다. 안내판에 따르면 이 코스는 약 14km로 5시간 30분 소요되는 것으로 쓰여 있었습니다. 안내판을 확인하는 중 대여섯 명의 등산객이 보였는데 순식간에 사라졌습니다. 오르는 길이 여러 갈래이니 제각각 길을 선택한 모양입니다.

선택한 코스를 따라 걷기 시작했습니다. 11월 말 무등산은 두툼한 낙엽으로 겨울 채비를 단단히 하고 있었습니다. 길은 의외로 평탄했습니다. 이따금 딱따구리의 나무 찍는 소리가 산을 울렸습니다. 거대한 나무들이 산을 지키는 병정들처럼 무거운 갑옷을 입고 서 있었습니다.

많은 인파들의 발에 짓밟힌 나무뿌리가 팔십 노인네 힘줄처럼 불거져 나와 있었습니다. 이런 호젓한 길을 홀로 걷고 있다는 것에 약간은 긴장감마저 들었습니다. 어쩌면 이런 긴장감을 즐겼는지도 모릅니다. 무등산과 서로 초면이라 마치 처음 만나는 연인들처럼 설렘과 두려움이 있어야 제격일지도 모릅니다.

혹시 있을지 모를 멧돼지와의 조우를 피하고자 손에 든 분신 같은 막대기로 바위를 쳐가며 걸었습니다. 한참을 오르니 등과 이마에 땀방울이 송골거립니다. 숨소리가 조금 거친 것 외에는 무아지경에 이른 것입니다. 자연 속의 이방인이 된 나는 더도 덜도 아닌 한 생명일 뿐입니다. 물아일체가 이런 것이리라. 새털같이 가벼운 마음으로 한 발 한 발 옮기다 보니 꼬막재라고 쓰인 간판이 나왔습니다.

옛날 지방에서 광주로 걸어 다니던 사람들이 쉬었다 가던 곳이라는 안내문이 있었습니다. 잠시 바위 등에 걸터앉아 물 한 모금 마시며 숨을 가다듬고 다시 가던 길을 걷기 시작했습니다.

원효사 입구에서 꼬막재까지는 오르막이 심하지 않은 밋밋한 길이었습니다. 꼬막재를 지나니 전과는 확연히 다른 길이 나왔습니다. 돌더미들이 길을 막으며 엉덩이를 내밀고 있었습니다. 자기 엉덩이들을 밟고 가라고 내밀고 있는 듯했습니다.

무질서하게 널브러진 무등산 특유의 돌들이 어지럽게 쌓여 가는 길을 더디게 합니다. 발을 헛디딜까 노심초사하면서 바위와 바위를 건너뛰기도 하고 돌기도 하며 몇 개의 산등성을 지나니 무등산 특유의 선바위들이 눈에 들어왔습니다. 마치 돌기둥을 깎아 받침도 없이 세워놓은 듯 위태롭게 서 있었습니다.

비바람을 머금은 안개가 돌기둥 사이를 유희하듯 선녀의 치마폭 같은 자태를 뽐내며 휘감고 지나갔습니다. 숨을 돌리고 앉아 앞을 바라보니 구름 속에 신기루 같은 누각이 눈에 들어왔습니다. 입구에 서 있는 작은 석탑에 규봉암이라 쓰여 있었습니다. 궁금한 것은 지나치지 못하는 고약한 성품인지라 길을 따라 규봉암을 향해 발길을 옮겼습니다.

대부분의 암자가 그렇듯이 입구부터 가파른 돌계단을 올라가야 했습니다. 돌계단을 오르니 종탑이 반기듯 예스러운 모습으로 서 있습니다. 신기하게도 입구에 문이 보이지 않았습니다. 다른 길이 있나 싶어 자세히 살펴보니 동그란 원으로 구멍이 나 있었습니다. 부처님의 대자대비한 마음을 그린 문인가?

그 문을 통하여 조심스럽게 발을 들이니 암자라고 하기에는 좀 규모가 큰 집이 세 채 있었습니다. 암자 뒤에는 바람만 불어도 쏟아질 것 같은 입석들이 병풍처럼 둘러서 있고, 좌측에는 열 길이 넘을 만한 두 개의 돌기둥이 서 있었습니다. 신기하게도 두 기둥 사이에 지구본만 한 바위가 끼어 있었습니다. 마치 두 마리 용이 다정히 여의주를 나누어 물고 있는 듯했습니다.

암자 마당에 들어서니 깃털 떨어지는 소리도 들릴 듯 정적이 흘렀습니다. 자신도 모르게 경건한 불심이 일어나는 느낌이었습니다. 이렇게 오지고 험한 곳에 언제부터 암자가 있었는지 궁금했습니다. 한

참 두리번거리며 이곳저곳 구경하는데도 인기척이라곤 전혀 없었습니다.

다만 암자 방문 앞에 기도 중이니 조용히 해달라는 글귀가 있었을 뿐입니다. 토방에 슬리퍼 한 짝과 방한화 한 짝이 스님을 대신하여 가지런히 놓여 있었습니다. 마음은 "스님!" 하고 불러 보고 싶었지만 세상만사 다 버리고 오직 깨달음을 얻고자 이런 외진 곳까지 찾아와 수행 중이라니 차마 목소리가 밖으로 나오지 않았습니다.

떡 본 김에 제사 지낸다고 암자에 왔으니 속세에 찌든 때나 좀 씻고 가려고 부처님 앞에 서서 눈을 감았습니다. 국태민안과 가사 일 그리고 나의 죄업을 덜게 해달라고 빌었습니다.

기도를 마치고 돌아서 나오는데 등 뒤에서 부처님이 죽비로 등을 내리치며 "이놈" 하는 소리가 들리는 것 같았습니다. 아마도 죽비 소리는 천하 만물의 연기緣起를 설법하는 부처님의 소리였을 것입니다.

반 스님 경지에 이른 기분으로 암자를 나와 장불재를 향해 걸었습니다. 그 길은 지금까지 걸어본 길 중에서 가장 다시 걷고 싶은 길입니다. 나무숲으로 이뤄진 터널 속에 곱고 정갈하게 다듬어지고, 자연의 정취를 그대로 간직한 채 그리움과 외로움, 희망과 절망, 몽매함과 깨달음이 있는 꿈속 같은 길입니다. 가다가 부처님을 만날 것 같은 극락으로 통하는 길 같았습니다.

산허리를 감아 안은 연무까지 자욱하여 시계가 100m도 채 안 되니 마냥 무릉도원을 걷는 기분이었습니다. 행여나 발부리라도 다칠까 잘 다듬어 깔아놓은 돌들이 돌탄자처럼 부드럽게 느껴졌습니다. 이 길을 걷기만 해도 절반의 깨달음을 얻을 것 같았습니다. 미천한 지식으로 부처님의 토막 말씀을 되뇌이며 걷다 보니 해탈의 경지에 오른 기분이었습니다.

무아지경으로 한참 길을 걸으니 동자승 장난감 같은 작은 나무다리가 나왔습니다. 다리라고 하기에는 어설픈데 양쪽에 피안교彼岸橋라 쓰여 있었습니다. 이 다리를 건너면 지금까지 살아온 차안此岸의 세계에서 피안彼岸의 세계로 들어선다는 의미로 써놓은 것이리라. 이 다리를 건너면 세상사 다 잊고 피안의 경지에 이른다는 의미이니 이 다리를 건너면 나도 피안의 경지에 이를 것 같았습니다.

피안교를 지날 때까지 꽤 긴 시간 동안 인적을 보지 못했습니다. 피안교를 지나 해탈의 경지를 향해 길을 걷는데 건장한 중년 남자가 구슬땀을 흘리며 암자를 향해 걸어오고 있었습니다. 아마 저 사람도 부처님의 가르침을 깨닫고자 암자에 오르고 있을지 모를 일입니다. 얼굴에 흐르는 땀방울은 깨달음의 경지에 도달하려는 자의 수행 과정이 아닐까요? 깨달음을 얻고 하산하길 부질없이 기원했습니다.

부처님 제자가 된 기분으로 정해진 길을 따라 걸으니 장불재가 눈앞에 펼쳐졌습니다. 장불재를 알리는 돌비석에 919m라고 쓰여 있었습니다. 여기 높이가 919m라는 의미인 것 같았습니다. 장불재에 오기까지 딱 한 사람 만났는데 여기 오니 여러 갈래 길에서 올라온 등산객들이 눈에 띄었습니다. 저마다 예쁜 등산복과 배낭을 멘 모습이 별나라처럼 아름다웠습니다.

등산객이 버리고 간 음식을 주식으로 살고 있는 까마귀가 큰 울음으로 반깁니다. 피안의 세계에서 차안의 세계로 다시 내려온 느낌입니다. 둘러보니 눈에 띄는 안내문이 있습니다. 내용인즉 노무현 전 대통령이 장불재를 방문하여 "아 참 좋다"라는 감탄문을 써놓은 것이었습니다. 문구와 함께 온 일행의 사진도 있었습니다.

여기서 준비해 간 떡과 음료로 시장기를 채우고 입석대立石臺를 향해 발걸음을 옮겼습니다. 주상절리柱狀節理 현상으로 만들어졌다는 특유의 선돌들이 마치 흙으로 빚은 돌기둥처럼 정교하게 무리를 지어 서 있습니다. 너무 장대해서 근거리에서 한 장의 사진으로 담기가 어려웠습니다. 기술이 없어 몇 개로 쪼개서 사진을 찍었습니다.

입석대 앞에 묘가 하나 있었습니다. 그 높고 험한 곳에 묘지가 있다니. 부귀영화를 위하여 어려움을 무릅쓰고 이런 곳에 무덤을 썼을 것입니다. 얼마나 더한 부귀영화를 보겠다고 이 높은 곳까지 찾아와 무덤을 썼는지 그 효심이 가상했습니다. 주인이 누구인지 궁금해서 알아보려 했지만 안내문에 무덤에 관한 설명이 없었습니다.

서석대로 발길을 돌렸습니다. 아직도 산 전체가 안개에 묻혀 앞이 보이지 않으니 중생의 앞날처럼 깜깜합니다. 꾸역꾸역 기어오르니 서석대를 알리는 안내문이 나옵니다. 입석대와 비슷하지만 조금 더 장엄해 보였습니다. 서석대가 있는 곳은 높이가 1100m로 무등산에서 두 번째 높은 곳입니다. 최고봉인 천왕봉(1,187m)이 통제되어 있어 일반인이 오를 수 있는 최고봉인 셈입니다. 날씨가 좋았으면 천왕봉이 바로 눈앞에 있을 터인데 안개 덕에 뵈는 게 없었습니다.

아쉬움을 뒤로하고 무등산 옛길을 따라 지친 몸을 끌고 빠른 걸음으로 원효사 입구에 다다르니 약이라도 올리려는 듯 안개가 걷히고 무등산이 자태를 뽐내고 있습니다. 헤어진 여인을 보고 싶듯 애타게 보고 싶던 무등산 정상의 자태가 먼발치에서 아스라이 보입니다. 무등산이 속세에 찌든 중생과는 마주하지 않겠다는 것인지? 아니면 처음 보는 남자에게 수줍음을 타서 얼굴을 보여줄 수 없었는지? 그것도 아니면 다시 한 번 더 올라오라는 배려인지?

아무튼 이번 무등산 등산은 미천한 중생이 부처님을 만나는 귀한 산행이었습니다. 무등산이 다시 부르는 날이 오면 언제든 다시 찾아가리라.

함박눈 내리는 날

한적한 산촌에 하늘나라 요정들이 춤을 추며 내려옵니다. 자주 보기 힘든 눈의 요정들입니다. 속절없이 앉아 함박눈 내리는 모습을 바라보는 것이 몇 년 만인지 기억도 아련합니다. 그런데 그런 눈이 바로 눈앞에서 내리고 있습니다. 하늘을 가득 메우며 내리는 눈의 향연을 혼자 보기엔 아쉽습니다. 수많은 작은 요정들이 하늘에서 군무를 추는 것 같습니다. 내리다 오르고 오르다 내리는 모습이 마치 회전목마를 타다 내려야 하는 어린아이들마냥 아쉬워하는 모습입니다.

무질서 속에서 질서를 지키며 내려오는 요정들을 넋 잃고 바라보고 있노라니 지난 추억이 어지럽게 내려오는 눈송이들처럼 얽히고설켜 마음이 어수선합니다.

아주 먼 옛날 동화의 나라로 되돌아간 느낌입니다. 고작 춥고 배고팠던 추억이 전부라 해도 그립습니다. 헐렁한 솜바지에 구멍 난 양말, 검정 고무신을 신고, 눈 오는 들판을 실성한 강아지처럼 뛰놀던 그곳 고향입니다. 모진 풍상 다 견디고 돌아온 늙은 연어처럼 귀향하여 지금은 추억에 젖어 살고 있습니다. 한 치 앞을 바라볼 수 없이 퍼붓는 눈을 바라보며 추억에 잠겨 때늦은 나이에 꽃가마 타고 시집가는 누이처럼 행복합니다.

배고픔에 허기지고 추위에 떨어야 했던 아픈 과거마저도 추억이란 이름으로 아름답습니다. 땟국물 배어나는 추억 속엔 다람쥐가 모아놓은 도토리처럼 삶의 흔적들이 고스란히 담겨 있습니다. 무엇과도 비견할 수 없는 어머님의 가시지 않는 향기가 남아 있습니다. 비릿한 젖가슴의 향기입니다. 고사리 같은 손으로 꼭 쥐고 암팡지게 빨아대던 젖줄이 거기에 있습니다. 생명줄이었습니다.

나의 생명의 요람은 비릿합니다. 그 비릿함은 씻기지 않는 향수입니다. 그 향수가 천 년 묵은 등걸처럼 남아 있기에 고향은 언제나 어머니 품 안입니다. 그 품에는 어릴 적 오감이 깃들어 있습니다. 마음으로 기억된 추억이 아니라 감각으로 각인된 추억입니다.

세월이 흘러 고향 산천도 바뀌고 인걸은 많이 떠나 옛 모습을 찾기 어렵습니다. 집 앞을 흐르던 맑은 시냇물은 복개되어 흔적조차 찾기 힘듭니다. 돌담으로 둘러싸여 있던 아담한 초가집은 이제 빛바랜 사진 속에서나 볼 수 있는 추억의 그림으로 남아 있을 뿐입니다.

겹겹이 늘어서 있던 다랑이 논과 밭은 이제 갓 구워낸 백설기처럼 잘 정리되어 있습니다. 한여름 밤이면 모깃불 피워놓고 멍석 위에 옹기종기 모여 앉아 삶은 옥수수와 감자로 허기를 채우며, 할머니가 들려주시는 호랑이 담배 피우던 시절 이야기를 듣던 널찍한 앞마당은 회색빛 시멘트로 포장되어 희미한 추억마저 깊이 묻어버렸습니다. 그래도 간간이 이어지는 토막 난 추억은 아직도 어제 일처럼 생생하기만 합니다.

함박눈이 퍼붓는 고향 집에서 홀로 사색에 잠겨 있습니다. 길 잃은 한 마리 기러기가 되어 구만리 창공을 하염없이 날고 있습니다. 순식간에 그려놓은 하얀 그림 한 폭이 마치 동화 속 왕궁처럼 아름답습니다. 어지럽게 내리던 꼬마 요정들은 언제 그랬냐는 듯 자취를 감추고 천지는 순백색으로 죽음처럼 고요합니다. 더하지도 않고 덜하지도 않게 가지런히 쌓인 하얀 눈이 손자 놈 엉덩이처럼 부드럽고 따뜻하게 느껴집니다.

요정들의 마술에 취해 나를 잃고 방황하는 사이 부엌에서 찌개 타는 냄새가 얄밉게 묻습니다.

"꿈에서 깨어나시지요?"

아! 기쁨도 일장춘몽인 것을!

귀향 보고

"흙에서 자란 내 마음 파아란 하늘빛이 그리워 함부로 쏜 화살을 찾으려 풀섶 이슬에 함초롬 휘적시던 곳 그곳이 차마 꿈엔들 잊힐리야."

정지용 님의 '향수'라는 시의 일부입니다. 누가 뭐래도 산골에서 태어나 자란 촌놈임을 자랑스럽게 생각하며 살아왔습니다. 비록 반백년 고향을 떠나 살았지만 단 하루도 고향을 잊은 적이 없었습니다.

흙에서 나고 자란 내 마음에는 아직도 실개천이 휘돌아가고, 늙으신 아버님이 짚 베개를 베고 주무시고, 함부로 쏜 화살을 찾으려 풀섶 이슬에 함초롬 휘적시고, 어린 누이와 따가운 햇살을 등지고 이삭을 주울 수 있으며, 초라한 지붕 밑 흐릿한 불빛에 돌아앉아 도란거릴 수 있는 고향이 고스란히 남아 있습니다. 그러나 그건 꿈에서나 볼 수 있는 먼 옛날의 이야기일 뿐입니다.

흐른 세월만큼이나 산천도 변하고, 인걸도 변하고, 생활양식도 많이 바뀌었습니다. 살아계시는 연로하신 분들만이 쓰러져가는 고향 집을 지키고 있습니다. 얼룩빼기 황소도, 늙으신 아버지도, 어린 누이도, 흐릿한 불빛도 없는 고향일 뿐입니다. 고작 30여 명이 명맥을 유지하며 살고 있는 초라한 모습이 현재의 내 고향입니다.

주인 떠난 빈집에는 무성하게 자란 이름 모를 풀들이 주인 행세를 하고 있습니다. 주인이 있는 몇 집만 고향의 명색을 유지하고 있을 뿐입니다. 젊은이들은 모두 타지로 나가고 외로움에 찌든 늙으신 어르신들이 힘들게 고향을 지키고 있습니다.

한때 200여 명이 살았던 고향 동네에는 이제 35명의 사람들만이 지키고 있습니다. 남자가 13명, 여자가 22명입니다. 초등학생이 3명, 중고등 학생이 2명입니다. 이 중 19명이 70대 이상이고 나머지는 50~60대입니다. 30대가 2명 있는데 이들은 동남아에서 시집온 사람들입니다. 유치원과 초등학교에 다니는 애들은 모두 이들의 자식들입니다. 70대 이상 17명 가운데 7명은 남자이고 10명은 여자이며, 이 가운데 남자 혼자 사는 사람은 2명, 여자 혼자 사는 사람은 5명, 나머지는 부부가 같이 살고 있습니다.

비록 초라하고 보잘것없이 변해 버린 고향이지만 서로 믿고 의지하며 우애하는 형제자매처럼 다정하게 사는 모습이 그나마 위로가 됩니다. 콩 한 조각만 생겨도 이웃과 나눠 먹으며, 가정의 대소사는 내 일처럼 서로 돕습니다. 농번기에는 누가 먼저랄 것 없이 내 일처럼 서로 돕습니다.

동각에서 더위를 식히며 친목을 다집니다. 농한기에는 동네 마을회관에 모여 환담도 하고 점심 저녁도 함께 해결하며 지냅니다. 한 가족

같은 분위로 살아가는 모습이 정겹다 못해 살갑습니다. 인심이 좋아 오가는 사람들에게 때가 되면 식사를 대접하는 세시풍습을 지금도 지키고 있습니다. 정 많고 친절이 넘치는 마을이 아닐 수 없습니다.

밭에서 갓 캐낸 감자를 삶거나 옥수수를 찌거나 별식이라도 하는 날에는 같이 먹자고 부릅니다. 혹 바쁜 일이 있으면 먹거리를 챙겨 집에까지 가져다줍니다. 문을 맞대고 10년을 살아도 눈인사마저 하지 않는 도회지의 아파트 생활과 비교하면 살맛 나는 세상입니다.

청운의 꿈을 안고 고향을 등진 지 50여 년이 지났습니다. 그리고 반세기가 지나 다시 고향으로 돌아왔습니다. 반세기가 지난 지금 고향은 옛 모습이 아닙니다. 산천도 개벽을 했지만 인걸도 많이 변했습니다. 옛 어르신들은 모두 저세상으로 떠나 뒷동산 양지바른 곳에 누워 계십니다.

동네분들의 얼굴은 알고 있어도 소원하게 지난 탓에 속마음은 알 길이 없습니다. 고향이 그리워 연어처럼 회귀했지만 모든 것이 새롭습니다. 귀향해 사는 일에 대하여 동네분들이 어떻게 받아줄까 내심 걱정했습니다.

사실 오랫동안 고향을 잊고 살았습니다. 나름 애향심은 있었지만 고향 사람들과 그렇게 끈끈하게 유대를 가져온 것도 아닙니다. 모두 내 잘못입니다. 명절이나 특별한 볼 일이 있어 고향 집에 들러도 오가다 만나면 겉치레 인사 나눌 정도였지 누구와도 속마음을 털어놓고 얘기를 나눈 적이 없었습니다. 그렇다고 마을을 위해서 도움을 준 것도 없기에 동네분들께 많은 미안함을 가지고 있었습니다.

옛집을 헐고 작은 집을 지었습니다. 조촐한 집들이를 하면서 동네 분들을 초청해 미안한 마음을 전하며 접대했습니다. 고향분들은 분에 넘치는 환대를 해주었습니다. 마음속 빚을 조금 갚은 것처럼 마음이 가벼워졌습니다.

지금 생각하면 허황된 꿈이었지만 초라한 고향 마을을 보면서 언젠가는 스위스의 그림 같은 마을을 만들어주겠다는 당찬 포부를 가진 적도 있었습니다. 능력이 모자라 꿈을 이루지 못한 마음에 내 자신이 부끄럽습니다. 지금도 나름대로 고향을 사랑하는 마음으로 열심히 살고 있습니다. 지성이면 감천이라 했던가? 이런 마음을 알아주는 양 눈물이 날 정도로 감사할 일이 있었습니다.

지난해 겨울 가족이 많아 400포기의 김장을 해야 했습니다. 실로 1년 중 가장 큰 일이었습니다. 가족을 총동원해도 3일은 걸려야 하는 일이었습니다. 생각도 못 했는데 동네 아주머니들이 고무장갑으로 무장하고 들이닥쳐 자기 일처럼 도와주었습니다. 눈보라 치는 추운 날씨도 아랑곳하지 않고 김장을 해준 것입니다.

돈을 준다고 올 분들이 아닙니다. 서푼도 안 되는 작은 관심이 큰 사랑으로 돌아온 것입니다. 큰 감동이었습니다. 물질적으로 큰 도움은 드리지 못했지만 내 진실한 마음을 인정해 준 것이 아닌가 싶어 더욱 더 고마움을 느꼈습니다. 이게 사랑이고 정 아닐까요?

미래를 단언할 수 없지만 성실하게 살며 정성을 다해 서로 믿고 의지하며 산다면 더 큰 보람이 있을 것을 확신합니다. 그리고 고향이 잘 살 수 있도록 미력하나마 도움이 될 수 있다면 이보다 더 큰 보람은 없을 것입니다. "시작은 미미하지만 끝은 창대하리라"는 성경 말씀을 나름 믿어봅니다.

뒷집에 사시는 사촌 형수님을 비롯하여 진옥이 어머님(할렐루야 아줌마), 나이가 같다고 친구라 부르는 서씨 아줌마, 한용이 형 형수님, 수봉이 아짐(아주머니), 병찬이 엄마, 희섭이 아짐, 홍성이 할매, 도성이 할매, 할렐루야 할매, 창식이 형님 형수, 윤종이 어머님, 나보다 나이 어린 이장 사모님, 주용이 동생 제수씨 그리고 해외에서 시집와 어렵게 살고 계시는 새댁들, 우리 모두 더 돕고 사랑하며 멋지게 살아봅시다. 모두 사랑합니다.

이 글을 쓸 당시 생존해 계셨던 뒷집 사촌 형수님과 창식이 형님 형수께서 타계하셨습니다. 이 자리를 빌려 다시 한 번 고인의 명복을 빕니다.

친구 생각

가끔 옛 친구가 궁금할 때가 있습니다. 만나고 헤어지는 것이 인생사라지만 한때 죽고 못 살던 친구와 어느 순간 헤어져야 했습니다. 수십 년이 흐른 어느 날 그런 친구들이 보고 싶을 때가 있습니다. 하루가 멀다 하고 오가며 만나 놀던 죽마고우들입니다.

반세기도 더 지난 지금 성도 이름도 얼굴 모습도 가물가물합니다. 그러나 그들과의 추억은 새벽하늘의 금성처럼 영롱합니다. 세월이 바뀌고 환경이 바뀌어도 가슴에 새겨진 문신처럼 잊히지 않는 친구들입니다.

초등학교를 같이 다니며 심신을 단련하던 친구가 있는가 하면, 턱 밑에 거무스름한 색이 돌기 시작할 무렵의 중학교 친구도 있습니다. 성숙한 모습으로 청운의 꿈을 꾸며 서로 경쟁하고, 위로하며 자극을 줬던 고등학교 친구도 있습니다. 학문과 사상 그리고 사회적 책임을 느끼며 미래의 주역으로 발돋움하고자 상아탑에서 형설의 공을 쌓던 대학 친구도 있습니다. 직장생활하면서 주어진 업무를 경쟁하던 사회적인 친구도 있습니다.

그 밖에 고향 친구, 오다가다 만난 친구, 비즈니스로 만나던 친구, 해외동포 친구, 외국인 친구. 지나고 보니 이 많은 친구들을 겪으며 오늘의 내가 된 것이 확실합니다. 좋은 인연으로 헤어졌든 악연으로 헤어졌든 지나고 보니 모두 소중한 인연임을 깨닫습니다.

기곤, 기운, 낙기, 남정, 선배, 성호, 수종, 정균, 정근, 정연, 채영, 혁남, 경자, 미현, 숙자, 순영, 영미, 영주, 옥순, 온순, 정숙, 춘자, 상모, 인로, 병영, 왕규, 덕모, 진한, 영훈, 성용, 성칠, 원희, 승재, 상윤, 종팔, 상수, 순도, 근식, 봉길, 종영, 기태, 종문, 허진, 호현, 재종, 완수, 병석, 용석, 영만, 광희, 동철, 완수, 임칠, 찬영, 동진, 태영, 두희, 형배, 대훈, 광득, 선규, 운재, 명수, 병탁, 종성, 창호, 배남, 경열, 무연, 기호, 대현, 희덕, 효관, 승희, 광연, 철종, 영신, 윤태, 택곤, 상현, 회원, 주환, 경식, 원일, 병규, 길열, 형윤, 존호, 중배, 점준, 인희, 채균, 광근, 교진, 만수, 수천, 시언, 준태, 재환, 희찬, 승구, 영달, 규성, 준철, 오룡, 오웅, 명종, 유형, 필영, 준행, 판규, 창식, 원우, 원연, 용순, 한용, 낙민, 석규, 명철, 덕진, 종선, 인영, 진원, 경호, 맹섭, 동욱, 찬정, 관홍, 명상, 양희, 용환, 우경, 근수, 병직, 기영, 용철, 주남, 승욱, Haseves, John 등등….

이 글을 쓰면서 순간 떠오르는 친구들의 이름을 순서 없이 적어보았습니다. 얼추 100명이 넘습니다. 이름은 생각나는데 성이 생각나지 않거나 성은 생각나는데 이름이 생각나지 않는 친구도 있고, 얼굴은 기억나지만 성도 이름도 생각이 나지 않는 친구도 있습니다.

사회적으로 성공한 사람도 있고, 자수성가한 친구도 있고, 어렵게 지내는 친구도 있습니다. 몸이 불편하여 거동조차 어려운 친구도 있습니다. 아쉽고 슬픈 일이지만 이 이름 중에는 벌써 유명을 달리한 친구도 있습니다. 생사를 확인할 수 없는 친구도 있습니다.

오늘같이 홀로 앉아 추억에 젖는 날이면 친구가 더 그립고 보고 싶어집니다. 늘 그리운 친구들이지만 가까이는 몇 개월 길게는 몇 년을 그리고 헤어진 후 수십 년을 만나지 못한 친구도 있습니다. 살아 있는 친구라면 만사 제쳐놓고 마음만 먹으면 만날 수 있는 친구들입니다. 자주 만나지 못하니 마음에 담아둔 친구일 뿐입니다.

친구가 그리운 이유는 여러 가지 있을 것입니다. 친구 하나하나에 지난 옛 추억이 깃들어 있기 때문일 것입니다. 이들이 내 인생의 스토리를 가지고 있기 때문일 것입니다. 만나면 밤하늘의 별만큼이나 많은 지난 전설이 샘물처럼 쏟아져나올 것 같습니다. 그들은 또 다른 나입니다. 인연이 작든 크든 함께 지낸 세월만큼이나 할 말이 많을 것 같습니다.

친구 중에는 내 이름조차 기억 못 하는 친구도 있을 것입니다. 나 역시 친구 이름을 다 기억 못 합니다. 그만큼 세월이 흘렀습니다. 며칠 전 친구 아들 결혼식장에서 졸업 후 처음 만난 친구가 있었습니다. 학창 시절에 하루가 멀다 하며 만났던 죽마고우였습니다.

반가움이야말로 다 표현할 수 없었지만 수십 년을 서로 다른 환경에 살다 보니 행동과 의식, 언어까지도 다른 느낌이 들었습니다. 환경이 이렇게 사람을 다르게 만들었다는 생각에 놀라지 않을 수 없었습니다. 만나면 하고픈 말이 많을 것 같았는데 막상 만나고 보니 안부 인사가 전부였습니다. 오랜만에 만나 미주알고주알 사생활에 대한 이야기를 할 수도 없었습니다.

지난 세월 이야기로 어색함을 때우고 "다음에 한 번 보세"라는 입에 발린 인사를 나누고 헤어졌습니다. 마음속에 담아두었던 말은 많았는데 할 수 있는 말이 없었습니다. 모두 내 탓입니다. 소원하게 지낸 탓입니다.

한 번 친구는 영원한 친구입니다. 부모 팔아 산다는 게 친구입니다. 앞으로 친구를 만나면 칙사 대접은 못 할망정 정성을 다해 대접해야겠습니다. 이게 죽기 전에 마지막으로 친구들에게 해줄 수 있는 우정이 아닐까요? 실망하든 어쨌든 오늘날 내가 존재하는 것도 모두 친구의 덕이라 해도 과언이 아닙니다. 내가 지닌 성격, 행동, 처세 등이 모두 친구들과 부딪히고 어울리면서 형성된 것이기에 내 모습은 친구의 모습일 수 있습니다.

기억이 더 사라지기 전에 옛 친구들과 추억여행이나 떠나보려고 합니다. 그리고 시간 나는 대로 만나려고 합니다. 고향에 내려와 지내다 보니 고향 산천과 옛 친구들의 얼굴이 겹치며 친구 생각이 더욱 간절합니다.

외국 생활

옛날에 단골네라고 부르는 사람이 있었습니다. 집안에 닥치는 질병이나 고난, 가업 등을 탈 없이 잘 극복할 수 있게 해달라고 빌어주는 사람입니다. 일종의 민속신앙인입니다. 우리 집에도 그런 단골네가 있었습니다. 집안의 길흉화복을 빌고 막아주는 만능 슈퍼 우먼인 셈입니다.

이런 서비스를 해주는 대가로 추수 때 곡식을 받아가곤 했습니다. 때로는 장래를 예언해 주기도 하고, 이사나 결혼을 할 때 길일을 잡아 주기도 했으며, 관상이나 손금 등을 봐주기도 했습니다. 이분들이 하는 액막이가 효험이 있는지 없는지는 알 수 없었으나 그런 예식을 통하여 어려운 일이 잘 해결될 것이라는 위안을 얻는 것은 의미가 있다고 생각합니다.

초등학교에 다니던 때입니다. 어느 날 학교에 갔다 오니 방에 낯 모를 할머니 한 분이 계셨습니다. 방에 들어가니 어머님이 그 할머니께 인사하라고 하셨습니다. 시키는 대로 인사를 했습니다. 인사하고 나니 어머니께서 이분이 산 어머니(대모)라고 소개해 주었습니다.

산 어머니(명이 짧게 태어난 애들을 오래 살게 하려는 뜻으로 낳아주신 어머니 말고 무당을 어머니로 부르게 했음)? 내게 어머니가 또 있다고? 어린 마음에 어머니가 둘이나 있다는 사실에 기분이 아주 좋지 않았습니다. 싫다고 막 울자 어머니는 진짜 어머니가 아니라 이름만 어머니라고 부르면 된다고 했습니다. 그래도 싫었습니다. 그 후부터 그분이 집에 오시면 인사도 하지 않고 심통을 부렸습니다.

당시 대모가 내게 "기러기 눈썹이라 나중에 외국에 나가 살 팔자다" 라고 했습니다. 기러기 눈썹이 어떻게 생긴 눈썹인지 지금도 잘 모르지만 그 말이 싫지 않았습니다. 점괘가 그렇게 나와서 한 말인지 아니면 듣기 좋으라고 한 말인지는 모르지만 그 말은 싫지 않았습니다. 산 어머니가 해주신 많은 말씀 중에 오직 그 말만 지금도 잊히지 않고 남아 있습니다. 그분 말마따나 긴 세월은 아니지만 세 번에 걸쳐 외국 생활을 했습니다.

처음은 1979년 유럽에 있는 벨기에의 항구도시이며 제15회 하계올림픽이 열렸던 앤트워프에서 약 9개월간 살았습니다. 두 번째는 1995년 아름답고 살기 좋은 곳으로 알려진 미국 서부도시 시애틀에서 1년하고도 2개월을 머물렀습니다. 끝으로 2006년 캥거루와 코알라가 사는 지상 낙원 호주의 시드니에서 1년을 살았습니다.

첫 번째인 벨기에는 한국과학기술연구소에 근무할 당시 우리나라 전자교환기 개발을 위한 연구차 벨기에에 있던 Bell Telephone Company(벨 전화회사) 연구소로 교육을 받으러 갔습니다. 적게는 몇 명 많게는 몇십 명씩 몇 차례로 나누어 교육을 받았습니다.

나는 1978년 12월 떠나 이듬해 8월에 돌아왔습니다. 가서 배운 것은 전화에 대한 계획을 세우고 관리하는 Project Planning and Management 분야였습니다. 다른 연구원들은 모두 전자교환기 생산과 소프트웨어를 배우기 위하여 학교 교육처럼 수업을 받았습니다.

나 혼자만 기획 및 관리를 배웠습니다. 특별한 강의를 듣는 것이 아니라 연구소 관리자들과 만나 회사의 계획이나 운영과 관리에 대한 의견을 듣거나 견학하는 것이 일과였습니다. 주로 임원급을 만나 이야기를 나누는 경우가 많았습니다. 신임연구원으로 실무경험이 전혀 없는 사람이 중역을 상대하는 것은 부담이 많이 되었습니다.

때론 점심 식사에 초대받아 서너 시간씩 대화하는 경우도 있었습니다. 이런 경우 말이 잘 통하지 않아 그저 그릇에 얼굴을 파묻고 앉아 시간 가기를 바라는 수모(?)도 겪었습니다. 외국어를 잘 배우지 못한 원망으로 슬펐던 모습이 지금도 눈에 선합니다.

처음으로 해보는 외국 생활이었기에 많은 것을 보고 느끼고 배웠습니다. 유럽의 선진화된 모습을 보면서 부러워했던 것, 선진기술을 가진 나라의 체계적인 회사운영 방식에 감탄했던 것 그리고 낙후되었던 그 당시 조국을 생각하면서 선조에 대한 원망으로 가슴이 아팠던 기억이 어제 일처럼 생생합니다.

다음으로 미국 시애틀에서의 생활은 벨기에에서 생활한 지 만 16년이 지난 후였습니다. 방문교수 자격으로 1년간 전공 과목인 통계학을 연구하기 위해서 머물렀습니다.

연구한 곳은 워싱턴 대학University of Washington입니다. 시애틀은 살기 좋은 곳일 뿐 아니라 세계적으로 유명한 기업인 보잉사가 있고, 빌 게이츠의 집이 있으며 마이크로소프트 본사가 있습니다. 또한 커피 애호가라면 다 알고 있는 스타벅스 본사가 있는 도시이며, 최근에는 아마존의 본사가 자리하고 있습니다.

1994년 12월부터 1996년 2월까지 머물렀습니다. 워싱턴대학은 방문교수라는 직책에 걸맞게 연구실까지 따로 마련해 주었습니다.

그곳에서 많은 교포들을 만났고 여러 곳을 여행하였습니다. 풍요로움의 대명사인 미국은 말 그대로 유럽과 비교해도 스케일이 다르다는 것을 한눈에 알아볼 수 있었습니다. 사람들의 여유로운 모습과 자신감 있는 행동이 참 부러웠습니다.

교포들의 이민생활 실태를 알게 된 계기이기도 했습니다. 이들의 애로사항을 들어주는 멘토 역할도 마다하지 않았습니다. 비록 1년여의 짧은 기간이었지만 많은 것을 경험한 외국 생활이었습니다.

돌아온 뒤에도 교포 형제들이 보고파 세 번이나 다녀올 정도로 정이 들었던 곳입니다. 20여 년이 지난 지금도 서로 왕래하며 지내고 있는 분들이 있습니다. 당시 시애틀 생활은 내 인생에서 가장 아름다운 시절로 남아 있습니다.

마지막으로 남반구의 선진국 호주에서 1년을 살았습니다. 면적은 한반도의 25배(남한의 약 50배)쯤 되는데 인구는 2,200만 명인 나라입니다. 천연자원이 풍부하여 여유로운 나라, 복지정책이 잘되어 있어 먹고살 걱정하지 않아도 되는 나라, 자연보호가 잘 이뤄지고 있는 나라입니다. 그런 나라의 최대 도시인 시드니에서의 생활은 내 일생에서 삶의 백미였습니다.

방문교수로 머물렀던 대학은 매쿼리 대학입니다. 이 대학의 교명은 호주 초대 총독을 지낸 매쿼리 총독 이름에서 따왔다고 합니다. 미국의 워싱턴 대학에 비하면 규모는 좀 작지만 세계적으로 유명한 교수들이 있는 무시할 수 없는 대학입니다.

교수 말년에 연구하러 간 것이라 미국에서 경험하지 못했던 대학 운영과 교육방법, 커리큘럼에 관심이 많았습니다. 특히 갬블링 앤드 스포츠 통계(Gambling and Sports Statistics)라는 처음 듣는 과목이 있어 관심이 많이 갔습니다. 마침 이 과목을 맡고 있는 교수가 한국 교포라서 많은 대화를 나누고 국내에 들어와서는 공동으로『게임과 스포츠 통계』라는 책을 발간하기도 했습니다.

우리나라에서는 처음으로 재직하던 대학에 교양과목으로 개설하였습니다. 초기에는 생소한 과목이라 수강생이 얼마 되지 않아 폐강이 되는 경우도 있었습니다. 3~4년 지나자 수강생이 몰리기 시작하여 수강신청이 조금만 늦어도 들을 수 없는 강좌가 되었습니다.

마지막 안식년이라 여행도 많이 하고 교포들과 유대도 많이 가졌습니다. 특히 친형 이상으로 대해 주는 대학 후배를 만난 것은 행운 중의 행운이었습니다. 귀국한 후에 후배는 시인으로 등단하였고, 지금은 해외 문인으로 왕성한 집필활동을 하고 있습니다. 10년이 지난 오늘날에도 호형호제하면서 가족이 모두 친형제처럼 지내고 있습니다.

10년 동안 매월 첫날 한 번도 빠지지 않고 서신을 교환하고 있습니다. 글의 내용은 평범하고 일상적인 안부에 불과하지만 주고받은 글의 양은 만리장성에 이를 것입니다.

이제 은퇴하여 지난날을 회상하는 입장에서 외국 생활을 돌이켜보니 아쉬움도 많지만 보고 듣고 배운 것도 많았습니다. 돈을 주고도 살 수 없는 경험은 오늘의 나를 있게 한 산 지식이라 생각합니다. 외국 생활을 통해 견문을 넓히고 자신이 세계 속의 일원이라는 사실을 인식하는 계기를 마련하게 되었습니다.

뒤돌아보니 지나간 세월이 아쉽기 그지없습니다. 인생의 여행이란 왕복 티켓이 없다는 것을 생각하면 하루하루가 금쪽같습니다. 한편으로는 큰 위인은 되지 못했지만 남에게 크게 피해 주지 않고 살았으니 이만하면 족하지 않을까? 언제나 아쉬움은 남는 법… 이 정도면 행복했노라고 말하고 싶습니다. 함께 살아온 가족과 이웃에 그리고 내가 이 세상에 온 것에 감사하며 글을 맺습니다.

때늦은 후회

살다 보면 때로 후회할 일이 많습니다. 왜 그런 말을 했을까 혹은 못 했을까? 왜 이런 짓을 했을까 혹은 안 했을까? 이렇게 느끼는 것이 후회입니다. 젊었을 때 좀 많이 놀 걸, 연애나 좀 해볼 걸, 기억력 좋을 때 영어 회화 좀 배워둘 걸, 잘 벌 때 저금 좀 해둘 걸, 부모님 생전에 더 잘할 걸, 집사람 더 사랑해 줄 걸, 잘 나갈 때 친구들에게 잘할 걸, 건강할 때 건강관리 좀 잘할 걸 하며 반성하는 것입니다. 해도 후회고 안 해도 후회입니다.

며칠 전 친구들과 가까운 이웃 나라에 갔다가 현지 관리인과 사소한 일로 얼굴을 붉히고 고성까지 지르는 일이 있었습니다. 나이 들어 좋은 모습만 보고 보이며 살아도 시간이 모자랄 판에 보이고 싶지 않은 추한 모습을 보였습니다. 얼마든지 말로 조용히 해결할 수 있는 일을 어른답지 못하게 감정을 자제하지 못하고 언성을 높였습니다.

그 자리엔 친구들만 있었던 게 아니라 집사람들은 물론 여러 사람들이 있었습니다. 평소에는 순한 양 같게만 보이던 사람이 투사견 같은 모습을 보였으니 일행들이 많이 실망했을지 모릅니다.

사태가 수습되고 나서 후회막급이었습니다. 나온 말과 보인 행동을 주워 담을 수도 없으니 더욱 그러했습니다. 원하는 삶을 살지 못한 사람일수록 후회는 더 많은 법입니다.

돌아보면 후회할 짓을 많이 하며 살았습니다. 지금도 잊히지 않아 나를 슬프게 하는 몇 가지 후회가 있습니다.

하나는 독서를 많이 못 한 것입니다. 독서를 못 한 이유가 가관입니다. 생각하면 어리석기 그지없습니다. 남의 글을 많이 읽으면 독창적인 글을 쓰지 못할 것이라는 이유 같지 않은 이유로 독서를 기피했습니다. 언젠가는 나만의 글을 쓰리라는 당찬 포부가 있었기 때문입니다. 그렇다고 독창적인 글을 많이 쓴 것도 아닙니다. 요즘 이렇게 글을 쓰고 있노라면 젊어서 독서하지 않은 자신이 원망스럽습니다.

또 하나는 동창회에 참석하지 않은 일입니다. 이 또한 이유가 있습니다. 나는 삼수해서 대학에 들어갔습니다. 이후로 스스로 낙오자라는 생각으로 살았습니다. 그런 자격지심이 동창 모임에 나가지 못하게 한 것입니다. 지나고 나니 그 보배 같은 친구들과 소원하게 살았다는 것이 한없이 후회스럽습니다.

나이 들어 친구를 찾으려 하나 미안한 마음으로 돌아섭니다. 그런 내 자신이 밉습니다. 너무 소극적으로 살았다는 후회뿐입니다. 왜 좀 더 적극적으로 보람된 삶을 살지 않았을까 하는 생각이 듭니다. 남 앞에 나서는 것보다 뒤에서 돕는 역할에 만족했고, 하고자 하는 생각은 많은데 그것을 행동으로 표현하지 못하는 유사무행有思無行한 삶을 살았습니다.

물론 그런 생활에서 얻은 것도 많습니다. 좋은 사람이라는 말을 듣고 살아온 것이 한 예입니다. 남한테 욕먹는 것을 큰 불명예로 알고 살았기에 남을 의식하며 살았습니다. 물론 보는 이에 따라서는 의혹을 제기할 수 있습니다. 그러나 나는 그렇게 생각하고 살았습니다.

오래전 친구와 대화하다 무심결에 제3의 친구에 대하여 험담(?)을 하고 말았습니다. "그래. 그 친구, 그런 면이 없지 않아 있지." 대화하는 과정에 상대방 의견에 동조한 것입니다. 이 간단한 말 속에는 여러 가지 의미가 함유되어 있습니다.

"그래. 그 친구, 인간답지 못한 점이 있지" 혹은 "그래. 그 친구, 친구를 목적으로 생각하기보다는 수단으로 생각하고 만나는 점이 없지 않아 있지" 이렇게 엄청난 말로 바꿀 수 있는 동조 어구입니다.

친구와 헤어지고 집에 돌아오는 길에 험담했던 친구 얼굴이 떠올라 몰래 나쁜 짓 하다 들킨 사람처럼 얼굴이 화끈거렸습니다. 혹 이 친구가 그 친구를 만나 내가 그러더라고 말한다면 나는 그 친구에게 씻지 못할 죄를 짓는 것이라는 생각이 들었습니다. 그럴 친구는 아니지만 괜히 제 발이 저렸습니다.

잘못을 반성하는 것이니 철들어 가는 것이기도 합니다. 나이 들어 철난다는 말이 참입니다. 좀 일찍 철이 들었으면 얼마나 좋았을까 하고 후회할 때는 이미 시간이 많이 흐른 뒤입니다. 인생은 육십부터니 칠십부터니 하는 말은 나이 든 어르신들 듣기 좋으라고 하는 말일 뿐 더도 덜도 아닙니다.

누구나 세상에 태어나 나름의 일을 하며 일생을 살아갑니다. 모두 먹고살아야 하기 때문입니다. 혹자는 먹고살 것이 충분해도 일은 해야 한다고 합니다. 지당한 말입니다. 남은 인생 더도 덜도 말고 후회 없는 인생을 살고 싶은 마음이 간절합니다. 이 간절함이 후회로 남지 않도록 살고 싶습니다.

후회는 곧 반성입니다. 지난날 해서 또는 못 해서 후회되는 것들을 반추하며 이제부터라도 철이 들고 싶습니다.

동해안 봄맞이

여행을 떠나는 것은 즐거운 일입니다. 마음이 통하는 친구와 함께 하는 여행은 더욱 그렇습니다. 시드니에 거주하는 친구가 서울에 왔습니다. 우리 가족이 잠시 시드니에 거주할 때 알게 된 동갑내기 친구입니다. 10년이 지나 지난해 시드니에 놀러 갔을 때 그 친구는 우리 부부를 귀빈처럼 정성을 다해 맞아주었습니다.

40도를 오르내리는 살인적인 무더위에도 자기 집에 초대하여 진수성찬으로 대접해 주었습니다. 내가 좋아하는 갈치를 잡겠다며 시드니에서 300km나 떨어진 뉴캐슬 해변까지 우리 부부를 데려가기도 했습니다. 장담했던 만큼 잡지는 못했지만 그래도 팔뚝만 한 갈치를 다섯 마리나 잡았습니다. 그 갈치를 가지고 돌아와 구워 먹는데 입에서 살살 녹는 맛은 제주도 은갈치에 조금도 뒤지지 않았습니다. 지금도 시장을 지나다 갈치를 보면 그날 먹었던 갈치가 생각날 정도입니다.

그런 친구가 몇 개월 여정으로 서울에 왔습니다. 몇 차례 만나 식사하면서 따뜻한 봄이 오면 함께 여행하자고 약속했습니다. 겨울이 가고 아지랑이 피어나는 봄이 찾아왔습니다. 3월 하순쯤 여행 날짜와 목적지를 잡았습니다. 친구는 강원도 동해안을 가보고 싶다고 했습니다.

시간이 지나 약속한 날이 다가왔습니다. 친구가 원하는 동해를 향해 둘이서 떠났습니다. 마침 출발한 날이 주말이라 길이 막힐 것을 예상하여 아침도 거르고 일찍 동해안으로 향했습니다. 춘천 양양 간 고속도로를 택했습니다. 고속도로는 우리 할머니 머리 가르마처럼 시원하게 뚫려 있었습니다. 친구는 차에서 그동안 변한 고국의 모습에 연신 감탄했습니다.

가는 도중 휴게소에 들러 간단히 아침을 때우기로 했습니다. 이른 시간에 출발했는데도 휴게소에 이르니 인산인해였습니다. 식사를 주문하여 먹으려 하니 앉을 장소가 없었습니다. 수십 분을 기다린 후에야 겨우 자리를 잡고 주문한 음식으로 아침을 때웠습니다.

시원하게 뚫린 고속도로를 따라 2시간 반쯤 지나자 첫 방문지인 양양이 아름다운 자태를 드러냈습니다. 차에서 내리자 비릿한 바다 냄새가 코끝을 자극했습니다. 아득히 수평선이 보이는 동해바다가 시야에 들어왔습니다. 친구는 바다를 바라보며 지난 옛 추억에 말을 잊지 못하고 나목처럼 우뚝이 서서 바다를 보고 있었습니다.

지나간 40여 년의 고국에 대한 감회가 남달랐을 것입니다. 막 떠오른 태양이 바닷물을 곱게 물들이고 있었습니다. 잔잔한 바다는 떠오른 태양의 밝은 빛에 눈을 비비며 기지개를 켜고 있었습니다.

오! 아름다운 태양

넘실대는 환상의 바다
금빛 모래 언덕 넘어 반짝이는 파도 위에
고기잡이배들이 둥실대고 있는 곁에는
갈매기 떼 지어 한가로이 날고 있다.
한 폭의 동양화보다 아름답다.
내 조국이 이렇게 아름답다는 말인가?

나도 오랜만에 만나는 동해를 보고 넋을 잃었습니다. 자연에 취해 신선이 된 한 인간의 환희를 어떻게 말과 글로 다 표현할 수 있을까? 텅 빈 머리와 메말라버린 가슴으로는 감당하기 어려운 광경이었습니다. 예술은 사람이 하는 것이 아니라 자연이 빚는 언어라는 생각이 머리를 스칩니다. 옛날 나폴리를 지나 카프리섬에 이르는 길에서 부르던 '오 솔레 미오'가 떠올랐습니다. 나도 모르게 입에서 '사공의 노래'가 흘러나오고 있었습니다.

두둥실 두리둥실 배 떠나간다.
물 맑은 봄 바다에 배 떠나간다.
이 배는 달 맞으러 강릉 가는 배
어기야 디여라차 노를 저어라

순풍에 돛 달고서 어서 떠나자
서산에 해 지면은 달 떠 온단다
두둥실 두리둥실 배 떠나가네

물 맑은 봄 바다에 배 떠나간다

이 얼마나 멋진 노래인가? 이 시(함영호)를 짓고 여기에 곡(홍난파)을 붙인 분들은 사람이 아닌 신선임에 틀림없습니다.

아름다운 경치를 놓치기 아까웠는지 친구는 연신 자신의 모습과 동해바다를 카메라에 담았습니다. 감탄조차 할 수 없을 아름다운 경치가 바로 이런 것일까? 세속에 찌든 때가 순간 지워지는 느낌이 이런 것이 아닐까?

생각보다 많은 사람들이 봄 바다를 즐기려 해변을 거닐고 있었습니다. 이들도 우리와 같은 생각이리라. 신이 빚어놓은 환상의 경치를 보기 위해 참고 견디며 여기까지 왔구나. 우리 둘은 동해에 취해 한동안 서로 의식하지 못하고 말을 잃고 서 있었습니다.

고국을 떠나 수십 년 만에 돌아와 보는 고국산천에 대한 친구의 감회를 경험해 보지 못한 사람은 이해하기 어려울 것입니다. 꿈에도 잊지 못할 고국에 와서 상상을 초월할 정도로 변해 버린 고국을 대하는 마음은 애국 바로 그것이었을 것입니다. 감격스러운 나머지 말을 잊지 못하고 넋이 나간 사람처럼 서 있는 친구를 내버려두었습니다. 벅차오르는 친구의 추억과 감회 그리고 환희의 순간을 깨고 싶지 않았습니다.

한참을 서 있던 친구는 정신을 차렸는지 갈매기 한숨을 내쉬었습니다. 가만히 친구 옆에 다가가 살며시 손을 잡고 힘을 주어 내 뜻을 전했습니다. 친구 역시 있는 힘을 다해 내 손을 쥐었습니다.

이런 우리의 마음을 아는지 갈매기가 눈인사하며 날아갑니다. 우리들의 이야기는 밤하늘의 별들이 지쳐 잠들 때까지 이어졌습니다. 이내 친구는 먼 이국땅으로 떠나고 없지만 그와 함께 만든 추억은 지금도 내 영혼에 남아 친구를 생각게 합니다.

안동 하회마을 민박집

미국에 사는 지인 부부가 한국에 왔습니다. 지인 부부는 우리 부부와 1996년부터 알고 지냈으니 꽤 오랫동안 알고 지낸 사이입니다. 우리보다 나이가 어려 동생 같기도 하고, 친구 같기도 한 사이입니다.

이분들은 20여 년 전 서울에 다녀가고 이번에 온 것입니다. 특별히 할 일이 있어 온 것이 아니라 오랫동안 보지 못한 고국이 그리워 다니러 온 것입니다. 온다는 연락을 받고 머물 곳이 마땅치 않으면 누추하지만 우리 집에 와 있으라고 했습니다. 나 역시 지인이 시애틀에 살 때 몇 차례 놀러 가서 신세를 진 일이 있었기에 은혜도 갚고 여행도 같이 할 겸 겸사겸사 우리 집에 머물러도 좋다고 했던 것입니다.

처음에는 호텔에 머물겠다고 하더니 함께 여행하자는 제안에 우리 집에 머물기로 했습니다. 그렇게 해서 지인은 우리 집에서 10여 일을 묵게 되었습니다.

지인에게 무엇이 하고 싶냐고 물어봤습니다. 가능하다면 남이섬, 동해안, 부산 해운대와 자갈치시장, 하회마을, 여수 오동도, 남해, 지리산, 세량제, 제주도 등을 가보고 싶다고 했습니다. 제주도는 두 분이 다녀오라고 하고 나머지 지역은 함께 여행하자고 했습니다. 지인은 흔쾌히 동의했습니다.

다른 곳은 한 번쯤 다녀온 지역이었는데 세량제는 처음 듣는 곳이었습니다. 알아보니 전라남도 화순군에 있는 작은 저수지였습니다. 어떻게 이런 곳을 알고 있느냐고 물으니 미국 CNN에서 한국의 10경 중 하나라고 소개했다고 합니다. 얼마나 아름답기에 세계적 방송사인 CNN이 소개했을까?

기대를 하고 찾아갔습니다. 차를 몰아 찾아가 보니 한적한 시골에 있는 작은 저수지였습니다. 주차장에서 도보로 약 15분 정도 떨어진 곳에 자리 잡고 있는 세량제는 여느 시골에 있는 저수지와 별반 다르지 않았습니다.

이왕 왔으니 둘러보자고 했습니다. 사람은 많지 않았습니다. 마침 젊은이 몇이 저수지 주변을 걷고 있었습니다. 이들에게 세량제에서 유명한 곳이 어디냐고 물었습니다. 그들은 특별하게 유명한 곳은 없다고 했습니다.

저수지 주변에는 오래된 나무들이 우거져 있고 잔잔한 물결에 비치는 그림자가 마치 한 폭의 동양화를 연상케 하고 있었습니다. 아! 이런 동양적 분위기를 CNN에서 포착한 것이구나 하는 생각이 머리를 스쳤습니다.

자세히 보니 저수지 곳곳이 아름다운 피사체로서 손색이 없어 보였습니다. 조용하고 번잡하지 않으며 동양적인 모습을 지닌 저수지가 외국인 눈에는 가장 한국적이고 동양적으로 보일 수 있겠다는 생각이 들었습니다. 세량제를 구경하고 이어서 여수 오동도, 지리산 노고단을 구경하고 고향 집으로 가서 1박했습니다.

다음 날 아침 우리 일행은 여수 오동도를 향하여 집을 나섰습니다. 본격적인 단풍 계절은 아니지만 들판은 이미 황금빛으로 물들어 있고, 산과 들엔 가을꽃과 여물지 않은 단풍으로 풋내 나는 가을 정취를 자아내고 있었습니다.

강산이 두 번 바뀌는 동안 보지 못했던 고국의 산하를 보며 지인은 입을 다물지 못했습니다. 우리 부부 또한 지인 부부와 별반 다르지 않았습니다. 덕분에 말로만 듣던 고국의 아름다움을 만끽할 수 있었습니다. 이런 감탄은 여수 오동도, 거제도, 남해 해금강, 외도, 자갈치시장, 광안리해수욕장을 거치며 계속되었습니다.

마지막 여행지인 안동 하회마을로 향했습니다. 하회마을 근처에서 1박하고 다음 날 하회마을을 구경하기로 하였습니다. 숙박할 곳을 미리 예약하지 않았기에 가는 도중에 인터넷으로 숙박 장소를 알아보았습니다. 호텔이나 여관보다는 안동의 정취를 느낄 수 있는 민박을 찾아보기로 하였습니다.

마침 하회마을 내에 숙박시설이 있었습니다. 알고 보니 하회마을 내에 민박집이 많았습니다. 마을 자체가 민박하는 곳이라 해도 과언이 아니었습니다. 전화로 방을 알아보니 큰방은 6만 원, 작은 방은 5만 원을 받고 있었습니다. 전화로 예약하고 찾아갔습니다.

민박집은 하회마을에서도 깊이 들어가 자리 잡고 있었습니다. 여느 시골집과 비슷한 분위기였습니다. 아주머니 안내로 방을 구경했습니다. 마치 70~80년대 고향 집 형태였지만 내부를 깔끔하게 수리한 방이었습니다. 집은 ㄱ자 형태로 가운데 대청마루가 있고 마루를 중심으로 방이 3개 있었습니다.

지인 부부가 좋다고 하여 1박하기로 하고 짐을 풀었습니다. 조금 있자니 주인아저씨가 왔습니다. 인사를 나누고 통성명을 하였습니다. 이름은 유○○ 씨로 서애 류성룡의 후손이라고 했습니다.

연배를 보니 나이가 비슷할 것 같아 물어보니 아니나 다를까? 동갑내기였습니다. 류성룡 선생의 후예에 나이가 같으니 갑자기 친한 친구를 만난 느낌이었습니다. 류성룡(퇴계 이황의 제자로 일찍이 과거에 급제하여 30년 이상 관직에 몸담았다. 임진왜란을 치른 공신 중 한 분이며 유학에 조예가 깊었다.) 선생에 대한 짧은 지식으로 말문을 열자 기다렸다는 듯이 주인아저씨는 조상 자랑에 신이 났습니다.

이 마을에 류성룡 선생의 후예가 많으냐고 물으니 90%가 류성룡 선생의 후예라고 했습니다. 이쯤 되자 주인아저씨는 집안 구석구석으로 우리 일행을 데리고 다니면서 나무와 화초, 채소에 대해 친절하게 설명해 주었습니다.

마침 마당에 오래되어 보이는 감나무와 대추나무에 감과 대추가 먹음직스럽게 익어 있었습니다. 감은 단감이었습니다. 대추를 좋아하는 집사람이 떨어진 대추를 주워 먹자 주인아저씨가 한 주먹 따주었습니다.

지인은 감에 눈독을 들였습니다. 이를 눈치챈 아저씨는 두말할 것 없이 감 가지를 꺾어 칼과 함께 주면서 깎아 드시라고 했습니다. 주인아저씨는 대문 밖으로 나가더니 이번에는 어른 주먹만 한 배 2개를 따왔습니다. 이를 지켜보던 주인집 아주머니의 눈길이 무서웠는지 아저씨는 아직 우리 가족도 먹지 않았다는 부연설명을 했습니다. 우리 일행은 모두 약속이라도 한 것처럼 동시에 고맙다고 인사했습니다.

그러면서 주인아저씨가 말하길 손님도 많이 오지만 별의별 사람이 다 있다고 했습니다. 마음에 드는 손님에게는 집에 있는 것은 뭐든지 다 주고 싶지만 싸가지 없어 보이는 손님에게는 콩 한 조각도 주지 않는다고 했습니다.

주인아저씨 말대로라면 우리 일행은 아주 마음에 드는 손님이었습니다. 후한 대접을 받으며 잠자리에 들었습니다. 며칠째 이어지는 여행에 몸이 많이 피곤했는지 자리에 눕자마자 곯아떨어졌습니다.

아침에 일어나니 주인아저씨가 마당에 나와 있었습니다. 자세히 보니 주인아저씨는 몸매가 늘씬하고 눈매는 촌로라고 하기에는 어딘지 모르게 힘이 있어 보였습니다. 이야기를 들어보니 오랫동안 하회마을을 위해 봉사하셨다고 합니다.

궁금했던 하회마을의 운영 방법과 입장료 사용 방법 등을 물었습니다. 아저씨는 친절하게 답해 주었습니다. 하회마을의 모든 집은 개인 소유이나 증축이나 개축은 함부로 할 수 없으며 개보수가 필요할 경우에는 모두 시에서 해준다고 했습니다. 입장료의 반은 운영비로 사용하고 나머지는 주민들에게 돌려준다고 했습니다.

이런저런 이야기를 주고받다 보니 해가 중천에 떴습니다. 마을을 둘러보니 낙동강이 마을을 굽이 돌아가고 강 건너편에는 누각이 있는데 배를 타고 건너게 되어 있었습니다. 마치 자연적인 요새로 마을을 감싸고 있는 느낌이었습니다.

이른 아침이라 손님은 눈에 띄지 않고 유람선 한 척이 강가에서 손님을 기다리고 있었습니다. 집에 돌아와 짐을 정리하고 떠날 채비를 하자 주인아저씨와 아주머니가 섭섭하다며 농사지은 거라며 땅콩을 한 움큼 싸주었습니다. 우리도 먹다 남은 것이지만 과자와 음료수를 주며 돌아섰습니다. 하룻밤에 이렇게 정이 들었을까?

문밖까지 따라 나와 배웅해 주는 주인아저씨와 기념사진을 찍었습니다. 그것도 아쉬워 다시 만나자는 약속과 함께 주소와 전화번호를 주고받는 것을 끝으로 석별의 정을 나누었습니다. 아직도 시골의 인심은 남아 있구나. 이게 사람 사는 맛이겠지. 돌아오는 길 내내 아저씨와 아주머니 생각에 하루가 행복했습니다.

감사합니다. 한 번 다시 놀러 가겠습니다.

대상골 이야기

고향에 내려오면 즐겨 산책하는 곳이 있습니다. 집에서 약 1km쯤 떨어진 계곡입니다. 대상골이라 부르는 곳입니다. 가벼운 마음으로 걷기에 딱 좋은 곳입니다. 인적이 거의 없는 한적한 곳입니다. 골짜기 좌우에 위치한 아담한 산에는 숲이 우거져 있고 그사이의 작은 개울에는 맑은 물이 1년 열두 달 하루도 그치지 않고 졸졸 소리 내며 흐릅니다.

산골짜기를 채우고 있는 공기는 신선하다 못해 천연향이 납니다. 우거진 푸나무의 향긋함과 비릿 구수한 땅 냄새가 납니다. 체험해 보지 못한 사람에게는 상상조차 할 수 없는 신비의 냄새입니다. 숲속 요정이 사용하는 향수가 이런 향기일 것입니다. 걷고 있노라면 마치 요정의 연인이 된 느낌입니다. 콧노래가 절로 나오는 나만의 왕국입니다. 이 향수 때문에 고향을 그리며 살고 있는지도 모릅니다.

어느 화창한 봄날 그 골짜기를 찾아가 보니 기억하고 있던 모습은 흔적도 없이 사라지고 없었습니다. 없는 듯 숨어 있던 개울은 출처도 애매한 화강암으로 단장되어 있었습니다. 쉬지 않고 조잘대며 흐르던 개울물도 이젠 옛 물이 아니었습니다. 운치 없이 만들어놓은 수로를 따라 말 잘 듣는 강아지처럼 맥없이 흐르는 혼 없는 맹물일 뿐이었습니다.

발바닥에 각인된 추억의 오솔길은 냄새마저 역겨운 멀건 시멘트로 포장되어 있었습니다. 이런 곳까지 포장하다니… 마치 한때 목숨 바쳐 사랑했던 연인이 배신한 것 같은 느낌이었습니다.

길모퉁이를 돌자 예전에 없던 스위스풍의 집 한 채가 서 있었습니다. 목조 주택이었습니다. 아~ 이 집을 짓기 위해 이 골짜기가 이렇게 변했구나 하는 생각이 들었습니다. 집 앞에 이르러 두리번거렸지만 차가 한 대 서 있을 뿐 인적은 없었습니다.

허탈한 마음으로 집 앞을 막 지나려는데 난데없이 커다란 개 두 마리가 나타나 사납게 짖어댔습니다. 개들이 보기에 내가 침입자로 보였던 모양입니다. 한 마리는 검은색이고, 또 한 마리는 누렁이였습니다. 자기 집 앞으로 개미 새끼 한 마리 통과하게 놔두지 않겠다는 듯 내 뒤꽁무니에 붙어 위협적으로 짖어댔습니다.

개들이 난리를 피우자 주인인 듯한 남자가 잠옷 바람으로 나와 미안하다는 말과 함께 개들을 나무라며 불러들였습니다. 주인은 머리숱이 거의 없는 키가 상당히 큰 사람이었습니다. 개들은 주인의 말에 짖기를 멈췄습니다. 그래도 분이 덜 풀렸는지 으르렁거렸습니다. 개들이 짖기를 멈추자 주인은 정중히 인사를 했습니다. 나는 속으로 '야! 이놈들아 내가 너희들보다 먼저 이 골짜기를 주름잡던 사람이야' 하며 그 집을 지나 골짜기로 향했습니다.

언제나 조용하고 변함없는 모습으로 나만을 사랑해 줄 것으로 생각했던 연인이 떠나 훗날 생면부지의 애를 안고 나타난 것처럼 대상골은 이제 더 이상 연인이 아니었습니다. 누군가에게 빼앗긴 대상골이라는 생각으로 마음이 허전했습니다.

골짜기를 돌아 내려오는데 개들이 목에 핏대를 세우고 다시 짖어댔습니다. 묶어놓았기에 가까이 달려들지는 않았으나 짖는 소리는 더 요란했습니다. 마침 주인아저씨가 나와 있기에 "물 좋고 산 좋고 공기 맑은 곳에 집을 잘 지으셨다"며 말을 걸었습니다. 주인아저씨도 말이 많은 사람은 아닌 모양이었습니다. 내 말에 "네"라는 말 한마디로 답을 대신했습니다.

더 이상 얘기할 상황도 아니기에 다음에 또 보자는 말을 남기고 발길을 돌렸습니다. 도회지 같으면 그렇게 큰 맹수를 방목(?)하는 것은 있을 수 없는 일입니다. 산골에는 멧돼지나 고라니들이 내려와 농사를 망치는 경우도 많습니다. 이런 동물들로부터 농작물 피해를 막기 위해 개를 풀어놓기도 합니다. 물론 위험할 수 있습니다.

뭐 하는 사람일까? 무슨 사연이 있기에 이런 산골에 왔을까? 어디서 살다 왔을까? 이런 곳까지 와서 살게 된 동기는 무엇일까? 주인을 뒤로하고 내려오는데 괜시리 이런 의문들이 머리에서 떠나지 않고 궁금증을 더했습니다.

동네에 내려와 동네 정보통이신 수봉이 아재에게 물어봤습니다. 지나칠 정도로 그분에 대해서 소상히 얘기해 주었습니다. 어디에서 살다 온 사람인데 이름이 아무개이고 누구와 같이 와서 살고 있다. 나이는 몇 살이며, 왕년에 무엇을 했는데 어떤 이유로 이곳에 와 살고 있다. 마치 일제 때 호적계장처럼 상세히 알고 있었습니다.

이야기를 듣고 나니 의문점이 풀렸습니다. 건강이 좋지 않아 물 좋고 공기 좋은 조용한 곳을 찾아왔다는 이야기입니다. 웬만큼 친한 사람이 아니면 개인 신상에 대해서 알지 못하는 것이 요즘 세태인데 일면식밖에 없는 사람에 대한 정보를 이렇게 많이 알게 되니 옛날부터 알고 지낸 사람처럼 친밀감마저 들게 되었습니다.

어느 날 동네 마을회관에서 동네잔치가 있어 갔는데 그분이 와 있었습니다. 그 자리에서 동네분 소개로 정식으로 인사를 나누었습니다. 그 뒤로 오다가다 만나면 안부 정도는 묻는 사이가 되었습니다.

가끔 그 집 앞을 지나다 보면 아저씨는 늘 밭에 나와 열심히 일하고 있었습니다. 건강도 처음 볼 때보다 많이 좋아 보였고, 동네 사람들과도 자연스럽게 어울려 지내는 모습이 좋아 보였습니다. 좋은 분이 동네에 들어와 사니 다행이라는 생각이 들었습니다.

고향에 내려온 지도 어언 3년이 지났습니다. 어느 날 그 집 앞을 지나다 보니 주인아저씨는 안 보이고 낯선 할머니 한 분이 집 앞에 나와 청소를 하고 있었습니다. 개 두 마리는 그대로인데 옛날 집주인이 보이지 않았습니다. 궁금하여 할머니에게 주인아저씨는 어디 갔느냐고 물었습니다. 할머니는 이사를 갔다고 했습니다. 그리고 자기가 집을 사서 이사 왔다고 했습니다. 나는 “아, 그랬군요. 사시는 데 불편한 점은 없으셔요?”라고 물었습니다. 할머니는 “특별히 없어요”라고 짧게 대답했습니다.

몇 마디 말을 주고받고는 발길을 돌렸습니다. 마을에 내려와 동네 정보통 아저씨에게 또 물어보았습니다. 아저씨가 말하기를 옛 주인은 이사를 갔고 도시에 살던 할머니 한 분하고 딸이 와서 산다고 했습니다. 덧붙여 딸은 결혼도 하지 않았다고 알려주었습니다. 대장부도 그런 외딴곳에 살기 힘든데 여인네들이 그곳에 산다고 하니 필시 기가 세거나 내공이 깊은 사람이 아닐까? 하는 생각이 들었습니다.

집주인이 누구면 뭐할 것이며 무엇을 한들 나와 무슨 상관이 있을까마는 단지 같은 동네 그것도 내 어릴 적 아름다운 추억이 깃든 곳, 즐겨 찾던 곳에 무단 침입한 이방인처럼 느껴져 그런 것일까? 아직도 미련이 남아서일까? 달나라에 토끼가 살지 않는다는 사실을 알게 되어 실망했던 이상으로 마음이 허전하여 그러는 것일까?

나도 이러는 내 마음을 잘 모르겠습니다.

제 5 부

행복은 선택 불행은 필수

원하는 것을 소유하고
그 소유가 자유로울 때 나는 행복했습니다.

밤하늘에 반짝이는 별,
울 밑에 다소곳이 피어 있는 한 송이 봉선화,

티 없이 맑게 웃는 어린아이의 천진한 모습을 보며
남몰래 미소 짓는 것이
우리가 찾는 소박한 행복이 아닐까요?

행복 점수

"당신의 행복 점수는 몇 점인가요?"

"뭐요? 행복에도 점수가 있어요?"

몇 년 전 행복에 관심이 있는 학자들이 재미 삼아 행복의 정도를 측정한 일이 있습니다. 요즘은 정부 차원에서 이 일을 하고 있습니다. 누구의 행복 점수는 얼마이고, 어느 나라는 행복 점수가 얼마라는 식으로 발표합니다.

이게 가당키나 한 이야기인가요? 지극히 주관적이라고 할 수 있는 행복이라는 개념을 점수로 환산하려는 인간의 욕심이 과하게 느껴지기도 합니다. 할 일 없으면 낮잠이나 자라는 사람도 있을 것입니다. 그러나 행복 정도를 측정하는 연구는 있어 왔고 현재도 진행 중입니다. 머지않아 사랑 정도를 측정하는 방법도 고안되리라 기대합니다. 연인들이 100점 만점에 몇 점 정도로 서로 사랑하는지 측정하는 날이 올 것입니다.

동서고금을 막론하고 인간은 누구나 행복하게 살기를 바랍니다. 모든 행위는 행복을 위한 것이라 생각했습니다. 자살조차 자기 행복을 위한 행위라고 역설했던 현인도 있습니다. 이런 문제를 연구하면서 일생을 바친 사람들도 많습니다. 한편 세끼 밥 먹고 살기도 바쁜 사람에게 행복이라는 말은 남의 말처럼 들릴 수 있습니다.

인간은 행복 같은 추상적인 개념을 객관화하려고 끊임없이 노력합니다. 일상에서 늘 사용하는 시간, 거리, 무게도 시계나 자, 저울이 만들어지기 전까지는 추상적인 개념에 불과했습니다.

우리 어릴 때만 해도 길을 가다가 사람을 만나 어디까지 가는 데 얼마나 걸리느냐고 물으면 대개 담배 한 대 피우는 시간 정도 걸린다는 말을 자주 들었습니다. 몇 시간 혹은 몇 분 걸린다고 하면 될 것을 시계가 귀한 때이니 시간보다는 늘 입에 대고 살았던 담배 한 대 피우는 시간을 기준으로 이야기했던 것이라 생각합니다. 그들에게는 그렇게 이야기하는 것이 편했을 것입니다.

담배 한 대 피우는 시간의 거리는 얼마의 거리를 의미하는 걸까요? 담배를 빨리 피우는 사람도 있고 늦게 피우는 사람도 있습니다. 분초가 아니라 나노를 따지는 시대에서 보면 이해하기 힘들지만 얼마나 낭만적인가요? 빛의 속도도 측정하고 있습니다. 옛날에는 빛에 속도가 있는지조차 모르고 살았습니다. 요즘은 빛의 속도를 모르는 사람이 거의 없습니다.

추상적인 것으로 여겼던 것들이 객관화되었고 또한 연구 중입니다. 추상적이라는 말은 어떤 사물이 직접 경험하거나 지각할 수 있는 일정한 형태와 성질을 갖추고 있지 않음을 의미합니다. 사랑, 믿음, 행복은 형태가 없으며 직접 지각할 수도 없는 것들입니다. 우리는 이를 추상명사라 부릅니다.

사랑해 본 사람이라면 “자기, 나 얼마나 사랑해?”라는 질문을 받은 경험이 있을 것입니다. 그러면 대개 하늘만큼 땅만큼 사랑한다고 합니다. 그만큼 많이 좋아한다는 말이지만 구체적이지 않습니다. 100점 만점에 몇 점 식으로 말하는 것에 익숙해진 현대인들에게는 좀 피상적이라는 생각이 들 것입니다.

이런 피상적인 것을 객관화하려는 노력은 어찌 보면 인간의 당연한 욕구일지 모릅니다. 행복이라는 말도 마찬가지입니다.

‘내가 행복한가? 행복하다면 얼마나 행복하지?’

이런 의구심을 가질 때가 있습니다. 이런 의문을 갖는 자체가 곧 문제 해결의 시작입니다. 최근 들어 행복 정도를 측정하기에 이르렀고, 매년 각 나라 국민의 행복지수를 발표하는 단계까지 왔습니다. 우리나라도 몇 년 전부터 정부 차원에서 행복 측정에 관한 연구를 수행한 바 있습니다. 국민이 잘 살고 있다는데 혹은 불행하다고 하는데 얼마나 행복하고 불행한지 위정자들에게는 업적이 될 수 있기에 관심을 가지게 된 건지도 모릅니다.

현재까지 고안된 행복 측정 방법들은 문제점을 갖고 있습니다. 어떤 요인을 기준으로 측정하느냐에 따라서 결과가 상이하게 나올 수 있으며, 어떤 방법으로 측정하느냐에 따라서도 달라질 수 있습니다. 지금까지 많이 알려진 방법으로는 다음과 같은 것들이 있습니다. 각자 자신의 행복 점수를 측정해 보시기 바랍니다.

먼저 미국의 작가이자 심리학자인 조디 피코Jodi Picoult는 소설 『19분

(Nineteen Minute)』에서 행복 정도는 기대치 대비 현실치(현실치/기대치)로 측정할 수 있다고 했습니다.

로스웰과 코엔Rothwell & Cohen은 행복을 규정하는 요인을 Personal, Existence, Higher Order로 구분하고 Personal 요인에는 인생관 · 적응성 · 유연성을, Existence 요인에는 건강 · 돈 · 인간관계 · 생존 능력을, Higher Order 요인에는 야망 · 자존심 · 기대 같은 요인을 고려하여 좀 더 구체적인 행복지수 계산 방법을 제시하였습니다.

닐 파스리차Neil Pasricha는 저서 『행복의 방정식(The Happiness Equation)』에서 아무것도 바라지 않고 뭐든지 하면 모든 것을 얻을 수 있다고 했습니다(Want Nothing + Do Anything = Have Everything).

이 외에도 많은 사람들이 더 많은 요인을 개발하여 행복 측정에 대한 연구 결과를 내놓고 있습니다.

조디 피코의 방법을 이용해서 H라는 사람의 행복지수를 구해 보겠습니다. H는 100억 원을 벌고자 했으나 10억 원을 벌었습니다. 이런 경우 H의 행복지수는 10%입니다.

H의 행복지수 = (10/100 × 100)% = 10%

이 식을 통해 행복을 높일 수 있는 방법은 두 가지입니다.

하나는 돈을 많이 버는 것입니다. 즉 현실치를 높이는 것입니다. 또 한 가지는 기대치를 낮추는 방법입니다. 이 두 가지 방법 중 쉬운 방법은 어떤 것일까요? 행복지수를 높이기 위해서는 자신이 쉽게 할 수 있는 방법을 택하면 됩니다. 일반적으로 돈 벌기는 그렇게 쉽지 않습니다. 따라서 행복지수를 높이려면 기대치를 줄여야 합니다. 다시 말해 욕심을 줄이면 됩니다.

성인들이 행복하게 살려면 마음을 비우라고 하신 깊은 뜻을 이 식에서도 확인할 수 있습니다. 앞으로 무게를 다는 것처럼 사랑이나 우정 등을 측정할 수 있는 시대가 온다면 삶은 더 행복해질까요? 아니면 불행해질까요? "너무 많이 알려고 하면 다친다"는 우스갯소리를 생각하며 먼 하늘을 바라봅니다.

내가 생각하는 행복

가벼운 여행을 떠날 때에도 미리 결정하고 준비해야 할 것들이 많습니다. 여행 일정, 교통수단, 필요한 옷, 음식, 세면도구 등입니다. 완벽하게 준비했다고 해도 여행을 가보면 미처 챙기지 못한 것들이 있기 마련입니다.

하물며 인생이라는 긴 여정을 나서는데 아무 계획 없이 떠나는 사람들이 있습니다. 삶을 하늘에 맡기고 운명처럼 사는 것이 인생이라 믿는 사람들입니다. 듣기에 따라서는 낭만적인 여행 같기도 합니다. 그러나 그런 여행은 나침판 없이 망망대해를 향해 출항하는 어리석은 자들의 무지일 뿐입니다. 돈키호테 같은 삶의 여행일 뿐입니다.

나는 손톱과 발톱을 칼로 깎는 버릇이 있습니다. 이런 행동을 처음 보는 사람은 의아해하거나 놀라기도 합니다. 감탄하는 사람도 있습니다. 한번은 가까운 이웃 나라로 여행을 갔는데 손톱 깎을 칼을 준비하지 못했습니다. 여행 중 손톱이 길어져서 많이 불편했습니다. 작은 칼 하나 준비 못 해 여행 내내 불편을 겪었습니다.

작은 물건조차 이런 어려움을 겪게 하는데 결정적인 실수는 여행의 성패를 가늠하기도 합니다. 하물며 한 생명의 생사가 달려 있는 인생 여행을 떠나는데 준비가 소홀하다면 그 인생 여행의 결과는 어떻겠습니까?

인생 여행을 떠나기 전에 챙겨야 할 것이 많이 있지만 꼭 마련하지 않으면 안 되는 두 가지가 있습니다.

하나는 여행 목적지입니다. 다시 말해 우리가 추구하는 생의 목적입니다. "왜 사느냐?"고 묻는 질문에 대한 답을 의미합니다. 여행의 목적지는 행복한 사람이 되는 것이라는 데 큰 이견이 없을 것으로 생각합니다.

또 하나는 목적지에 도달하기 위한 방법입니다. 행복한 사람이 되기 위해서 "어떻게 살아야 하느냐?"에 대한 답에 해당합니다. 이에 대한 답은 많다고 생각합니다. 자기가 좋아하는 일을 하며 사는 것이라 생각합니다.

여행 목적지에 도달하기 위해서는 많은 장애물을 지나야 합니다. 험로를 뚫고 목적지에 도달하기 위해서는 역경을 이겨낼 수 있는 불굴의 정신이 요구됩니다.

"왜 사느냐?"고 물으면 헛웃음을 치거나 죽지 못해 산다거나 할 것이 아직 남아 있기 때문이라거나 아니면 아예 대답을 못 합니다. 인생 여행의 목적지를 모르고 여행하는 사람들이 그만큼 많다는 반증입니다. 여행을 가는데 어디 가는지도 모르고 가는 것입니다. 방황하는 것입니다. 우리에게 주어진 짧은 인생을 소비하고 있는 것입니다. 인생 여행의 목적지는 행복한 사람, 행복한 삶일 것입니다.

"어떻게 살기를 바라느냐?"고 물으면 십중팔구는 행복하게 살고 싶다고 대답합니다. 왜 사느냐의 문제는 삶의 목적입니다. 어떻게 사느냐는 것은 삶의 방식(법)입니다.

이들을 종합하면 삶의 목적은 행복한 사람이 되는 것이고, 삶의 방식은 행복하게 사는 것입니다. 다시 말해 삶의 목적은 방법의 집합체인 셈입니다. 순간순간을 행복하게 살다 보면 인생 전체가 행복한 것이요, 그런 삶을 사는 사람은 행복한 사람입니다.

심리학의 대가 프로이트Sigmund Freud는 "인간의 삶 속에서 얻고자 하는 것은 의심의 여지 없이 행복"이라고 하였습니다. 수학자이자 철학자였던 파스칼Blaise Pascal은 "모든 사람은 행복을 추구하며 여기에는 예외가 없다. 행복을 추구하는 수단은 모두 다를지라도 목적은 모두 행복을 향하고 있다. 전쟁을 일으키는 사람이나 막으려는 사람도 구체적인 이유는 다를지 모르지만 둘 다 행복해지려는 소망에서 비롯된다. 행복은 모든 이들의 행동에 대한 동기이며 극단적인 예로 자살하는 것도 자신의 행복을 위한 행위이다"라고 말했습니다. 우리 삶은 행복이라는 울타리 속에서 벌어지는 한 편의 드라마 같은 것이 아닐까요?

그렇다면 행복이란 무엇일까요?

『국어대사전』은 행복을 "만족을 느끼는 정신 상태"라고 정의하고 있습니다. 『우리말 큰 사전』은 “생활의 만족과 삶의 보람을 느끼는 흐뭇한 상태”라고 정의하였습니다. 사전에 따라서 표현이 조금씩 다르지만 핵심은 같다고 보입니다. 행복이란 만족한 정신 상태라는 것입니다.

그렇다면 행복하기 위해서 만족스러운 정신만 있으면 되는 것입니다. 행복하게 산다는 것이 얼마나 간단합니까? 행복을 누리기 위해서는 정신적으로 만족하면 되는 것입니다. 그런데 평생 정신적 만족을 느끼는 것이 말처럼 쉽고 간단하지 않습니다.

우선 긴 세월 동안 만족한 상태를 느끼며 살 정도로 인내심이 강하지 못합니다. 만족하며 살아야지 생각하는 순간은 행복할지 몰라도 곧 그런 생각이 머리를 떠나고 맙니다. 순간의 행복은 가능하지만 영구적인 행복이란 생태적으로 불가능한 모양입니다.

이 글을 읽는 동안 잠시 만족을 느껴보세요. 순간 행복을 맛볼 수 있을 것입니다. 그러나 한 페이지도 넘기기 전에 그런 생각이 머리에서 떠나고 맙니다.

그럼 만족할 수 없는 근본적인 이유라도 있다는 말인가요?

인간은 조물주가 창조했다는 설과 진화에 의해서 지금의 모습이 되었다는 두 가지 설이 대립하고 있습니다. 어떻게 하여 오늘날 인간이 존재하든 인간이 정신과 육체로 구성되어 있다는 데는 큰 이론이 없는 것 같습니다.

정신은 신을 창조할 정도로 능력이 무한합니다. 상상하는 모든 것이 가능합니다. 이에 반하여 육체는 수많은 동물 중에서 그렇게 뛰어난 능력을 가지고 있지 않습니다. 맨주먹으로 호랑이를 잡은 사람은 거의 없는 것으로 알고 있습니다. 이는 육체의 능력이 정신 능력에 미치지 못한다는 증거입니다.

정신은 하늘을 나는데 육체는 땅에서 기고 있습니다. 정신은 하늘의 별도 딸 수 있는데 육신은 나무에 열린 과일 하나도 따기 힘듭니다. 정신은 무소불위無所不爲인데 육체는 유소불위有所不爲입니다. 이것이 인간의 타고난 원초적 모순입니다. 이 모순이 인간이 만족할 수 없는 원초적인 이유라 생각합니다.

하고자 하는 것은 많은데 이루지 못한 일들이 많습니다. 이것이 우리의 삶의 문제를 야기합니다. 육체적으로 해결하지 못한 일들이 많으므로 문제들이 존재합니다. 경제문제, 가정문제, 환경문제, 교육문제, 정치문제, 미래문제 등 해결해야 할 문제들이 많습니다.

이게 바로 행복해질 수 없는 요인들입니다. 만족할 수 없는 요인인 것입니다. 이 문제는 간단히 말하면 사는 문제와 죽음의 문제입니다. 일찍이 셰익스피어는 “죽느냐 사느냐 이것이 문제로다”라고 외쳤습니다. 죽고 사는 문제가 다 육체가 정신의 욕구를 충족하지 못하는 데서 비롯된다고 봐야 합니다.

물질문명이 발전하는 것을 보면 육체의 나약함을 보상하고자 하는 노력의 결실 같습니다. 산업혁명이 그렇고 IT산업이 그렇습니다. 모두 인간의 육체적인 취약점을 보완하려는 능력이 가상합니다. 좀 더 행복해지기 위해서는 육신이 생각을 따르지 못하는 불구의 몸이라는 사실을 깨닫고 살아야 할 것입니다. 인간은 신이 아니기 때문입니다. 행복이 뭔지 알고 떠들고 있는지 한편 부끄럽습니다.

오늘도 행복하세요.

행복은 선택 불행은 필수

누구나 기본적으로 생명을 보존하기 위하여 살아갑니다. 생명의 보존을 위하는 것은 의식주 해결에 달려 있습니다. 양적인 의식주 문제가 해결되면 질적인 문제로 시선이 돌아갑니다.

양에서 질이라는 방향으로 눈을 돌리면 끝이 없습니다. 우리가 걸치고 다니는 옷을 보면 헝겊 쪼가리로 주요 부위만 가리는 옷도 있지만, 한 벌에 수백 수천만 원을 호가하는 명품 의복도 있습니다.

배를 채우는 음식도 마찬가지입니다. 된장국에 밥 한 그릇으로 한 끼를 때울 수 있지만 수십만 아니 수백만 원 하는 식사도 있습니다.

주택의 경우도 통나무로 기둥을 세우고 흙을 발라 바람을 막고, 구들장을 놓아 아궁이에 불을 지피는 가옥부터 한 평에 억이 넘는 고가의 호화주택까지 있습니다.

집이라고 같은 집이 아닙니다. 더 좋은 집에서 더 아름다운 옷을 입고, 더 맛있는 음식을 먹으며 살고자 하는 것이 인간의 욕구입니다. 이렇게 사는 것을 부귀영화를 누리며 산다고 합니다. 정도를 벗어난 의식주는 분명히 낭비요 허욕이라고 생각합니다.

의식주가 해결되면 밥만 먹고 못 산다는 푸념이 나오게 됩니다. 금수도 의식주는 해결하고 산다는 생각이 들게 됩니다. 돼지도 우리가 있고 밥을 먹고 살며 다양하지는 않지만 나름의 보온을 위하여 계절에 따라서 털을 갈며 삽니다. 여름에는 시원한 그늘을 찾고, 겨울에는 지푸라기라도 뒤집어쓰고 삽니다.

단순한 의식주 해결로 만족하는 사람은 없습니다. 좀 더 나은 의식주를 위하여 쉬지 않고 일하며 살아갑니다. 의식주를 해결하고 나면 오감을 만족하기 위한 새로운 소망을 갖게 됩니다. 일명 문화생활입니다.

눈과 귀와 느낌을 즐겁게 하기 위하여 또 다른 목적을 갖는 것입니다. 물질에서 정신의 만족으로 눈을 돌리게 되는 것입니다. 영화를 보고, 미술관에서 그림을 감상하고, 음악을 들으며, 여행을 떠납니다. 문화생활을 하는 것입니다. 문화생활도 끝이 없습니다.

무엇인가를 얻기 위하여 노력하는 것을 우리는 일이라고 합니다. 일을 좋아하는 사람은 많지 않습니다. 그러나 일을 하지 않고 살 수는 없습니다. 이게 우리의 운명입니다.

노는 것은 좋지만 일하는 것은 싫습니다. 일은 살기 위해서 해야 하는 의무입니다. 하지 않을 수 없습니다. 어느 면에서 강제적입니다. 강제적이기에 자유가 없습니다.

놀이는 자의적인 것이기에 자유가 있습니다. 돈을 번다는 것은 사실 원치 않는 것입니다. 그러나 돈 없이는 살 수 없습니다. 일하지 않으면 살기 어렵고, 일하면 괴롭습니다. 이게 삶의 딜레마입니다. 제롬

K. 제롬Jerome K. Jerome은 “돈을 버는 것은 슬픈 일이요, 돈을 쓰는 일은 기쁜 일이다”라고 했습니다.

우리 삶이란 근본적으로 힘들고 고생스럽습니다. 그렇다고 포기할 수도 없습니다. 그럴 바에야 운명으로 받아들이고 살아가는 것이 현명합니다. 불가에서는 인생은 고苦라고 합니다. 우리 삶은 고에 뿌리를 박고 있습니다.

근본이 고통입니다. 고통이란 행복과는 거리가 먼 것입니다. 삶 자체가 고통이라면 우리의 삶은 불행할 수밖에 없습니다. 불행은 우리 삶의 필수입니다. 그러니 우리 삶 속에서 행복이라는 말은 존재하지 않는다고 봐도 큰 무리는 아닙니다.

있는 사람이나 없는 사람이나 잘난 사람이나 못난 사람이나 승자나 패자나 모두가 불행의 삶을 살고 있는 것입니다. 다만 순간의 기쁨을 행복이라 착각하고 사는 것입니다.

맑은 날이 있으면 궂은 날이 있고, 산을 넘으면 평지가 나오듯이 행복도 무더운 여름에 잠시 잠깐 느끼는 시원한 바람과 같은 것입니다. 삶 자체는 불행인데 이따금씩 시원한 강바람이 이마의 땀을 식혀주듯 삶 속에서 잠깐씩 맛보는 것을 행복이라고 느끼며 살아가는 것이 인생입니다.

어디를 둘러봐도 영원한 행복과 기쁨은 없습니다. 더구나 우리의 욕구를 모두 충족하는 삶은 꿈일 뿐 현실에는 없습니다. 없는 것을 있는 것처럼 생각하고 살 수밖에 없습니다. 우리 삶에서 불행은 필수요 행복은 선택일 수밖에 없는 이유입니다. 앤서니 드 멜로Anthony De

Mello는 "행복한 사람은 밑천도 없고 가망도 없는데 바라지도 않는 사람"이라고 했습니다(앤소니 드 멜로 지음, 정한교 옮김, 분도출판사, 『One minute Non-sense』/『일 분 헛소리』). 행복을 생각할 때마다 생각나는 명구입니다.

모두 행복하게 살기를 소망합니다.

행복한 이유

에크하르트 톨레Eckhart Tolle(1948~, 독일)는 사람이 불행해지는 방법이 두 가지 있다고 했습니다. 하나는 원하는 것을 갖지 못한 것이고, 또 하나는 원하는 것을 다 갖는 것입니다. 너무 많아도 불행이요, 너무 적어도 불행이라는 말입니다. 뒤집어보면 적당히 가져야 한다는 이야기입니다. 넘치지도 모자라지도 않을 정도를 가지는 것이 행복이라는 뜻입니다.

우리는 다다익선이라고 합니다. 많으면 많을수록 좋다고 알고 있습니다. 풍족할 만큼 가져보지 못했기 때문일 것입니다. 원하는 모두를 갖는 것이 불행이라면 그런 고민은 행복한 고민이라고 할 수 있습니다.

불행해도 좋으니 한 번 원 없이 가져봤으면 하는 사람이 셀 수 없이 많을 것입니다. 솔직히 나도 그런 사람 중 하나입니다. 모든 사람이 그렇게 생각할 것입니다. 너무 많이 가지고 있어 불행하다면 당장 욕을 바가지로 먹을 것입니다. 복이 터져서 하는 말이라고 눈총받기 십상일 것입니다.

많아서 고민이 된다면 나눠주면 해결될 문제입니다. 말은 쉽습니다. 나눠준다는 것이 말로는 쉽지만 실행은 쉽지 않습니다. 썩어서 버리기는 쉬워도 나눠주기는 어렵습니다.

10원을 벌기 위해 100리를 간다는 말처럼 10원을 벌기 위하여 목숨을 거는 것이 삶의 현장입니다. 가진 것을 나눈다는 것은 곧 피를 나누는 것과 같습니다. 목숨 걸고 모은 재산을 나눠준다는 것이 쉬울까요? 모으기는 어렵고 쓰기는 쉬운 것이 재물입니다. 그러니 많은 재물도 하루아침에 안개처럼 사라질 수 있습니다.

원하는 것을 모두 가지면 이를 지키는 것도 문제입니다. 그것 또한 불행입니다. 원하는 것을 다 가져보지 못한 사람은 이해할 수 없을 것입니다.

원하는 것을 갖지 못하여 불행하다는 것은 보통 사람이면 다 느끼는 감정입니다. 허구한 날 신세타령하거나 사회 탓하거나 남을 탓한다면 그런 상태는 영원히 지속될 것입니다.

누구나 세상에 태어날 때는 빈손입니다. 빈손은 아무것도 없다는 의미입니다. 더러는 금수저로 태어나는 사람도 있습니다. 이들은 극히 일부입니다. 대부분의 사람들은 도둑질하지 않고 갖고 싶은 것을 다 가지려면 열심히 일해서 돈을 벌어야 합니다.

자본주의 사회에서 빈곤은 곧 악이라고 합니다. 인류 역사상 어떤 국민이든 갖고 싶은 것을 다 가지고 산 적은 없습니다. 앞으로도 그럴 수밖에 없을 것입니다.

원하는 것을 다 갖고 있는 사람은 없습니다. 있다 해도 극소수에 불과합니다. 대다수는 원하는 것을 갖지 못하여 불행합니다. 원하는 것이 무엇이며 어느 정도 가지고 있을 때 다 가졌다고 하는지도 문제입니다.

기준이 문제입니다. 사람에 따라서 기준이 다를 것입니다. 객관적 기준은 없습니다. 똑같이 1억 원의 돈을 가지고 있다 해도 어떤 사람은 충분하다고 느끼고, 어떤 사람은 적다고 느낍니다. 이는 각자의 삶의 기대치 정도에 따라서 결정되리라 생각합니다.

기준도 상대적 기준과 절대적 기준이 있습니다. 상대적 기준은 다른 사람과 비교 가능한 기준을 의미합니다. 다른 사람이 이 정도 가지고 있으니 나도 그 정도 가지고 있어야 한다는 기준을 의미합니다. 절대적 기준은 다른 사람들이 어떻게 생각하든 자기 자신이 느끼는 정도의 기준을 의미합니다.

상대적 정도는 끝이 없습니다. 비교 대상에 따라서 기준이 시시각각 변하므로 만족에 한계가 있을 수 없습니다. 물론 절대적 기준이라고 상한선이 정해진 것은 아닙니다. 사람에 따라서는 끝이 없을 수도 있습니다. 그러나 마음먹기에 따라서 적은 소유로도 만족할 수 있는 가능성이 상대적 기준보다 많습니다.

뜻이 있는 곳에 길이 있듯이 소박한 생각이 있는 곳에 행복도 머물지 않을까요?

작은 일에도 감사하며 만족하며 살고자 하는 나는 행복합니다.

당신은 지금 행복하십니까?

어느 TV프로그램에서 방영된 유명 인사의 강연 제목입니다. 시간이 없어 끝까지 보지 못해 자세한 내용은 모르지만 제목이 여운에 남아 며칠을 두고 자신에게 '너는 지금 행복하냐?'고 자문하며 다녔습니다.

'나는 행복한가? 불행한가?'

며칠 동안 확답을 못 하고 지금도 물에 잘 풀리지 않은 밀가루처럼 마음에 앙금이 남아 있습니다. 내 자신이 지금 행복한지 불행한지 알 수 없기 때문이었습니다. 공자님이 깨달음을 얻었다는 고희가 내일모레인데 자신의 행불을 알 수 없다니 인생 헛 산 것 같습니다.

쉽게 결정을 못 하는 것은 마음이 우유부단하기 때문은 아닙니다. 행복이 어떤 것인지 아직도 확실한 의미를 모르기 때문입니다. 돈이 많은 것이 행복한 것인지? 명예를 얻은 것이 행복한 것인지? 배가 불러 행복한 것인지? 모든 것이 다 충족되어 행복한 것인지? 기준이 확실하지 않습니다.

"당신은 지금 행복한가요?"라고 묻기 전에 "당신은 행복이 무엇이라고 생각하나요?"라고 먼저 물었어야 순서가 맞다고 생각합니다. 행복이 무엇인지 모르는데 행복하냐고 묻는 것은 서울에 가본 적 없는 사람에게 서울이 어떻게 생겼느냐고 묻는 것과 마찬가지 아닐까요?

행복이란 무엇일까요? 이에 대한 대답도 헤아릴 수 없이 많을 것입니다. 사실 행복을 한마디로 정의하기도 벅찬 일입니다. 사전적 의미로 행복은 물질적으로든 정신적으로든 아니면 두 가지 다 만족할 때 느끼는 상태를 의미합니다. 소유하는 것 자체가 아니라 소유하고 있는 상태에 대한 만족입니다.

대부분의 사람들은 물질적으로 90~95% 정도 풍족하면 행복을 느낀다고 합니다. 물질적으로 풍족하다는 말은 돈이 있으면 행복할 수 있다는 말입니다. 보통 사람은 먹고 입고 잘 걱정 없으면 삶의 기본은 충족된 상태라 생각합니다. 더 바라는 것은 미래에 대한 걱정이나 양적인 문제입니다. 여기에 질적인 만족까지 추구한다면 만족이라는 단어는 이상일 뿐 현실적으로 요원할 수밖에 없습니다.

"당신은 지금 행복합니까?"라는 질문은 "당신은 지금 삶에 만족합니까?"라는 물음과 같다고 생각합니다. 사람마다 삶에 대한 만족이 동일하지 않습니다. 따라서 동일한 잣대로 행복 정도를 측정한다는 것은 모순입니다.

단칸방에 살면서도 등 따뜻하고, 배부르다며 행복해하는 사람이 있는가 하면, 몇백 평이나 되는 초호화주택에서 원앙금침을 덮고 잠을 자며, 최고급 명품 의복을 입고, 서민들은 구경도 못 해본 산해진미를 먹으면서도 행복을 느끼지 못하는 사람도 있습니다.

나물 먹고 물 마시고 풀밭에 팔베개 하고 누워 하늘을 보면서 행복을 느끼는 사람이 있습니다. 막걸리 한잔에 김치 쪼가리를 안주 삼아 잔을 기울이면서도 세상을 다 가진 양 행복해하는 사람이 있는 반면 고급요정에서 기름진 안주에 한 잔에 몇백만 원을 호가하는 고급 양주를 마시면서도 불행하다는 사람이 있는 게 우리 현실입니다.

우리가 원하는 행복이란 남이 만들어주거나 돈으로 살 수 있는 물건이 아니라 순결하고 소박한 바른 생각에서 오는 마음의 선물이 아닐까요? 한때 세계를 호령했던 황제 나폴레옹도 생애 동안 행복했던 날은 딱 6일뿐이었다고 했습니다.

어려서부터 듣지도 보지도 못했던 헬렌 켈러는 한평생 불행한 날은 단 하루도 없었다고 했습니다. 결국 행복은 외부에 있는 것이 아니라 내 안에 있는데 눈이 어두워 발견하지 못하고 있을 뿐입니다.

자 이제 자신에게 물어봅시다.

"당신은 지금 행복한가요?"

이제 확실히 대답할 수 있을 것 같습니다. 나는 행복하다고…. 우선 살고 있는 집이 내 집입니다. 비록 지은 지 30년 다 되어가는 낡은 집이지만 아직도 불을 때면 등이 따뜻합니다.

산해진미는 아니지만 삼시 세끼 굶지 않고 배고프지 않을 만큼 먹고 있습니다. 이것뿐이 아닙니다. 가끔 만나 소주잔 기울이며 흉금을 털어놓을 수 있는 친구들도 있습니다.

크게는 못 배웠어도 세상 돌아가는 이치는 느낄 수 있을 정도의 배움도 있습니다. 칠십을 눈앞에 둔 지금도 아침마다 집 앞에 버티고 있는 산을 두 발로 오를 정도로 건강합니다.

시간 나면 이렇게 부담 없이 글도 쓸 수 있습니다. 무엇보다도 사랑하는 가족이 있습니다. 이 정도 삶이 행복하지 않다면 과욕이 아닐까요?

반찬 투정

며칠 전 어린애들처럼 집사람에게 반찬 투정을 부렸습니다. 갑자기 청국장찌개가 먹고 싶어 끓여달라고 했습니다. 준비된 청국장이 없어 다른 반찬으로 식사를 때우면서 볼멘소리를 하고 말았습니다.

"당신 내가 좋아하는 음식이 뭔지 알아?"

밥상머리에서 차려준 밥을 먹으면서 칭찬은 고사하고 투정을 부렸던 것입니다. 집사람에게서 좋은 대답이 나올 리 만무합니다. 가는 말이 고와야 오는 말이 곱다고 하지 않던가요? 역시 기대했던 대로 "청국장이 그렇게 먹고 싶었으면 밖에 나가 사 먹지 그래요?"라는 대답이 돌아왔습니다.

열심히 만든 성의를 무시하고 잔소리했다가 한 방 먹은 것입니다. 나이 들면서 집사람에게 잔소리해서는 안 된다는 교육을 오지게 받았습니다. 집사람이 해주는 음식을 탓하면 안 된다는 말을 귀가 따갑게 들었건만 해서는 안 될 실수를 하고 만 것입니다. 그것도 밥상머리에 서로 마주 앉아서 했으니 당해도 쌉니다. 집사람이 그렇게 교양이 없는 사람은 아니지만 상황이 상황인지라 보기 좋게 한 방 얻어맞은 것입니다.

젊은 시절부터 집사람은 집에서 청국장을 끓이면 냄새가 좋지 않다며 잘 해주지 않았습니다. 마침 그날 TV를 보고 있는데 냉이와 묵은 김치를 넣고 끓인 청국장찌개가 프로에 나오는 바람에 먹고 싶어 그만 헛소리를 하고 만 것입니다.

내가 좋아하는 음식은 대단한 산해진미는 아닙니다. 묵은 김치 송송 썰어넣고 신선한 돼지고기와 함께 끓인 김치찌개, 냉이 달래를 넣고 멸치 몇 마리 추가하여 오모가리에 끓인 구수한 청국장찌개, 쌀뜨물에 전통 된장과 배추 시래기, 멸치 그리고 가진 양념을 넣고 가마솥에 끓인 시래깃국, 싱싱한 고등어와 달고 맛있는 무를 손바닥 두께로 썰어 고추장에 버무려서 끓인 고등어 조림, 냇가에서 갓 잡은 민물고기를 찌그러진 양은 냄비에 청양고추와 들깻잎, 양파와 대파 몇 잎 숭숭 썰어넣고 끓인 매운탕, 옛날에는 흔했지만 지금은 귀하여 사기 힘든 싱싱한 생태나 조기 찌개를 좋아합니다.

다 어려서 어머니가 해준 토종 음식입니다. 그렇다고 음식을 가려 먹지는 않습니다. 모두 손이 많이 가는 음식으로 준비하는 데 시간이 많이 필요한 음식들입니다.

세월이 약이라고 집사람은 이제 우리 집안 음식을 배워 곧잘 합니다. 어머님이 해주시는 것보다 더 맛있게 하는 음식도 있습니다. 그런 음식을 자주 해주지 않는 것이 문제일 뿐입니다. 물론 직장에 다니는 몸으로 매 끼니마다 새로운 반찬을 하기란 그리 쉽지 않을 것입니다.

반찬 투정을 해서는 안 되는 줄도 잘 압니다. 그러나 맛있는 반찬을 하면 나만 먹는 것도 아닙니다. 할 때는 귀찮고 힘들지만 해놓으면 집사람도 잘 먹고 나도 잘 먹으니 부부에게 모두 좋습니다. 맛있는 반찬을 해주는 날 설거지는 어김없이 내 당번입니다.

이제 나이가 드니 사 먹는 밥도 입에 잘 맞지 않습니다. 먹고 싶은 음식이 있어도 1인분은 팔지 않는 음식점이 많습니다. 어느 날 갈치조림이 먹고 싶어 음식점에 갔는데 1인분은 팔지 않았습니다. 먹고 싶은 마음에 혼자 2인분을 시켜 먹었습니다. 남은 조림이 아까워서 밥을 두 그릇이나 먹은 바람에 소화가 안 되어 약까지 사 먹어야 하는 고통을 당한 웃을 수 없는 슬픈 경험도 있습니다.

딴에 열심히 노력하여 만든 음식을 놓고 투정 부리는 철없는 남편이 얼마나 얄미웠을까요? 직장 다니면서 살림과 식사 준비까지 도맡아 하는 집사람에게 칭찬은 고사하고 잔소리를 했으니 얼마나 야속하고 인정머리 없는 사람이라고 생각했을까요?

당신이 남이라면 그런 투정을 하지 않았을 것입니다. 당신을 믿고 사랑하는 마음이 있기에 그런 투정을 했습니다. 아무튼 당신의 마음이 상했다면 용서를 빕니다. 내 마음속엔 늘 당신을 사랑하며 존경하고 있다는 것도 알아주었으면 합니다.

여보! 앞으로 설거지 자주 하게 해주세요. 사랑합니다.

주인 없는 주막

섬진강 시인으로 불리는 김용택 시인의 생가는 섬진강이 흐르는 강변에 자리 잡고 있습니다. 20여 호가 옹기종기 모여 살고 있는 조용한 강변 마을입니다.

고택은 네 칸 겹집으로 현재는 기와가 얹어진 보통의 시골집입니다. 마당은 50평 정도 되는데 잔디가 깔려 있고 돌로 담을 쳐놓았습니다. 집 뒤는 높지 않은 산이 있고, 앞에는 뒷산보다 약간 높고 조금 험해 보이는 가파른 돌산이 가로막고 있습니다.

뒷산과 앞산 사이에 강물이 흐르고 강과 집 사이에 삶의 터전인 약간의 농지가 있습니다. 강변을 따라 아스팔트 길이 뚫려 있고 길옆에는 시인이 어렸을 적 심었다는 느티나무 두 그루가 시인의 연륜을 암시하듯 거목으로 자라서 마을을 지키는 수호신처럼 버티고 서 있습니다.

강에는 이끼 낀 바위들이 거북이 형상을 하고 여기저기 엎드려 있습니다. 마치 거북이들이 한가로이 휴식을 취하는 모습입니다. 그 사이로 강물은 도란도란 얘기를 나누며 남해바다를 향해 평화롭게 흐릅니다. 강물 흐르는 소리는 마치 시인의 시구처럼 감미롭습니다.

오늘날 대부분의 마을들은 개발이란 미명하에 중장비의 무자비한 공격으로 옛 모습을 잃은 지 오랩니다. 내 고향 마을도 하천 정비사업을 한다며 태고 적부터 동네 앞을 유유히 흐르던 냇가를 멋없는 수로로 만들어놓았습니다.

이런 개발의 소용돌이 속에서도 시인이 살고 있는 고향 마을 앞을 흐르는 섬진강은 아직도 원시적 모습을 그대로 간직하고 있습니다. 이는 시인의 노력도 한몫했을 것으로 생각됩니다. 오랫동안 시인은 고향 지킴이 일원으로 환경 보존에도 남다른 관심을 보였다는 것을 알고 있기 때문에 하는 얘기입니다.

시인이 어릴 적 심었다는 느티나무 밑에는 주위 환경과 어울리지 않는 하얀 텐트가 하나 있습니다. 텐트는 주인 없는 주막입니다. 누구나 지나다 목이 컬컬하거나 약주가 생각나면 들러 한잔하고 술값은 알아서 놓고 가는 그런 상점입니다. 술도 한잔하고 시인의 고향에서 시류를 읊을 수 있는 현대판 주막입니다. 선조들이 그랬던 것처럼 풍류를 맛볼 수 있는 곳이기도 합니다. 얼마나 낭만적이고 여유롭고 한가한 한 폭의 그림 같은 모습인가요? 돈으로 살 수 없는 그야말로 인간미 넘치는 곳이 아닐 수 없습니다.

술을 마시다 운이 좋은 날은 시인을 만나 정담을 나눌 기회도 주어집니다. 어느 날 바삐 차를 타고 지나다 몇 사람이 시인과 어울려 한잔하는 모습을 본 적이 있었습니다. 만사 제쳐놓고 합석하고픈 생각이 굴뚝같았으나 하찮은 일이 이를 막았습니다. 언젠가는 꼭 한번 그 분위기를 맛보리라 생각하고 있습니다. 이보다 더한 힐링 장소가 또 있을까요?

시인의 집과 내 고향 집은 차로 약 10분 거리로 가깝습니다. 제자나 친구들이 집에 놀러 오면 가끔 섬진강 구경을 시키면서 들르는 코스이기도 합니다. 며칠 전 지인들과 시인 집도 구경하고 주막에서 한잔하는 것도 추억거리가 될 것 같아 그곳을 찾았습니다. 마침 시인이 집에 있어 함께 얘기도 하고 기념 촬영도 하는 행운까지 얻었습니다.

이야기 중에 앞에 있는 주막이 왜 문을 닫았느냐고 물었습니다. 시인이 말하기를 누군가 불법 영업을 한다고 신고해서 문을 닫았다고 했습니다. 순간 내 자신이 영업을 하다가 정지당한 기분이었습니다.

때론 주정꾼들이 말썽을 피울 수도 있을 것입니다. 조용한 동네에 낯선 사람들이 모여들어 마을이 어수선하게 되거나 몰상식한 사람들로부터 피해를 입는 경우도 있었을 것입니다. 이런저런 이유로 주막의 존재를 싫어하는 사람도 있었을 것입니다. 아무튼 아쉬운 일이 아닐 수 없습니다.

법은 지키라고 있습니다. 불법적인 일은 분명히 막아야 합니다. 그러나 법에도 예외가 있듯이 이런 멋진 장소는 주민들의 이해와 관용으로 보존되었으면 하는 아쉬움이 남습니다. 이런 낭만적인 장소가 법의 보호 아래 빠른 시일 내에 다시 열리길 바라는 마음입니다.

시인의 집을 찾았다가 목을 적실 수 있고 마음에 간직했던 숱한 애환을 술 한잔에 실어 날려 보낼 수도 있는 장소가 없어졌다니 아쉬운 마음에 하는 말입니다. 시원한 정자나무 아래서 시를 안주 삼아 마시는 한 잔의 술은 술 이상의 가치와 의미가 있을 것입니다.

시인과 인사를 나누고 발길을 돌리는데 마음이 무거웠습니다. 언젠가 '주인 없는 주막'이 다시 열려 시인과 함께 술잔을 기울이며 잠시라도 시심을 나눌 수 있는 날이 오길 기다려봅니다.

기다리는 행복

오늘은 내 남은 생애의 첫날입니다(Today is first day of rest of my life).

얼마나 희망적이고 긍정적인 말입니까? 365일 시작하는 매일 아침마다 새해 아침처럼 생각하며 일생을 살아갈 수 있다면 이루지 못할 일이 없을 것이라 생각합니다. 작심삼일이라는 말은 있어도 작심일일이라는 말은 쓰지 않습니다.

어제는 서점에 들렀다가 『기다리는 행복』이라는 제목만 보고 책을 집어 들었습니다. 아직도 행복이 고파 나도 모르게 손이 간 것 같습니다. 저자가 누구인지도 모르고 제목만 보고 집어 든 것입니다.

기다리는 행복이란 어떤 행복을 의미할까? 무엇인가 기다린다는 것은 행복하다는 의미인가? 기다리다 보면 행복이 얻어진다는 뜻일까? 이런 궁금증이 책을 집어 들게 했습니다.

책을 들고 옆에 있는 의자에 앉아 저자를 확인해 보니 이해인 수녀였습니다. 수녀님의 글을 많이 접하지는 못했지만 오래전 시인의 시집을 사서 읽은 기억이 났습니다. '익어가는 가을'이라는 시에 '익어가는 날들은 행복하여라'라는 시구가 아직도 생생합니다. 익어가는 가을 벌판을 보며 우리 인생도 익어감을 느끼는 시인의 혜안이 돋보이는 구절이라 아직도 기억에 남아 있었던 것입니다.

자연을 벗 삼아 산다는 것은 아름답습니다. 자연을 통해서 배우는 지식은 분명 우리를 익어가게 할 것입니다. 잘 익은 과일이 아름답고 달고 맛있듯이 잘 성장한 사람도 잘 익은 과일처럼 달콤하고 향긋한 냄새가 납니다.

행복을 느끼며 산다는 것은 분명 축복받은 것입니다. 노력하여 부를 쌓고 명예를 얻어 맛보는 행복도 분명 좋은 행복입니다. 그러나 그러한 행복은 조건이 있는 행복입니다. 부자연스러운 행복입니다. 사랑에도 슬픈 사랑이 있듯이 행복이라고 다 좋은 것만은 아닙니다. 가식이나 보여주기 위한 행복이 그리고 조건이 있는 행복은 진정한 행복이라 할 수 없을 것입니다. 가짜 행복입니다. 이런 행복에 비해 마음만 먹으면 언제 어디서나 행복할 수 있는 행복이 진정한 행복이 아닐까요?

이해인 시인의 '기다리는 행복'은 바로 이러한 행복을 뜻합니다. 억지로 만든 행복이 아니라 행복해질 수 있는 마음가짐이 있는 자에게 언제든지 와주는 행복을 의미합니다. 얼마나 자연스럽고 평화로운 행복인가요? 행복이 달아날까 봐 불안해할 필요도 없습니다. 기다리다 오면 좋고 안 와도 기다림 자체가 행복입니다. 이런 행복이 진정한 행복일 것입니다. 그런 행복을 기다리며 오늘도 수녀님의 시 '익어가는 가을'을 읊어봅니다.

꽃이 진 자리마다
열매가 익어가네
시간이 흐를수록
우리도 익어가네
익어가는 날들은
행복하여라
말이 필요 없는
고요한 기도
가을엔
너도 나도
익어서
사랑이 되네.

수녀님의 시처럼 시간이 흐를수록 우리도 익어가기를 간절히 기도합니다.

행복한 수봉이 아재

잘 운영되고 있는 모임을 보면 반드시 그 모임을 위하여 헌신하는 사람이 있기 마련입니다. 집안이나 마을도 그렇고 사회와 국가도 그렇습니다. 그런 사람이 많이 있는 모임은 다른 모임에 비해 활력이 있고 활동적입니다. 가정에도 그런 사람이 있을 때 밝고 웃음이 가득한 가정이 됩니다. 나라 또한 그런 분들이 많으면 미래가 희망적입니다. 우리 고향의 수봉이 아재가 바로 그런 분입니다.

내가 이분을 아재라고 부른 것은 말을 배우고 난 후부터이니 칠십 년이 다 되어갑니다. 아재는 변함없이 나를 사랑해 주시는 세상에 몇 안 되는 사람 중 한 분입니다.

어릴 때 팽이가 갖고 싶다고 하면 팽이를 만들어주시고, 자치기가 하고 싶다고 하면 자치기를 만들어주셨습니다. 때론 산과 들에 나갔다 돌아오면서 잘 익은 산딸기나 감, 복숭아 등을 따다 손에 쥐어주곤 했습니다. 산타할아버지 같은 분입니다.

뿐만 아니라 우리 집안에 대소사가 있는 날이면 궂은일 험한 일 가리지 않고 자기 일처럼 도와주셨습니다. 때와 장소를 가리지 않고 도와주셨습니다. 어릴 때는 아재가 우리 가족인 줄 알았습니다.

나이가 들면서 성도 다른데 왜 아재라 부를까? 하는 의구심이 들었습니다. 알고 보니 아재의 부인(아짐이라 부름)이 우리와 먼 친척으로 촌수로 따져서 아버지 항렬이기에 그렇게 부른다는 사실을 알게 되었습니다. 참고로 우리 지방에서는 아저씨라고 부르면 일반적인 어른을 말하고 아재라고 부르는 사람은 아버지와 항렬이 같은 친척입니다.

내가 성장하여 직장에서 일할 때도 아재는 고향을 지키며 사셨습니다. 한 세기에 가까운 시간을 고향을 지키며 살았으니 고향의 산증인이며 명실상부한 주인입니다. 일제 강점기를 겪었고, 민족의 비극인 6·25를 체험한 역사의 증인이기도 합니다. 옛날 일이 궁금해 물어보면 어제 일처럼 생생하게 증언해 줍니다.

50여 년을 객지에서 살다가 고향에 돌아와 보니 아재는 여전히 건장한 모습으로 고향을 지키고 계셨습니다. 반세기를 지났는데도 아직도 아재는 날 사랑해 주시니 나는 참 아재 복이 많은 놈인 모양입니다.

비록 많이 배우지 못하고, 가진 것도 많지 않지만 삶에서 얻은 지혜는 성인을 방불케 합니다. 자연을 숭배하고 하늘을 우러러 한 점 부끄럼 없이 사시는 아재가 존경스럽습니다.

농사일에 학문적으로 정리된 이론은 없어도 경험을 통해 뼛속까지 배인 지식은 농학박사를 능가합니다. 씨앗을 뿌리고 풀을 매고 병충해를 예방하고 때맞춰 시비하는 과정을 한 치의 오차 없이 해내는 모습을 보면 경이롭기까지 합니다.

오다가다 밭에서 일하는 나를 보고 한마디씩 던지는 조언은 산지식이 아닐 수 없습니다. 혼자서는 터득하기 어려운 기술을 말 한마디로 알려줍니다. 내가 심혈을 기울여 가꾼 농사가 아재가 지은 농사의 반도 미치지 못함을 볼 때 아재는 분명 농사 천재 아니면 신의 경지에 이른 전문가임에 틀림없습니다.

농사일이 힘들어 한 잔씩 마시던 술잔이 늘어서일까? 요즘 아재는 술을 많이 탐합니다. 그런 아재에게 기회가 있을 때마다 약주를 대접했습니다. 그게 아재의 은혜에 보답하는 것이라 생각해서였습니다.

그러던 어느 날 아짐이 나와 함께 술을 마시는 아재를 보더니 정색을 하며 아재에게 술 주지 말라는 엄명을 내렸습니다. 연세가 들어 술을 이기지 못한다는 이유였습니다. 아재가 좋아하는 약주 한 잔이라도 대접해 드리는 것이 도리라고 생각하여 그리했던 것인데 아재 건강을 해친다니 선행이라 여겼던 일이 악행이 되고 만 것입니다.

이후로 술은 가능한 한 대접하지 않습니다. 내심 서운하게 생각하실지 모르지만 아재의 건강을 위해서 어쩔 수 없습니다.

연세가 90에 가까운 요즘도 농사일을 하십니다. 내가 집을 비우는 날에는 노구의 몸으로 매일 아침저녁으로 우리 집을 둘러보시고 무슨 일이 생기면 자기 집처럼 알아서 처리해 주십니다. 에미애비도 잘 돌보지 않으려는 세상에 아재 같은 사람이 어디 있겠습니까?

오늘은 아침에 일어나 창문을 여니 간밤에 눈이 많이 내려 온 천지가 하얗게 덮여 있었습니다. 날씨가 추워서 늦게 일어나 밖에 나와 보니 누군가 우리 집 앞은 물론 집안 눈까지 치워놓았습니다. 범인(?)은 틀림없이 아재일 것입니다. 이렇게 인생을 사시는 분이 수봉이 아재입니다. 사랑이 어쩌고 행복이 어쩌고 수많은 말로 지껄이며 사는 모습이 너무 부끄럽습니다.

아재가 쓸어놓은 길을 밟으며 다시 한 번 큰 깨달음을 얻습니다. 사랑은 말로 하는 것이 아니라 작은 행동부터 시작하는 헌신이라는 것을… 그리고 대가를 바라지 않는 봉사라는 것을…. 아재는 이미 이를 실천하고 계셨습니다. 봉사는 남을 위하는 행위이지만 한편 자신을 위해 가장 확실하게 덕을 쌓는 길입니다.

아재라고 애환이 없었겠습니까만 내 눈에 아재는 늘 행복해 보입니다. 아재, 감사합니다. 술 조금만 드시고 건강하게 오래오래 사세요. 그리고 우리 집도 잘 봐주세요.

내 먹거리는 내 손으로

"내 먹거리는 내 손으로 만들어 먹겠다."

듣기에 참 좋은 말입니다. 원시시대도 아닌데 무슨 자급자족인가? 고향에 내려올 때에는 나름의 꿈이 있었습니다. 가장 큰 꿈은 내 먹거리는 내 손으로 농사지어 먹겠다는 것이었습니다.

언덕 위에 작은 집을 짓고 살고 싶었습니다. 자연과 더불어 살고 싶었습니다. 다행히 부모님이 남겨놓은 논밭이 있어 마음만 먹으면 언제든지 뜻을 이룰 수 있었습니다.

아버님이 타계하시고 어머님이 혼자 농사일 하시다가 연로하셔서 우리 논밭은 동네분이 짓고 있었습니다. 마침 퇴직하고 여생을 어떻게 살 것인가? 고민하다 평소에 생각하던 푸른 초원 위에 작은 집을 짓고 살기로 마음먹었습니다. 쇠뿔도 단김에 빼라고 생각날 때 귀향을 밀어붙였습니다.

돈을 벌려고 내려온 것이 아니라 먹거리는 직접 만들어 먹겠다는 소박한 꿈을 가지고 내려왔습니다. 태생이 농촌이라 어깨너머로 농사가 말처럼 쉽지 않다는 정도는 알고 있었으나 직접 농사일을 해보니 바로 반죽음이었습니다. 어제의 사람이 오늘 소가 되어야 하는 격이었습니다.

농사를 지어보겠다고 공언하고 고향에 내려온 이상 농사를 짓지 않을 수 없었습니다. 농사는 인체에 해가 없는 친환경 농업을 하기로 마음먹었습니다. 가능하면 자연 상태로 농사를 지어 먹거리를 마련하겠다는 당찬 포부로 시작하였습니다. 하나에서 열까지 내겐 새로운 일이었습니다.

귀촌을 목표로 몇 년 동안 주말농장 같은 경험을 하기도 했습니다. 그러나 농사다운 농사를 직접 하는 것은 처음이었습니다. 어떤 종류의 채소를 언제 어떻게 심어야 하는지부터 벽에 부딪혔습니다.

내가 원하는 농산물은 토종에 가까운 것으로 거름은 퇴비를 쓰거나 아니면 자연 상태에서 얻는 것이었습니다. 이런 농산물을 이용해서 우리 먹거리 기본인 간장, 된장, 고추장, 청국장 그리고 김장 이렇게 5장醬을 만드는 것이었습니다. 이들을 만들기 위하여 필요한 것들은 찹쌀, 쌀, 고추, 콩, 참깨, 들깨, 배추, 무, 마늘, 파, 양파 등이었습니다.

이 중 쌀과 찹쌀은 시중에서 구입해서 쓰기로 하고 나머지는 직접 재배하는 것으로 가닥을 잡았습니다. 약 1,000평의 밭이 있으니 300평은 고추를 심고, 200평은 메주콩을, 100평은 참깨를, 100평은 들깨를, 100평에는 마늘을, 100평은 양파를, 나머지 100평은 채소를 심기로 했습니다.

농작물이라는 것이 파종이 다 동일하지 않았습니다. 봄에 심는 것이 대부분이나 배추나 무는 8월, 마늘과 양파는 10월에 파종해야 했습니다.

농사 초년생에게는 파종시기 맞추기도 어려웠습니다. 여기에 밭을 갈고 어떤 거름을 어느 시기에 얼마나 주어야 하고, 어떤 병에 어떤 농약을 쓰는지 토양은 어떠하므로 어떤 작물이 잘되는지 이런 모든 것을 알아야 했습니다. 지금까지 밥 벌어 먹고살았던 통계학은 큰 도움이 되지 못하였습니다.

모든 것을 처음부터 다시 배워야 했습니다. 동네 어르신들이 다 스승이었습니다. 미주알고주알 다 물어볼 수도 없어 남들이 하는 것을 보며 눈치껏 배우는 것도 필요했습니다. 농사 원칙을 무농약 친환경으로 정했으니 이제 언제 파종하느냐만 정하면 되었습니다.

종묘사에 가서 원하는 작물의 씨앗이나 묘를 사다가 적기에 심으면 일단 시작은 끝이 납니다. 먼저 채소 씨앗을 구입했습니다. 상추, 쑥갓, 아욱, 시금치, 기타 이름도 생소한 몇 가지 씨앗을 구입했습니다.

토종 작물을 재배하기 위하여 고추씨를 구하려고 하니 쉽지 않았습니다. 종묘사에 알아보니 옛날 토종 고추씨앗은 취급하지 않는다고 했습니다. 이유는 토종 고추를 재배하면 수지타산이 맞지 않는다는 것입니다. 재배도 어렵고 수확량도 적은데 값은 그에 비해 높지 않으니 재배하는 사람이 없기 때문이랍니다. 그래도 한 번 심어보고 싶은 마음에 수소문해 보았으나 구하기 어려웠습니다.

마침 인터넷을 뒤져보니 토종 고추를 재배하는 농민이 고향 근처에 살고 있음을 알았습니다. 바로 메일을 보냈습니다. 이러이러해서 토종 고추를 재배하고 싶은데 씨앗을 구할 수 없느냐고 물었습니다. 반신반의로 물어본 것인데 바로 답신이 왔습니다.

"토종 고추 농사는 권장하고 싶지 않다. 병에도 약하고 관리도 어려운데 수확량은 적고 값도 제값 받기 어렵다. 고추씨를 팔지는 않고 원하신다면 소량을 보내드리겠다"는 아주 마음씨 좋은 농부의 마음을 고스란히 담은 답신이 왔습니다.

바로 고맙다는 내용과 집 주소를 보내면서 고추씨를 보내주시면 고맙겠다는 메일을 보냈습니다. 그리고 까마득히 잊고 있었는데 고추씨 파종 즈음에 우편물을 받았습니다. 내용물을 열어보니 흰 편지 봉투에 200여 개의 토종 고추씨가 담긴 등기 우편물이었습니다.

고맙다는 답신을 해주고 그해 씨를 파종하여 개량종 고추와 함께 토종 고추를 재배하게 되었습니다. 씨는 잘 발아하여 밭에 옮겨 심는 데까지 성공하였습니다. 잘 자라던 고추가 꽃이 피고 작은 고추가 열리는데 해보지 않은 사람은 그 희열을 모를 것입니다. 새 생명을 얻는 기쁨이 바로 이런 것이 아닐까요?

장마철이 와 비가 많이 내리더니 갑자기 잘 크던 고추가 물러지기 시작했습니다. 고추나무는 알 수 없는 병으로 몸살을 앓기 시작했습니다. 눈앞에서 죽어가는 생명을 보는 것은 참을 수 없는 비극이었습니다. 농사가 내게 준 처음 겪는 아픔이었습니다.

동네분들이 농약을 치라고 했습니다. 농약을 하지 않고는 고추 한 개도 못 딴다고 자기 일마냥 성화가 이만저만이 아니었습니다. 이런 동네분들에게 대답했습니다.

"하늘이 저 먹을 만큼은 주겠지요."

동네분들의 말이 진실이 되어가고 있었습니다. 물러 빠지지 않으면 벌레가 먹어 치우고 있었습니다. 그래도 참았습니다. 못 먹으면 말지 하는 무식한 농사꾼의 배짱이었습니다. 더위가 한풀 꺾였습니다. 이게 웬일인가요? 다 죽어가던 고춧잎이 하나둘 살아나면서 싱싱한 고추가 열리기 시작하였습니다. 그러나 토종 고추는 그럴 기미를 보이지 않았습니다.

지성이면 감천이라고 했던가? 그해 고추 농사는 크게 실패하지 않았습니다. 농사 초년생치고는 대박이 난 것입니다. 대박이라고 한 것은 토종 고추 농사는 실패했지만 개량종이 살아나 먹는 데 부족하지 않을 양을 수확했다는 것입니다. 농약 한 번 안 쓰고 좋은 고추를 원하는 만큼 수확했으니 대박이 아닐 수 없습니다.

다른 농산물도 처음 수확치고는 낙제 점수는 면했습니다. 동네 어른들로부터 좋은 농토 놀린다는 소리 듣지 않기 위해 나름 열심히 한 보상일 수 있습니다. 농작물은 주인의 발자국 소리를 들으며 자란다고 합니다. 지극히 공감하는 명언입니다.

그 후로 토종 고추는 심지 않습니다, 아직까지 토종 고추씨를 보내준 분에게 감사의 인사를 보내지 못했습니다. 토종 고추 농사를 실농한 것도 원인이었지만 씨를 보내준 분에게 실농했다는 말을 하고 싶지 않아서였습니다. 그러나 그분에 대한 감사하는 마음은 늘 갖고 있었으며 언젠가는 고마움의 표시를 해야겠다는 생각을 잊은 적이 없습니다.

마침 오늘 새해 농사를 준비하면서 그분이 생각나 이렇게 글로 먼저 고마운 마음을 전해 봅니다. 이 자리를 빌어 다시 한 번 장수에 사시는 노계환 님께 감사를 전합니다. 당신의 아름다운 마음을 잊지 않고 살겠습니다. 언제 한 번 만나 더 많은 고견을 듣고 싶습니다.

이분들 때문에 행복합니다

여러분 주변에도 이런 분들이 계시지요?

현대인들은 정보의 홍수시대에 살고 있다고 합니다. IT 기술의 혁명으로 옛날에는 며칠 아니 몇 개월이 지나야 겨우 들을 수 있던 소식들이 이제 실시간으로 전해지고 있습니다. 많은 소식들 중에는 들어도 그만 안 들어도 그만인 것들도 많습니다.

TV나 라디오를 통해서만 듣는 것이 아니라 분신처럼 몸에 늘 지니고 다니는 핸드폰을 통해서 시도 때도 없이 날아옵니다. 원하는 정보 또한 실시간으로 확인 가능합니다. 좋게 말하면 편리한 세상이지만 나쁘게 말하면 삶이 그만큼 복잡해졌다는 증거이기도 합니다.

원하지도 않는 소식들이 허락도 받지 않고 들어옵니다. 정체불명의 선전물들이 수시로 들어옵니다. 불필요한 내용을 지우기도 바쁩니다. 세계 어디를 가나 소식을 주고받을 수 있으니 편리한 점도 있지만 보이지 않는 큰 족쇄가 발에 채워진 느낌이 들기도 합니다. 이러한 메시지가 적게는 하루 수십여 통 넘게 들어옵니다. 그리 중요하지도 않은 문자들이 대부분입니다. 많은 사람들이 할 말이 많거나 아니면 삶이 허전하고 외로운가 봅니다.

나라고 이런 시류에서 예외일 수 없습니다. 현시대를 살고 있는 사람에게는 이런 삶이 정상입니다. 이런 흐름을 거부하면 사회의 이단아가 되거나 소통의 어려움을 겪습니다. 나 역시 많은 사람들과 하루도 빠짐없이 문자를 주고받으며 살고 있습니다. 그 가운데 잊지 못할 네 분이 있습니다.

한 분은 4년여 동안 매일 문자를 보내주는 분입니다. 한 분은 5년여 동안 일요일마다 문자를 보내주는 분입니다. 한 분은 12년째 매달 한 번씩 문자를 주고받는 분입니다. 달이 바뀌는 첫날 안부를 묻고 소식을 주고받는 사람입니다. 마지막 한 분은 고교 선배이자 직장동료입니다. 심리학 박사로 세간에 잘 알려진 분입니다. 심리학자답게 심오한 말씀과 해학 넘치는 주옥같은 글과 그림을 수시로 보내주십니다.

말이 4년, 5년, 12년이지 대단한 열정 없이는 불가능한 일이라 생각합니다. 실로 믿기 힘든 일입니다. 그 기간 동안 오고 간 문자를 다 모아놓았으면 책을 엮어도 한두 권으로 모자랄 것입니다. 내용은 대부분 일상의 소소한 이야기지만 때로는 국가와 민족 나아가 세계평화를 걱정하는 것까지 다양합니다.

매일 문자를 보내주시는 분은 학회활동을 하면서 알게 된 박 교수님이라는 분입니다. 신실하고 해박하며 사리가 분별하여 요즘 보기 드문 스승으로 제자들로부터 존경받는 분입니다. 사도의 표상이자 찾아보기 힘든 선비이십니다. 시류에 야합하거나 세파에 물들지 않은 고고함을 생명처럼 지키고 계시는 분입니다. 깊은 학식과 인자하면서도 온화한 인품을 지닌 동시대의 스승으로 존경하는 분입니다.

이분을 통해 많은 것을 배우고 있습니다. 아무리 쓸 이야기가 많다고 해도 매일 문자를 보낸다는 것은 보통 정성이나 노력 없이는 불가능합니다. 주고받는 문자의 내용은 일상의 이야기부터 사회 돌아가는 이야기, 조국에 대한 걱정에 이르기까지 다양합니다. 이야기가 없을 때에는 동영상이나 노래 등을 보내주십니다. 주로 박 교수님이 내게 보내면 나는 답신을 하는 방식입니다. 몸을 다치셔서 병원에 입원하셨던 날도 문자를 보내주신 분입니다. 이런 정성에 머리가 절로 숙여집니다.

주일마다 문자를 보내는 분은 고향 친구로 믿음이 좋아 젊어서부터 하나님을 섬기며 사는 장로입니다. 친구가 장로이기에 주로 믿음에 대한 이야기를 많이 합니다. 친구의 아들 주례를 본 인연이 있은 후부터 이어져 왔습니다. 다행히 주례를 봤던 아드님이 잘 살고 있다는 소식을 전할 때는 매우 흐뭇합니다.

문자 내용은 그리 길지 않은 편이나 글자 하나하나에 정성과 믿음이 묻어납니다. 주님의 가르침을 몸소 실천하며 작은 일에도 감사하며 사는 모습은 정말로 본받고 싶습니다.

때론 철 따라 바뀌는 고향을 보며 함께 향수를 나누는 글을 띄우기도 합니다. 타향살이에 고향의 향수를 같이 나눌 수 있는 친구이기도 합니다. 이제 주일 아침이면 기다려지는 소식입니다. 매주 우리 가족을 위해 기도해 주는 벗이 있다는 것은 행복이 아닐 수 없습니다. 그래서 나는 하나님이라는 큰 빽(백)을 가진 사람입니다. 이런 친구가 있어 늘 행복합니다.

매월 첫째 날에 문자를 주고받는 사람은 시드니에 살고 있는 교포로 도담 시인입니다. 내가 2006년 방문교수로 가 있을 때 만난 분입니다. 우연하게 만나 알게 되었는데 나보다 나이가 조금 어리고 동문이라는 인연으로 내가 형님이 되고 그분이 아우가 되어 호형호제하며 지내는 사이입니다.

호주에 방문교수로 지내다 귀국한 2007년 2월부터 지금까지 문자를 주고받고 있으니 햇수로는 12년이 넘었습니다. 처음에는 귀국하여 외국 생활에 도움을 준 아우님에게 고마움을 전하기 위해서 시작했습니다. 그런 시작이 오늘까지 이어지고 있는 것입니다.

처음에는 이메일로 소식을 주고받았습니다. 핸드폰에서 카톡이 일상화된 뒤에는 문자로 바꿔서 소식을 주고받고 있습니다. 그동안 아우님은 시인으로 등단하였고, 시집은 물론 수필집을 연달아 출판하는 등 왕성한 작품 활동을 하는 문인이기도 합니다. 남의 일을 자기 일처럼 도와주는 친절이 몸에 밴 분입니다.

해박한 지식과 인품, 뛰어난 기억력은 존경의 대상이기도 합니다. 예술에도 조예가 깊어 모아놓은 영화음악 자료가 웬만한 도서관 수준입니다. 매달 지난 소회와 회상 그리고 안부를 묻습니다. 시인은 소식을 전할 때마다 늘 한 편의 시를 보냅니다. 이 시들이 모여 새로운 시집이 되곤 했습니다.

도담이 보낸 미틈달(순우리말로 11월을 의미합니다) 첫날 날아온 시상입니다.

11월 행

가지 사이 분주한 바람이
계절 사이 오가며 어지럽다
두툼한 이불에 벌써 갈 너머
겨울 소리

이내 열 장 나뭇잎 다 떨군 색 바란

겨울 가는 샛길이 스산해
안개 틈새 비치는 미틈 새벽길에
느릿느릿 동트는 기침소리가 무겁다

굵은 이슬 무게에 가늘어진 다리
늦 계절에 절름거리며
두어 구역 정거장 향한 오불고불한
철로의 울음에
이 행 저 행 흔들며
하모니카를 분다.
푸른 절벽 오묘한 빛에 입술은 말랐지만
마지막 단풍이 내미는 샛노란 볼 딱지가
마중 나올 겨울 손잡고 하얀 옷 신부를
맞는 황홀한 기쁨

햇살이 발정을 한다

네 분 모두 내겐 둘도 없는 분들입니다. 매일, 매주, 매달 몇 년을 한 번도 거른 적 없이 문자를 보내주는 정성은 돈으로 살 수 없는 순수한 사랑의 마음 없이는 불가능할 것입니다. 글을 보내는 순간만큼은 나를 생각하고 있다는 사실만으로도 감사해야 할 일입니다. 앞으로 얼마나 더 지속될지는 모르지만 건강이 허락하는 날까지 이분들과 좋은 소식을 주고받으며 살고 싶습니다.

요즘처럼 험하고 삭막한 세상에 많이 부족한 사람을 생각해 주는 사람이 한 분도 아니고 네 분이나 있다는 것은 큰 행복이 아닐 수 없습니다. 박 교수님, 이 장로님, 도담, 선배님 대단히 감사합니다. 변함없이 좋은 소식 많이 보내주세요. 이 지면을 통해 건강하고 행복하시길 기원합니다. 사랑합니다.

이별이 있기에 사랑은 더 아름답다

초판 1쇄 인쇄 2020년 3월 1일
초판 1쇄 발행 2020년 3월 5일

지은이 이해용
펴낸이 金泰奉
펴낸곳 한솜미디어
등록 제5-213호

편집 박창서 김수정
마케팅 김명준
홍보 김태일

주소 05044 서울시 광진구 아차산로 413
(구의동 243-22)
전화 02) 454-0492(代)
팩스 02) 454-0493
이메일 hansom@hansom.co.kr
홈페이지 www.hansom.co.kr

값 13,000원
ISBN 978-89-5959-524-2 (03810)

* 잘못 만들어진 책은 구입하신 서점에서 바꿔드립니다.
* 이 책은 아모레퍼시픽의 아리따 글꼴을 사용하여 편집되었습니다.